JN049097

ネット ビジネス 進化論

何が「成功」をもたらすのか

尾原和啓

NHK出版

はじめに——ネットビジネスの進化の系統樹

ＧＡＦＡＭ（グーグル、アマゾン、フェイスブック、アップル、マイクロソフト）が世界の時価総額のトップに君臨し、インターネット広告費がテレビ広告費を超えた現在、僕たちの生活のかなりの部分はネットに支えられていて、もはやライフラインといっていい存在になっています。

そして、世界経済が新型コロナショックに揺れた２０２０年5月、ＧＡＦＡＭ5社の時価総額が、ついに東証１部約２１７０社の時価総額の合計を上回りました【※1】。各国でロックダウンや外出自粛が続く中で、リアルベースの日本企業が企業価値を下げる一方、ネットを中心としたＧＡＦＡＭは、むしろ価値を伸ばしたのです。

とはいえ、この傾向は、コロナによってビジネスや生活様式がまったく新しいものに変わったからというよりは、これから10年単位の時間をかけて起きるはずだった、すべての活動がオンラインになる「アフターデジタル」の世界が、コロナによって一気に実現に向けて動き出したから、と僕は考えています。

共著として2019年3月に出版した『アフターデジタル』(日経BP)において「もはやオフラインは存在しない」と書きましたが、コロナによって強制的にオフラインを封じ込められた僕たちは、オンラインを中心としたネットビジネスへの進化を余儀なくされています。グーグル、リクルート、楽天執行役員としてネットビジネスの新規事業立ち上げに従事してきた自分の知見が、みなさんのために活かせればと考えています。

ライフラインとしてのネットビジネスを考えると、コロナ以前の安定成長の時代は、同質な仲間とスクラムを密に組んで力を結集したほうが強かったのですが、激動の時代においては、遠くにいる人たちとつながり合うほうが、想定外のリスクを回避することができます。誰かが災難に巻き込まれても、離れた場所にいる人たちが支えることで、共倒れになることなく、助け合い、前進することができる。先の見通しが立ちにくい変化の時代だからこそ、遠くのものをつなげるインターネットの力を上手に取り込むことが求められているのです。

しかし、5G、AI、キャッシュレス決済など、これからネットがリアルを上書きしていくアフターデジタル時代に、加速するネットビジネスの進化の行き先がわからなければ、僕らの生活も、リアルビジネスも、ネットの荒波に翻弄されるがままになってしまう。そんな不安を抱えている人も多いのではないでしょうか。

たしかに、表面だけを見ていると、たくさんのカタカナ言葉が現れては消えていくように感じるかもしれません。しかし、ネットビジネスの原理・原則まで深掘りしていけば、そこには多くの共通点があることがわかります。それがわかると、この先、ネットビジネスがどこに向かうのか、グローバル企業が目指す一等地に先回りすることも不可能ではありません。

インターネットの大事な本質の一つは、情報や物を小分けにして、離れていたものをつなげることです。それによって、いままでなかった情報の流れ、物の流れが起こり、そこに新たなビジネスが生まれます。これが、この本を通じてみなさんに伝えたい、いちばん大事なメッセージです。

では、物を小分けにするとは、どういうことでしょうか。

わかりやすい例が口紅です。いままでは、口紅を買ったら最後まで使い切るのがふつうでした。ところが、いまは、自分が口をつけたところだけをカッターで切り落として、残った部分をメルカリで売る人がいます。

４０００円で買った口紅も、自分で使った分だけ切り落として、３５００円でメルカリに出品する。次の人も、自分が使った分だけ切り落として、３２００円で売る。これを何度か繰り返して、同じ商品をみんなで手分けして最後まで使い切るわけです。一人が負担しているのは、わずか数百円です。
メルカリは、一見するとフリマアプリに見えるかもしれませんが、売り買いが簡単になって、みんなで一つの物を使うようになると、じつは、余った部屋を貸し出したり、空いた時間に車を運転したりしてみんなでシェアする「シェアリングエコノミー」と変わらなくなってきます。

しかも、口紅を小分けにして売れるようになると、いつもなら買わないような色でも、気軽にチャレンジできるようになります。たとえば、パーティのときにショッキングパープルの口紅を塗って目立ちたいけれど、ふだん使いはできない色だから、買いたくてもなかなか手が出ない。でも、4000円で買って、1回使ったら3500円でメルカリで売れればいいとなったら、試してみたいという人も多いはずです。

4000円だと冒険するにはハードルが高すぎるかもしれませんが、500円なら試してみる価値はある。失敗しても、お財布はそんなにいたまないから、別の色にもチャレンジできます。そうやって、いろいろ試してみると、自分では思ってもみなかったような色が、じつは、いまの自分にピッタリだという発見があったりするものです。すると、その色に合った服やバッグ、アクセサリーまでほしくなる。それもメルカリを使えば、いろいろ試せるので、納得できるまで探す楽しみを味わえます。

このように、物を小分けにしてみんなで使うようになると、自分でも知らなかった自分、他人とは違う自分らしさに出会えるかもしれません。

これが、物を小分けにしてつなげるというインターネットの本質です。インターネットには、情報の流れや物の流れを、よりなめらかに、より効率的にする力もありますが、同時に、より多様で、より過剰にする力も備わっています。いままでは効率的なインターネットが中心でしたが、これからは多様で過剰なインターネットが生み出す豊かな世界を、みなさんも心ゆくまで楽しめるはずです。

一つの物を小分けにして、みんなでシェアするという「メルカリ」の文化は、日本で生まれました。一つの原作から派生して、みんなで新しいものを生み出す「n次創作」の文化も、仕事のプロセスを小分けにして、一部は自動化し、残りは機能ごとにみんなで分担する「SaaS（Software as a Service）」も、すべて同じように、本質をたどるとシンプルなルールで語ることができます。

また、企業と人をつなぐBtoC型の「eコマース（電子商取引）」も、人と人をつなぐCtoC型の「SNS（ソーシャルネットワーキングサービス）」も、離れていたものをつなげるインターネットの本質から必然的に導かれたサービスです。

では、「何」を小分けにしてつなげるのか。「誰」と「誰」をつなげるのか。そういう基準で分類したのが、「ネットビジネスの進化の系統樹」（図1）です。

生物の進化が、一つの種から枝分かれして、多様な世界を生み出していったように、ネットビジネスもさまざまな要素で枝分かれして、現在の多様な世界をつくり出しています。

この系統樹が、そのまま本書の章立てになっています。その一つひとつをひもといていくことで、「ネットビジネス」という、一見すると多様で複雑で理解しがたいものが、それぞれどういう原理で成り立っているか、理解できます。

1－1のポータルから2－1のCtoCまでは「基礎」なので、できれば最初に読んでほしいです。そこから先は、気になるところからつまみ読みしても大丈夫です。全体は6つのパートに分かれているので、パート単位で読むと、理解しやすいと思います。

また、読んでいる途中に、もしわからない概念が出てきても、気にしないでどんどん読み進めていただければ、あとでわかるようになっています。進化のジェットコースターを楽しんでいただければ、うれしいです。

大事なのは、どこが「儲けの一等地」として花開く場所かを知ることです。ネットによってたくさんの人がつながれば、そこにはパワーが宿ります。何かをつなげる接点にいるプレイヤーは、同時にたくさんの人の笑顔を一望できる場所に立つことができます。人が集まれば当然、お金や権力も集まってくるので、おのずと「儲かる会社」になります。結果、儲か

図1　ネットビジネスの進化の系統樹

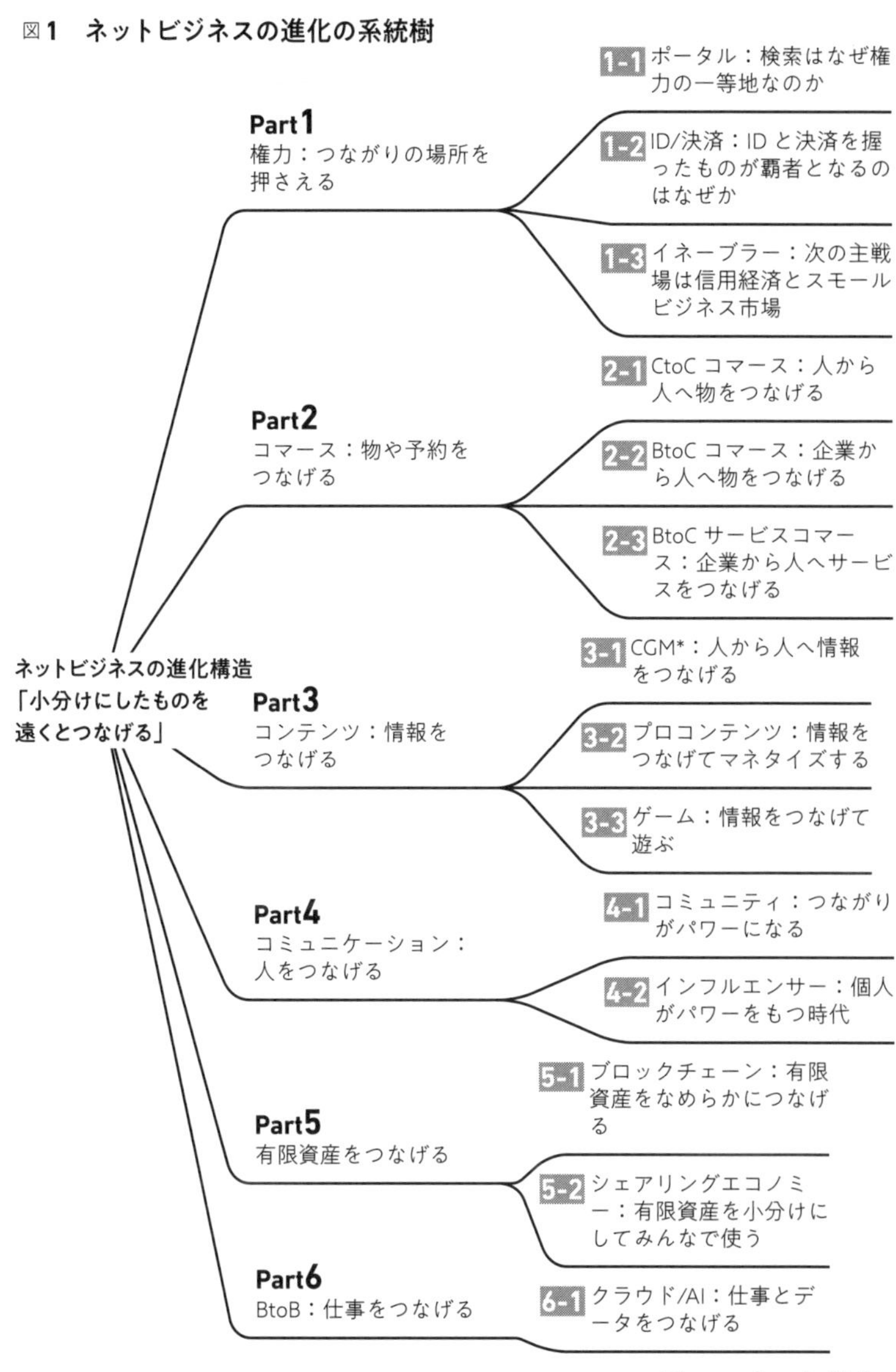

＊Consumer Generated Media

ることが人気の指標になってくれますし、新たな冒険の可能性を広げてくれるようにもなります。人を笑顔にすることがサービスの中心にあり続ける限り、そのサービスは生存競争の荒波を生き抜き、進化の系統樹に名前を残し続けるでしょう。

長く生き残れば、それだけ世の中の人たちをハッピーにすることができます。逆に、世の中の人たちをハッピーにできないビジネスは、生き残ることができません。

その違いを見極めることを楽しんでもらえたら、そして、それがみなさんの役に立てば、うれしいです。

ネットビジネス進化論
何が「成功」をもたらすのか

目次

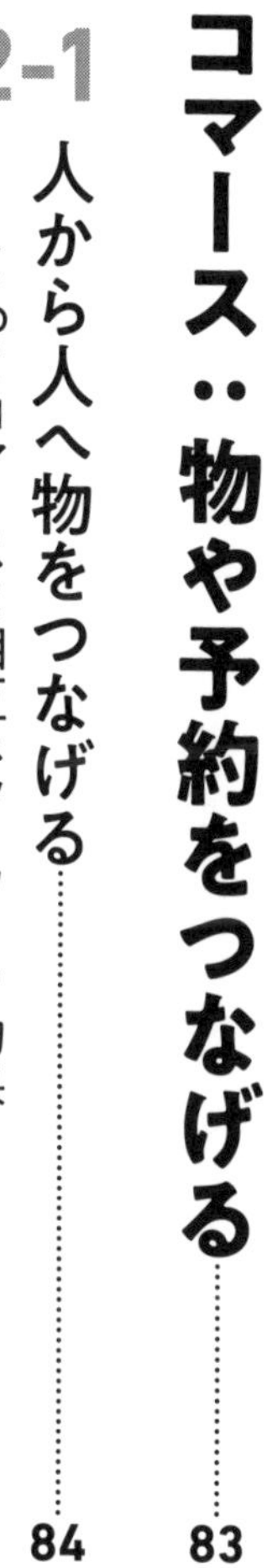

Part 2

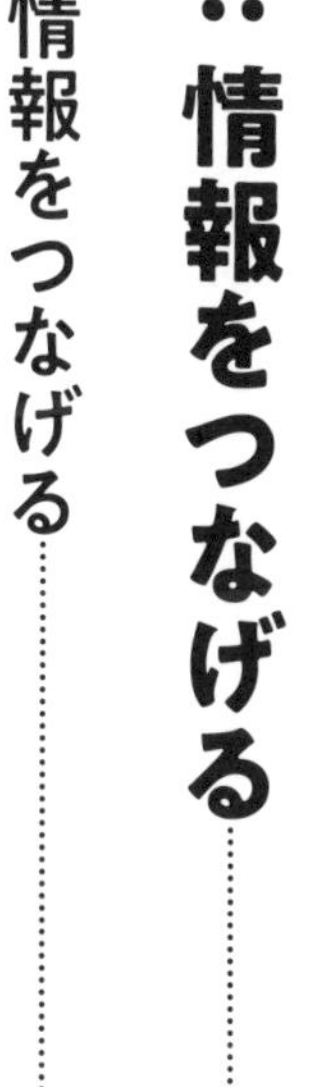

Part 3

Part 4

Part 5

Part 6

・【 】内の数字は巻末注を参照。
・本書に出てくるおもな企業・サービスのＵＲＬ一覧は以下のサイトに掲載。
http://nhktext.jp/ibe

Part 1
権力:つながりの場所を押さえる

ネットビジネスの進化構造
「小分けにしたものを遠くとつなげる」

Part1
権力:
つながりの場所を押さえる

1-1 ポータル:検索はなぜ権力の一等地なのか
1-2 ID/決済:IDと決済を握ったものが覇者となるのはなぜか
1-3 イネーブラー:次の主戦場は信用経済とスモールビジネス市場

Part2
コマース:
物や予約をつなげる

2-1 CtoCコマース:人から人へ物をつなげる
2-2 BtoCコマース:企業から人へ物をつなげる
2-3 BtoCサービスコマース:企業から人へサービスをつなげる

Part3
コンテンツ:
情報をつなげる

3-1 CGM*:人から人へ情報をつなげる
3-2 プロコンテンツ:情報をつなげてマネタイズする
3-3 ゲーム:情報をつなげて遊ぶ

Part4
コミュニケーション:
人をつなげる

4-1 コミュニティ:つながりがパワーになる
4-2 インフルエンサー:個人がパワーをもつ時代

Part5
有限資産をつなげる

5-1 ブロックチェーン:有限資産をなめらかにつなげる
5-2 シェアリングエコノミー:有限資産を小分けにしてみんなで使う

Part6
BtoB:仕事をつなげる

6-1 クラウド/AI:仕事とデータをつなげる

* Consumer Generated Media

1-1 検索はなぜ権力の一等地なのか
——ポータル、スーパーアプリ戦争

□ヤフー□グーグル

GAFAMの圧倒的な強さ

まず図2を見てください。2020年2月末時点の世界時価総額ランキングトップ10です。2019年12月に上場して一躍ナンバーワンにのぼりつめた世界最大の石油会社サウジアラムコは国営企業だから別として、それまで上位を独占していたGAFAM（グーグル、アマゾン、フェイスブック、アップル、マイクロソフト）の米国勢に、アリババとテンセントの中国勢が割って入ろうかという構図になっています。GAFAMのうちのFを除いた4社

図2 2020年2月末時点の世界時価総額ランキング（10億米ドル）【※2】

1	サウジアラムコ	1,777.766
2	マイクロソフト	1,232.256
3	アップル	1,196.081
4	アマゾン・ドット・コム	937.750
5	アルファベット（グーグルの親会社）	920.475
6	アリババ・グループ・ホールディング	556.196
7	フェイスブック	548.626
8	バークシャー・ハサウェイ	502.476
9	テンセント・ホールディングス	469.311
10	JPモルガン・チェース	356.919

「180.co.jp」から引用

は、時価総額が1兆ドル前後に達していて、日本勢で唯一50位以内にランクインしているトヨタ自動車（36位）でも１８５０億ドルにすぎないことを考えると、その巨大さにめまいがしそうです。

驚くのは、その額だけではありません。なんとＧＡＦＡＭの５社だけで、アメリカを代表する企業５００銘柄で構成された「Ｓ＆Ｐ５００」の時価総額の18％、純利益の12％近くを占めているのです。

それだけ市場で評価されるのは、収益力が抜群に高いからです。たとえば、従業員一人あたりの利益を見ると、フェイスブックは63万ドルも利益を上げていて、同じく全米を代表する「フォーチュン５００」のテック企業の中で、ダントツのナンバーワンに輝いてい

図3　2020年の世界デジタル広告収益の上位7社【※4】

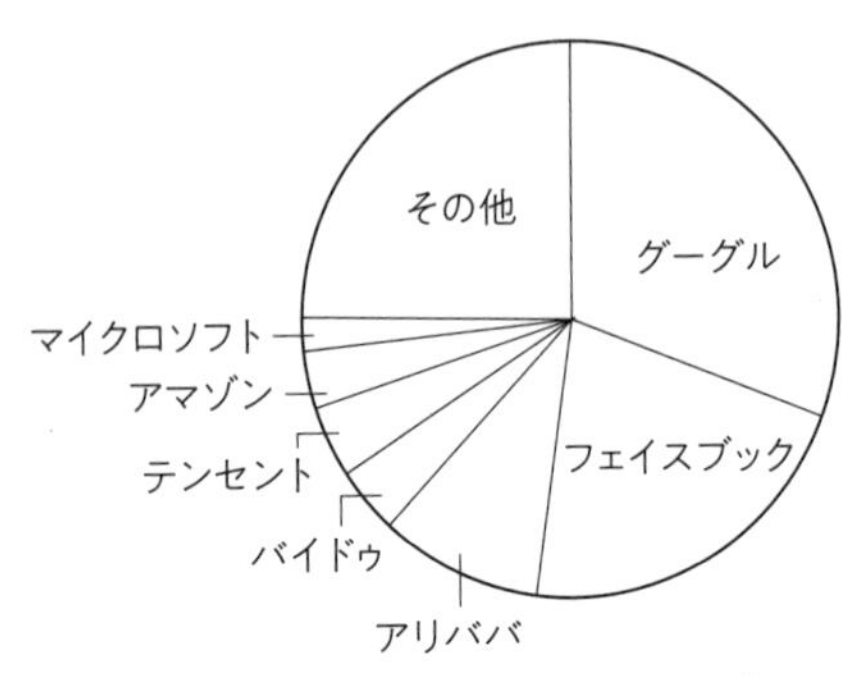

eMarketer「Global Ad Spending Update」をもとに作成

ます。第2位はアップルで39万ドル、第3位はマイクロソフトで17万ドル、第4位はアルファベット（グーグル）で16万ドルです【※3】。

広告面から見てみると、世界のデジタル広告費の30・9％をグーグル、21・4％をフェイスブックが占めています（図3）。この2社だけで全世界の5割を超えるわけですが、その次にくるのが中国のＢＡＴ（バイドゥ、アリババ、テンセント）で、さらにアマゾンとマイクロソフトが続きます。ＧＡＦＡＭとＢＡＴはインターネット広告の世界も牛耳っていることになります。

一方、日本のインターネット利用状況（パソコンとスマホを含む）を見ると、ＧＡＦＡＭにまじって、ヤフー、ＬＩＮＥ、楽天が健闘しています（図４）。

アメリカのＧＡＦＡＭと中国のＢＡＴは、ネットビジネスの頂点に君臨しています。これらの会社はどう

図4 2019年の日本におけるトータルデジタルリーチのトップ10【※5】

1	グーグル（アルファベット）	56%
2	**ヤフー**	54%
3	YouTube（アルファベット）	50%
4	**LINE**	48%
5	**楽天**	41%
6	フェイスブック	41%
7	アマゾン	38%
8	ツイッター	36%
9	インスタグラム（フェイスブック）	30%
10	アップル	27%

ニールセン「TOPS OF 2019: DIGITAL IN JAPAN」をもとに作成

やって「儲かる会社」になったのでしょうか。どんな戦略で勝負を挑み、ライバルとの競争に打ち勝って、トップに立ったのか。儲けの仕組み（ビジネスモデル）はどうなっているのか。この本では、それを明らかにしていきます。

1-1では、GAFAMの中で真っ先に浮上したグーグルと、日本のインターネット市場を席巻したヤフーの成功の秘密に迫ります。グーグルとヤフーといえば「検索」です。検索はインターネットの「権力の一等地」です。なぜそういえるのかを理解するために、検索をめぐる争いを振り返ってみましょう。

入り口を押さえたものがネットビジネスの勝者となる

ネットビジネスにおいて最も大切なのは「入り口」です。ネットビジネスを制するということは、この入り口をどう押さえるかという争いでもありました。

では、インターネットの入り口に求められる要素は何でしょうか。どんなページが最初に表示されれば、ユーザーはうれしいのか。それは、自分の「行き先」を教えてくれるページであるはずです。

インターネットには、あらゆる情報がアップされています。誰でも気軽に情報を発信できることで、ネットはここまで爆発的に普及してきたわけですが、そんな情報の洪水にいきなり放り出されても、どこに行ったらいいのかがわかりません。地図がない状態で、目的の場所へ向かうようなものだからです。

そのため、自分が見たい情報にたどり着くための「入り口」のニーズが高まりました。そこで登場したのが、「ヤフー」や「グーグル」という「検索」サービスだったのです。

アメリカでヤフーが生まれたのは1995年3月で、グーグルの創業は1998年9月です。本国アメリカのヤフーはすでに役割を終えて退場しましたが、日本のヤフー（1996

年1月設立）はさまざまな事業に横展開して、現在でも巨大なネット企業であり続けています（現在は持株会社Zホールディングスの傘下）。一方、グーグルは検索とネット広告を武器に、グローバルなテックジャイアントとして君臨しています。どちらも、インターネットの入り口を押さえたゆえの勝利でした。

ひたすら人力で有力サイトを集めたヤフー

ヤフーは「ポータルサイト」と呼ばれます。「ポータル」は「玄関」の意味で、文字通り「インターネットの入り口」を指します。

ポータルサイトのイメージに近いのは、デパートの「玄関」を入ってすぐのところにあるインフォメーションカウンターや各階の売り場を表示したフロアガイドです。デパートで子供服を買いたいときに、やみくもにフロアを行き来して子供服売り場を探す人はいないはず。まずインフォメーションカウンターで「子供服売り場はどこですか？」と聞くか、フロアガイドで売り場を確認してから目的地を目指すのがふつうです。それと同じで、インターネット上のあらゆるウェブサイトのインフォメーションカウンターになることが、ポータルサイトの始まりでした。

ウェブサイトには、それぞれＵＲＬという「住所」があり、それをつなぐのがハイパーリンクという仕組みです。クリックすると、そのサイトに一瞬で飛べるのは、ハイパーリンクでつながっているからです。このハイパーリンクこそ、インターネットを大きく特徴づけるものでした。

ヤフーは、ユーザーの役に立つようなハイパーリンクを集めた「お役立ちリンク集」をつくれば、たくさんのユーザーが見に来てくれることに気づきました。そこで、ヤフーは波乗りのようにリンクをたどるネットサーフィンが得意な人（彼らは「サーファー」と呼ばれました）を大量に雇って、人力で有力サイトを集めたのです。

「純粋想起」をとることの圧倒的強さ

ユーザーにとってみれば、入り口はいくつも必要ありません。いちばん大きなヤフーというポータルサイトだけ覚えておけば、たいていの用は足りるので、2番手、3番手を覚える必要はないのです。そこで、「ポータルサイトといえばヤフー」という認識が広く一般のユーザーにまで行き渡りました。それどころか、「インターネットといえばヤフー」と思い込んでいる人も少なくなかったのです。

1-1
1-2
1-3
2-1
2-2
2-3
3-1
3-2
3-3
4-1
4-2
5-1
5-2
6-1

「カレーといえばココイチ（カレーハウスCoCo壱番屋）」「うどんといえば香川県」のように、ジャンル名から特定のブランドをイメージできることを「純粋想起」といいます。「ポータルサイトといえばヤフー」「インターネットといえばヤフー」というポジションをいったん築くことができれば、ライバルたちがそれを覆すのは容易ではありません。ネットビジネスの世界でも、「ネットオークションといえばヤフオク！」とか、「料理レシピといえばクックパッド」とか、「グルメサイトといえば食べログ」のように、自分のニーズとそれをかなえてくれる場所が純粋想起で結びつくと、（一時的にしろ）大きな成功を収めることができます。

大量の情報があふれるインターネットであっても、純粋想起さえとれれば、一気に市場を占有することができる。これが「勝者総取り（ウィナー・テイクス・オール）」と呼ばれる現象です。ネットビジネスでは勝者はたいてい一人だけで、2番手以下は「その他大勢」扱いされてしまうのです。

人力検索からロボット検索へ

しかし、ヤフーには落とし穴が待っていました。ネット上の情報が爆発的に増えてくると、人力でウェブサイトを集めようと思っても限界があります。人間が一つひとつ確認していては、膨張のスピードに追いつかなくなってきたのです。検索の巨人グーグルの時代の幕開けです。

グーグルは、インターネット上にあるサイトのほぼすべての「ページ」を自動巡回して収集する技術を開発しました。検索エンジンによって、グーグルは、ヤフーが人力で集めていた「サイト」単位のリンクではなく、各サイト内の「ページ」をすべてかき集め、「ページ」単位で検索結果を表示できるようになったのです。

このように、最初は人海戦術で優位に立っていたサービスが、やがて機械によって置き換えられていくというのは、ネットビジネスの世界ではよく見られる現象です。

ネット上のページをくまなく網羅する検索エンジン

ハイパーリンクが網の目のように張り巡らされた「ウェブ」は、もともと「クモの巣」を意味する言葉です。そこで、グーグルは、リンクをたどってひたすらウェブを巡回（クローリング）するプログラムを「スパイダー（「クモ」の意味）」と名づけました。検索エンジンは人手に頼らず、機械が自動的にページを収集するので、ロボット型検索とも呼ばれます。

ロボット型検索の普及を後押ししたのは、絶え間なく膨張するウェブ空間の広がりですが、それが可能になった背景には、もう一つ、忘れてはならない技術的な進展がありました。大量の情報への高速なアクセスを可能にするブロードバンドの登場です。ちなみに、ブロードバンドが「新語・流行語大賞」のトップテン入りしたのは2001年のことでした。

インターネットの黎明期には、モデムを使って固定電話回線経由でネットに接続するダイヤルアップ接続が主流でした。通信速度もいまとなっては笑ってしまうくらい遅く、画質の粗い写真でも、一気に表示されずに、上からだんだん見えてくるのがふつうでした。それが、2000年前後にADSLが登場して通信速度が20倍以上になり、さらに光ファイバーが出てきて1000倍以上のスピードになることで、ようやく画像や動画をストレスなく読み込めるようになったのです。そのことが、インターネット上のすべてのページを巡回して収集するというグーグルの野望の実現に欠かせなかったわけです。

アルゴリズムはなぜ役に立つページを見分けられるのか

検索エンジンでは、検索結果はランダムに表示されるわけではなく、役に立ちそうな順、よく見られている順に並んでいる気がしませんか。それは、ロボットが自動的に収集したページを、一定の手順にしたがって並べ替えているからです。こうした手順を「アルゴリズム」といい、グーグル検索では「ページランク」と呼ばれるアルゴリズムを採用しています。グーグルの共同創業者の一人、ラリー・ペイジが開発したページのランキングを決める手順だから「ページランク」というわけです（英語の表記はすべてPage）。

このページランクは、学術論文の評価の仕組みを取り入れています。アカデミズムの世界では、優れた論文ほど、それに続く多くの研究に影響を与え、結果としてたくさんの論文に引用されます。そのため、どれだけの論文に引用されたかという「被引用数」が多い論文は、それだけ大きなインパクトを与えた重要な論文とみなすことができます。

ウェブの世界も同じで、さまざまなサイトからリンクを貼られているページは、それだけ役に立つ情報、あるいは、そこにしかない情報が載っている可能性が高いといえます。みんなが見て重要だと思うサイトほどリンクされやすく、そうして選ばれた有力サイトは、別の有力サイトにリンクを貼られる傾向があります。そこで、どれだけリンクを貼られているかという「被リンク数」をベースに、有力サイトからの被リンク数も加味して、ページの表示順を決めているわけです。

ページランクによって、単純にアクセスを集めるサイトが優良なのではなく、たくさんリンクされるページが重要だという新たな評価軸が生まれました。

一つひとつのページを人間が実際に見て優先順位を決めるには、サーファーという「目利き」の存在が重要でしたが、被リンク数をカウントするページランクには、人手は必要ありません。しかし、あるページにリンクを貼るかどうかは、ウェブサイトをつくっている人たちがそれぞれ決めているわけで、被リンク数はネットで情報発信している人たちの総意とみなすことができます。つまり、ページランクは、一人の目利きに依存するのではなく、ネットの集合知を上手に可視化しているともいえるのです。

グーグルがヤフーを圧倒した理由

目的のページにダイレクトに飛べる検索エンジンの便利さを一度知ってしまうと、何度もクリックしてようやく目的のページを探り当てるような世界には戻れないのが人間です。グーグル検索の精度が上がるにつれて、グーグルは、ヤフーにかわるグローバルな「インターネットの入り口」として君臨することになります。

グーグル検索を使うと、何件ヒットして、それにかかった時間は0コンマ何秒だと表示されます。世界中で刻々と増殖中のウェブページの中から、最も役に立つであろうページを上位から順に0コンマ何秒で提案してくれる。考えてみれば、ものすごいことです。

それだけ検索スピードに強いこだわりをもっていたグーグルは、「ポータルサイトといえばヤフー」というイメージが根強かった日本でも、「わからないことがあれば、まずグーグルで検索する」と誰もが連想するほどに浸透しました。とりわけ、グーグル検索することを「ググる」という動詞で表すようになったことが、グーグルの普及に拍車をかけました。そのため、一時はヤフーの検索窓でいちばん検索されるキーワードが「グーグル」という皮肉な事態が起きたりしたのです。

検索連動型広告がつくる「意思の経済」

検索エンジンのグーグルも、ポータルサイトのヤフーと同じように、広告がメインのビジネスです。しかし、先ほど述べたように、グーグルはユーザーが滞在する時間をなるべく短くしようとしています。ふつうに考えれば、ユーザーがグーグルに接している時間が短くなれば、それだけ広告に触れる時間も短くなるため、広告の売上が下がるはずです。にもかかわらず、グーグルが世界有数の広告会社でいられるのは、なぜでしょうか。

ユーザーが検索するときに打ち込んだキーワードやフレーズを「検索クエリ」と呼びます。グーグルに宣伝を出す広告主は、この検索クエリに対して広告を出します。たとえば、ユーザーが「ドッグフード」で検索すると、検索結果の横や上にドッグフード関連の広告が表示されます。「ドッグフード」で検索をかけたユーザーは、かなりの確率でドッグフードを買いたいという意思をもっているはずです。そのため、検索に対して表示されるドッグフード関連の広告がユーザーの目を引く可能性は高く、クリックや購買に至るケースも多くなります。

一方、ポータルサイトのトップページに表示される広告は、ユーザーの「注目」を集めるところに配置されます。そこに表示される広告は、ある程度ユーザーの好みは反映しているかもしれませんが、ほとんどの場合、ユーザーのその時点の意思とは無関係です。

英語で「意思」は「インテンション」、「注目」は「アテンション」です。そこで、検索連動型広告は「インテンション・エコノミー（意思の経済）」、従来型の広告は「アテンション・エコノミー（注目の経済）」と呼ぶことができます。検索エンジンを無料で提供していたグーグルが世界有数の広告会社となり、巨額のマネーを手にするようになったのは、広告をただ漫然と見せるのではなく、消費者自身の意思と連動させたところに、その勝因があったのです。

拡大するインターネット広告市場

グーグル検索を使うユーザーが増えるにしたがって、インターネット広告にも重要な変化が訪れます。よく検索されるキーワードが可視化され、広告主も広告を出しやすくなったのです。

グーグルの検索連動型広告枠の価格は、ユーザーが検索した瞬間に行われるオークションによって決まります。よく検索されるキーワードほど、広告を出したいライバルが多くなるため、グーグルが受け取る広告費も高くなる仕組みです。逆に、範囲がより限定された検索クエリほど、広告費が安くなります。

たとえば、「ドッグフード」ではなく「ドッグフード　大阪」と地域のキーワードを一つ増やすだけで、ユーザーの範囲が限定されます。「大阪」というキーワードを追加するユーザーは、大阪でドッグフードを買える店舗を探しているはずだと、そのユーザーの意思が予想できるからです。広告主の立場からすれば、東京のペットショップがこのユーザーに広告を出す意味はあまりありません。そのため、大阪在住の広告主だけでオークションを競うことになり、より安い価格で、高い購買意思をもったユーザーに向けて広告を打つことができるわけです。

大小さまざまなキーワードに対して広告を出せる検索連動型広告は、広告主の裾野を大きく広げました。それまでテレビや新聞、雑誌などのメディアには広告が出せなかったような中小の広告主も、範囲が限定された検索クエリなら、オークションで競り落とすことができるようになったからです。日本のインターネット広告費は順調に伸び続け、すでにテレビ広告費と並ぶ水準にまで拡大しています（インターネット広告については3－2でさらに深掘りします）。

グーグルはインターネット広告界の巨人ですが、お金をもらっているからといって、広告主の言いなりになっているわけではありません。たとえば、広告主が高いお金を払って上位の枠に広告を表示させようとしても、ユーザーがその広告をクリックしなければ情報としての価値が低いと判断して、その広告を自動的に下位に表示するようにしているのです。グーグルにとっては、広告も検索結果と同じように、ユーザーのためになることが第一で、上位に表示されるサイトは、ユーザーの「意思」にかなうものでなくてはならないということです。

ヤフーは何でもそろうスーパーアプリを目指す

ここまでポータルサイトのヤフーと検索エンジンのグーグルを取り上げ、ネットビジネスで最も大切な「入り口」をめぐる争いを見てきました。

いまやインターネットで情報を探そうという人にとっては、グーグルは欠かせません。日本国内でも、2011年からヤフージャパンはグーグルの検索技術を利用するようになっていて、検索エンジンにおける勝負はすでに決着がついたといえそうです。

ところが、ヤフーは、いまだにトップの集客力を誇るポータルサイトとして君臨し続けています。なぜでしょうか。

それは、ヤフーがデパートのインフォメーションカウンターから始まって、何でもひと通りそろう総合デパートそのものに大きく舵を切ってきたからです。ニュースを見るなら「Yahoo! ニュース」、経路検索なら「Yahoo! 乗換案内」、天気を調べるなら「Yahoo! 天気」、映画を見るなら「Yahoo! 映画」、買い物するなら「Yahoo! ショッピング」や「ヤフオク!」、ほかにも「Yahoo! ファイナンス」や「Yahoo! 不動産」など、さまざまなサービスを提供しています。

スマホがインターネットの中心になってきた当初は、モバイル対応への出遅れが指摘されていましたが、「Yahoo! Japan」アプリを筆頭に、サービスごとにアプリを用意して、総合力でモバイルインターネットの巨人たちに対抗しています。

さらに、2019年11月にはコミュニケーションアプリ国内ナンバーワンのLINEとの経営統合を発表して、話題を集めました。今後は、中国のアリババやテンセントのように、ネットのポータルからネットとリアルのサービスのポータルとしての「スーパーアプリ」へ進化しようとしているのです。

ポータルは一つにあらず、解像度を上げ次を見出す

1-1では、インターネットの入り口としてのポータルサイトを、おもに「検索」という視点から見てきました。その最初の覇者がヤフーであり、続いてグーグルが覇者となって、グローバルなメガプラットフォーマーとして巣立っていきました。

しかし、ネットが普及するにつれて、検索がすべての入り口というわけではなくなってきました。まず、ネットで何か情報を探すといっても、目的をもって探すときと、目的をもたずになんとなく探すときがあります。「○○について知りたい」と目的がはっきりしている

ときは「検索」が便利ですが、「何が流行っているか知りたい」「旬なネタが読みたい」というときは「ニュース」などを見るはずです。つまり、ネットの入り口も「目的型」と「非目的型」に分けることができるのです（この分け方は、2-2に出てくる「検索型」と「探索型」の違いとも重なります）。

ヤフーは「目的型」の検索ではグーグルに後れをとりましたが、「Yahoo! ニュース」によって「非目的型」の覇者となりました。だから、いまでも日本のヤフーは巨人であり続けているのです。

さらに、通信回線が速くなったおかげで、ネットにアップされる情報（コンテンツ）が、テキスト中心から動画へとシフトしていきます。この動画で覇者となったのがユーチューブです。ユーチューブは、出てきた当初は「何かおもしろい動画はないかな」と見て回る「非目的型」からスタートしましたが、いまでは、料理のレシピ動画を探すときも、グーグルで検索するのではなく、いきなりユーチューブで検索するようになりました。つまり、「目的型」の覇者にもなりつつあるということです。

このように「どう探すか（目的型と非目的型）」「何を探すか」によって、ポータルが細分化されていくのが、ネットビジネスの歴史でもあります。

ネットで「何を探すか」も、どんどん拡張されていきます。テキストも動画も広い意味で

図5　ポータルの分類「3 × 2」

			目的型	非目的型
コンテンツ	テキスト		1-1 Yahoo! × 1-1 Google　- - 拡張 - ->	Yahoo! ニュース
	動画		<- - 拡張 - -	YouTube 3-1
コマース	物(EC)	BtoC	Amazon 2-2	楽天 2-2
		CtoC	ヤフオク！ 2-1	メルカリ 2-1
	サービス		リクルート 2-3	
コミュニティ	リアル		LINE 4-1　Facebook 4-1	
	バーチャル		SHOWROOM 4-2	

は「コンテンツ」ですが、コンテンツ以外にも、物やサービスを探す「コマース」や、つながりたい人を探す「コミュニティ」が出てきて、それぞれに覇者が生まれます。

BtoCで物を買うときは、買いたい物があらかじめ決まっている「目的型」の覇者はアマゾンで、いろいろな商品を見比べながら選びたい「非目的型」の覇者は楽天です。一方、CtoCの場合は、「目的型」の覇者はヤフオク！で、「非目的型」の覇者はメルカリです。

「コミュニティ」については、「目的型」と「非目的型」という区別はあいまいで、リアルな知り合いとつながるときの覇者はフェイスブックやLINEで、バーチャルの中で匿名のままつながるサービスとして、SHOWROOMのようなものが出てきているという構図です。

つまり、「何を探すか」は大きく「コンテンツ」「コマース」「コミュニティ」の3つに分けられ、「どう探すか」は「目的型」「非目的型」に分けられる。これを「3×2」にまとめたのが図5です。この図を理解しておくと、広大なインターネットのどこにポータルがあるかわかります。そして、入り口を握ったところが権力を手にして、覇者になるのです。

細分化されたポータルを握るには、それぞれにふさわしい戦い方があります。Part2以降では、それを解説していきます。

1-2 IDと決済を握ったものが覇者となるのはなぜか

——キャッシュレス決済とフリクションレス

□アリペイ□ウィチャットペイ□銀聯カード□スクエア□PayPay□グラブ

すべてのお金のやりとりが「リンク」になる

1－1では、ネットビジネスの「入り口」としてのポータルサイトと検索エンジンについて見てきました。いま、この「入り口」がネット空間からリアルの世界へと染み出してきています。なぜかというと、オンライン決済やキャッシュレス決済の普及によって、お金を払って物やサービスを買うという行為がすべて「リンク」のように簡単にできるようになってきたからです。

このことの意味を説明するために、インターネットの「リンク」がもたらしたインパクトについて、あらためて考えてみます。

ワールドワイドウェブ（直訳すると「世界規模のクモの巣」。頭文字をとって「WWW」と表現される。笑いを表す「ｗｗｗ（草）」ではない）のネット空間は、網の目のように張り巡らされた「リンク（ハイパーリンク）」によってつながっています。

インターネット以前の世界では、文書もデータもそれぞれバラバラに存在していました。知らない言葉が出てきたら、紙の辞書で調べるしかなく、関連文書を読むには、図書館に足を運んで文献を探す必要がありました。引用の出典が明記され、参考文献リストがついていれば、関連文書にアクセスすることはできますが、それがないときや、より深く調べたいときは、膨大な文献の山を手探りで探索していくしかありませんでした。だからこそ、古今東西の文書に精通した「博覧強記な人」が重宝されたのです。知識の量が多いほど、文書を探す手間が省けたからです。

しかし、ハイパーリンクが登場したことによって、僕たちは、関連文書を探す手間と、ある情報がどこにあるかという記憶から解放されました。わざわざ覚えておかなくても、リンクをクリックするだけで、一発で関連文書にアクセスできるからです。それによって、あらゆる情報へのアクセスがスムーズになり、リンクをたどっていけば、いくらでも深い知識、幅広い知識が得られるようになりました。探したり覚えたりすることではなく、大量の情報をシャワーのように浴びて、考えること、アウトプットすることに脳のリソースを割けるようになったのです。

リンクがつなげたのは情報だけではありません。まず人と人がつながりました（CtoCは2－1、CGMは3－1、SNSは4－1でくわしく解説します）。さらに企業と個人（BtoCは2－2、2－3で解説）、企業と企業（BtoB）がつながることで、生み出される情報の量は爆発的に増えました。要するに、いままでつながっていなかったものがつながるようになったことが、インターネットの最大の発明だったわけです。

ここで、あらためて物やサービスを買うという行為について考えてみると、物やサービスをその対価と交換する「(売買）取引」は、相手があって成り立つものなので、もともと双方向の「リンク」であるはずです。ところが、これまでリアル世界の個別の取引は、「点」にすぎませんでした。銀行振り込みやクレジットカード決済ならデータは残りますが、現金払いを双方が記録するには、昔ながらの紙の帳面や領収書が必要だったのです。

いまオンライン決済やキャッシュレス決済を通じて起きているのは、取引ごとに分断されていたお金のやりとりが全部つながりつつあるということです。つまり、これまで「点」にすぎなかったお金の流れが「線」になり、どこまでも追跡可能な「リンク」になってきたのです。

それによって何が変わるのでしょうか。それを知るために、2019年6月時点で6億2000万人（ネット利用者の73・4％）がキャッシュレス決済を利用しているというキャッシュレス先進国の中国の状況を見てみましょう【※6】。

「アリババvsテンセント」の全方位的なシェア争い

いま中国では、中国ネット企業の2大巨頭、「アリババ（阿里巴巴）」と「テンセント（騰訊）」の両陣営が、いくつものサービスで競合し、激しいトップ争いを演じています。

ジャック・マー（馬雲）が1999年に創業したアリババは、BtoB（企業間）オンラインマーケットから出発して、CtoC（個人間）EC（電子商取引）サイトの「タオバオ（淘宝網）」や、BtoC（企業・個人間）ECサイトの「Tモール（天猫）」までを手がける、世界最大のeコマース企業です。いってみれば、CtoCトップのeベイ（2-1で解説）とBtoCトップのアマゾン（2-2で解説）を一つの会社が運営し、さらにケタ違いに大きいBtoB市場も牛耳っているという、まさにEC界の巨人と呼ぶにふさわしい存在です。

それに対して、ポニー・マー（馬化騰）が1998年に創業したテンセントは、ゲーム開発からスタートし、数々のライバルメーカーに出資して、世界最大のゲーム会社へとのぼりつめました。「フォートナイト」のエピックゲームスも、「リーグ・オブ・レジェンド（略してＬｏＬ）」のライオットゲームスも、「クラッシュ・ロワイヤル」のスーパーセルも、すべてテンセントの関連メーカーで、さらに自社開発の「王者栄耀（オナー・オブ・キングス。略してＨｏＫ）」など、人気ゲームを多数抱えています。その結果、２０１９年の基本無料で遊べるゲーム（３－３で解説）の世界売上トップ10のうちの４つをテンセント関連が占めています【※7】。テンセントはさらに、中国最大のメッセンジャーアプリの「ウィチャット（微信）」を運営していて、中国人にとってなくてはならないサービスになっています。

この二つの陣営は、それぞれ「アリペイ（支付宝）」と「ウィチャットペイ（微信支付）」というＱＲコードによる決済サービスを展開していて、激しいシェア争いを繰り広げています。

ＩＤと決済が実現する「なめらかな世界」

ここでは、ウィチャットを例に説明します。ウィチャットは、友人関係が全部リンクになっていて、誰かと話したければ、その人のアイコンを選ぶだけで、すぐにメッセージのやり

1-1
1-2
1-3
2-1
2-2
2-3
3-1
3-2
3-3
4-1
4-2
5-1
5-2
6-1

とりができます。ここまではＬＩＮＥ（４－１で解説）と同じですが、ウィチャットはさらにリアル世界への入り口にもなっています。どういうことかというと、ウィチャットアプリの画面に、いまいる場所の近くのお店のアプリが一覧表示されるのです。

たとえば、映画を見たいなと思ったら、近所の映画館のアプリを選べば、すぐに予約ができます。それだけなら日本の映画館の予約サイトでもできますが、いままさに映画館の近くにいるなら、上映開始まであと5分でも間に合うわけです。しかも、5分後に始まる映画は、ふだんなら２０００円くらいするチケット代が７００円くらいにディスカウントされたりします。映画館としては、空席のままにしておくよりも、値段を下げてでも座席が埋まったほうが儲かるからです。これは航空券の予約やホテルの空き室と同じ理屈で、上映開始までの時間と連動して空きスペースの値段を管理しているわけです。映画館の座席図から空いている席を選んだら、あとは現地でＱＲコードを見せるだけで入場できて、同時に支払いまで完了します（図6）。

これだけでも十分すごいのですが、ウィチャットペイの真骨頂はここからです。ウィチャットペイはもともとウィチャットでコミュニケーションをする友人同士でお金もやりとりできたらいいよね、という発想から始まっています。そこで、映画のチケットを2人分とったら、1枚を友人にその場で送ることができるのです。チケットを受け取った友人もＱＲコー

図6　入力なしの数タップで見たい映画を友だちと見られる

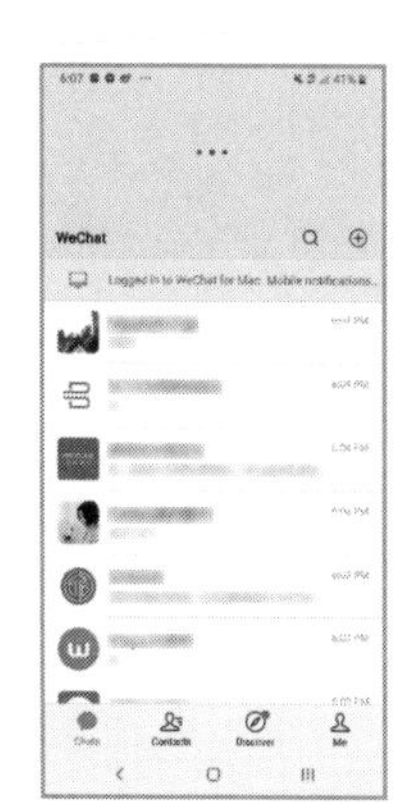

①ウィチャットの最初のコミュニケーション画面

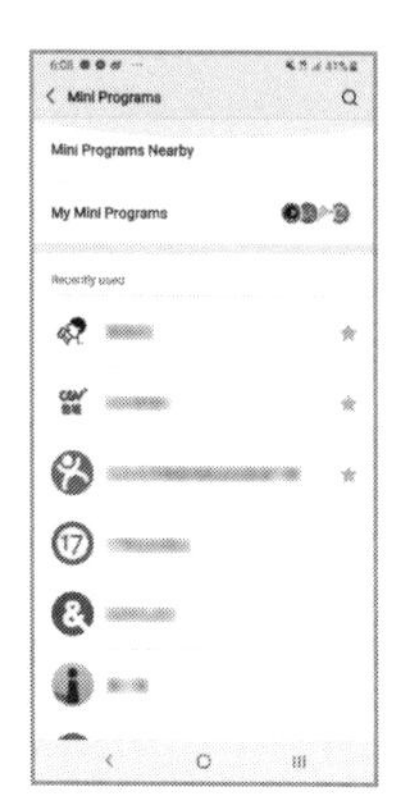

②下にスクロールすると近所でよく使うお店が出てくる

③映画館を選ぶと2タップで見たい映画の予約画面に（上映時間が間近な回は割引料金に）

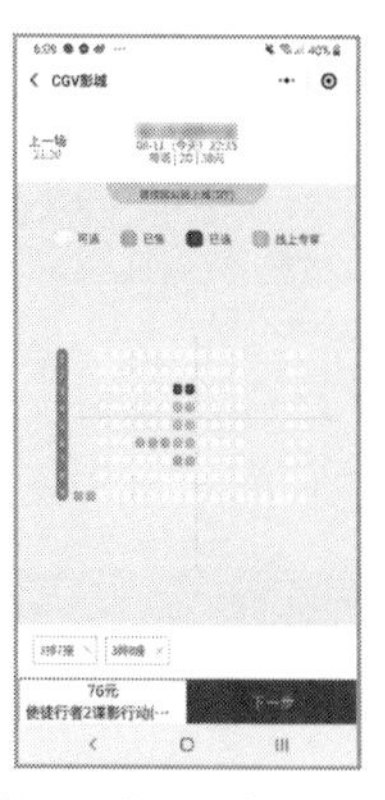

④友だちの分まで空いている席を予約。そのまま友だちにQRコードを送ることができる

ドを見せるだけで映画館に入れます。

これが「お金のやりとりがリンクになる」ということの正体です。映画のチケットを予約するのも、チケットの料金を上映開始までの残り時間と空き状況に応じて変えるのも、チケット代を払うのも、紙のチケットを見せて館内に入るのも、買ったチケットを友だちに送るのも、場合によっては、立て替えておいたチケット代を友だちから回収するのも、従来ならそれなりに手間がかかりました。しかし、現金のやりとりを一切なくして（つまりキャッシュレス）、すべてデータのやりとりにしてしまえば、わずか数回スマホの画面をタップするだけで、ほとんどストレスを感じることなく、すべての手続きが完了します。

「やりたいことがすぐにできる」ことが最大の価値

この「ストレス＝摩擦」がない状態を「フリクションレス」といいます。何かをするたびにひと手間、ふた手間かかると、どうしても面倒くささが先に立って、それをする気力をなくしてしまいがちですが、思いついたことをすぐに実行できるなら、実際にやってみる人は増えるはずです。つまり、「やりたいことがすぐにできる」ことそのものに価値があるのです。

グーグルは「知りたいことがすぐにわかる」から、アマゾンは「ほしいものがすぐに手に入る」から、フェイスブックは「知りたい人の近況がすぐにわかる」から、LINEは「話をしたい友だちとすぐに連絡がとれる」から、ユーザーに広く受け入れられました。スポティファイは「聞きたい音楽がすぐに聞ける」から、キンドルは「読みたい本がすぐに読める」から、実際に音楽を聞いたり、電子書籍を買ったりする人が増えたのです。

同じように、「お金を払いたいときにすぐに払える」「お金をもらいたいときにすぐに受け取れる」キャッシュレス決済も、世の中にこれまで以上に浸透し、ユーザーの行動パターンを大きく変える可能性を秘めています。

考えてみれば、インターネットも、情報同士がつながったことで、あらゆる情報へのアクセスがフリクションレスになったからこそ、世の中に大きな変化をもたらしたのです。お金のやりとりがフリクションレスになれば、それと同じか、それ以上のインパクトがあるはずです。

それと比べると、ネットとリアルの決済データをとれるようになることで、データを1件いくらで売れるとか、個別にカスタマイズされたターゲティング広告（3－2で解説）の精度が上がるといったことは、些末な議論にすぎません。そこを勘違いしないように気をつけてほしいのです。

ユーザーの行動パターンが変わる

決済のフリクションレス化によって、ネットかリアルかにかかわらず、行動に移すときのハードルが極端に下がります。たとえば、流行りのお店でテイクアウトのドリンクやスイーツを買おうと思ったら、1時間待ちの行列に並ばなければいけないというのはよくあります。しかし、中国で人気の「ラッキンコーヒー（瑞幸咖啡）」では、スマホのアプリで事前に注文しておけば、店頭でQRコードを見せるだけでドリンクを受け取れます（もちろん、同時に支払いも完了です）。リアルタイムで現在何人待ちかがわかり、まもなくできるという通知も届くので、列に並ぶ必要はありません。スターバックスの店員に呪文のような長い注文を直接言うのは恥ずかしいという人でも、ドリンクの種類を選んで、ホイップや氷の有無などを画面上で選んでいくだけで、自分好みのドリンクができるとなれば、あれこれアレンジしたくなる人も多いのではないでしょうか。

いままでは並ぶ時間がもったいなくて買わなかった人も買えるようになるし、数人でまとめ買いするときも、それぞれ画面で簡単にカスタマイズできるので、「じゃあ、私もカフェラテで」とまわりに合わせなくてもよくなります。オプションの注文が簡単になれば、客単価が上がるかもしれません。「キャッシュレス化＝フリクションレス化」でユーザーの行動パターンが変わるというのは、そういうことです。

個人が識別できなければパーソナライズできない

キャッシュレス決済が普及するには、お金を払ったAさんが間違いなくAさんであり、お金を受け取ったBさんが間違いなくBさんであると確認できなければいけません。Aさんが勝手にCさんの財布からお金を盗み出して自分のかわりに支払ったり、Bさんに送ったはずのお金がDさんによってかすめ取られてしまうのでは、怖くて誰も使えないからです。

リアルな世界でも、銀行口座を開くには運転免許証などの本人確認書類が必要で、ATMで預金を引き出すときも、クレジットカードを使うときも、暗証番号の入力が求められます。「あなたは間違いなく○○さんですね」というアイデンティフィケーション（略してＩＤ。本人だと同定すること）が不要だったのは、現金払いのときだけです。

インターネットでは直接相手の顔が見えないだけに、「あなたは間違いなく○○さんですね」と確認するためのＩＤが不可欠です。しかし、インターネットがあまりに便利になったおかげで、僕たちはＩＤの大切さを忘れがちです。毎回ログインＩＤとパスワードを入力しなくても、サイト側で勝手に「あなたは○○さんですね」と識別してくれるからです。

サイトが勝手に「あなたは○○さんですね」と識別して、その人向けにサービスをカスタマイズすることを「パーソナライゼーション」といいます。同じウェブサイトにアクセスしても、ユーザーごとに違ったコンテンツが表示されるのは、見ている人の好みや行動履歴に応じて、中身を変えているからです。

このパーソナライゼーションは、インターネットの隠れたもう一つの本質です。とくに何も考えなくても、ウェブサイトのトップページから自分向けの情報が表示されるのは、裏側でIDを識別しているからで、それを可能にしているのが「クッキー（Cookie）」という仕組みです。クッキーには、サイトを訪れたユーザーの情報が保存されているので、クッキーを無効にすると、毎回ログインIDとパスワードを要求されることになります（クッキーについては3－2で解説します）。

オープンIDの覇者、フェイスブックとグーグル

いつもは同じスマホからしかネットに接続しないので、ふだんはログインをほとんど意識しないという人でも、別のデバイス、たとえば自宅や会社のパソコン、新しく買い換えたス

1-1
1-2
1-3
2-1
2-2
2-3
3-1
3-2
3-3
4-1
4-2
5-1
5-2
6-1

マホでネットにつなごうとしたら、ログインＩＤとパスワード、二段階認証のコードの入力を求められたという経験はあるはずです。デバイスが変わると、あらためて「あなたは○○さんですね」と確認する必要があるからです。ネットで買い物をして支払い処理するときもログインを求められることがありますが、それも同じ理由です。

ネット上にはさまざまなサービスがありますが、サービスごとにいちいち自分の名前、メールアドレス、クレジットカード番号などを入力するのはたいへんです。しかし、一方で、パーソナライズされた便利なサービスは使いたい。そこで出てきたのが「オープンＩＤ」という概念で、一つのＩＤでほかのサービスも使えるようにしたら便利だよね、という発想です。ログイン画面で「フェイスブックでログイン」「グーグルでログイン」などを選べるようになっているサービスが多いのは、そのためです。

サービス提供者にしてみれば、オープンＩＤを利用すれば、ユーザーのフリクション（摩擦）が減って利用者が増えることが期待できます。しかし、オープンＩＤという言葉とは裏腹に、フェイスブックやグーグルに独占的にＩＤを握られることになってしまって、他社があとから追いつくのは容易ではありません。

ＩＤを握ればユーザーのデータが手に入るため、どの会社もＩＤを握りたい。しかし、小さなサービスでわざわざＩＤを取得して、それを他社のサービスに転用しようと考える人はいません。より規模が大きく、信頼できるサービスのＩＤを転用することになるため、オープンＩＤは強者がより強くなるパターンなのです。

ＩＤと決済を握ったものが最強

キャッシュレス決済によってすべてのお金のやりとりがリンクになるというのは、個人を識別するためのＩＤと決済が結びつくということです。

サービスがネットで完結していたときは、ネットの強者であるフェイスブックやグーグルのＩＤに対抗するのは困難でした。しかし、ネットショッピングが普及すると、オンライン決済するときのクレジットカード情報や、買った商品をどこへ送ればいいかという住所などの個人情報がからんでくるため、アマゾンや楽天のＩＤが強くなってきました。支払い画面で「Amazon Pay で支払う」「楽天ペイで支払う」を選べるサイトが増えてきたのは、そのためです。

そして、キャッシュレス決済がネットからリアルへ染み出してきて、コンビニやスーパー、レストランなど、あらゆる商品、サービスの代金をスマホで支払うことになったときに攻勢をかけてきたのが、ソフトバンク&ヤフー傘下の PayPay と、ＬＩＮＥ内ですぐに使える

LINE Payだったわけです。

もしこの市場をとることができたら、ネットのIDと決済、リアルのIDと決済の両方を握ることになるので、最強です。キャッシュレス決済をめぐって各社がしのぎを削っているのは、そのためです。

キャッシュレス決済の組み合わせ

ひと口に「キャッシュレス決済」といっても、その方式はさまざまです。

キャッシュレス決済は、支払いのタイミングによって、①使いたい分を事前にチャージ（プリペイド）する「電子マネー」、②使った分だけ後払い（ポストペイ）する「クレジットカード」、③銀行の預金口座から決済と同時に引き落とされる（即時決済）「デビットカード」、の三つに分けられます。

また、決済方法によって、④ICカードなどを差し込んで読み取る「カード決済」、⑤カードでもスマホでもタッチするだけの「タッチ決済（非接触型決済）」、⑥スマホでQRコードを読み取る「QRコード決済」、の三つに大別されます。

①～③と④～⑥の組み合わせは自由自在で、たとえば①電子マネーと④カード決済なら、

図7　ふだんの支払い方法【※8】

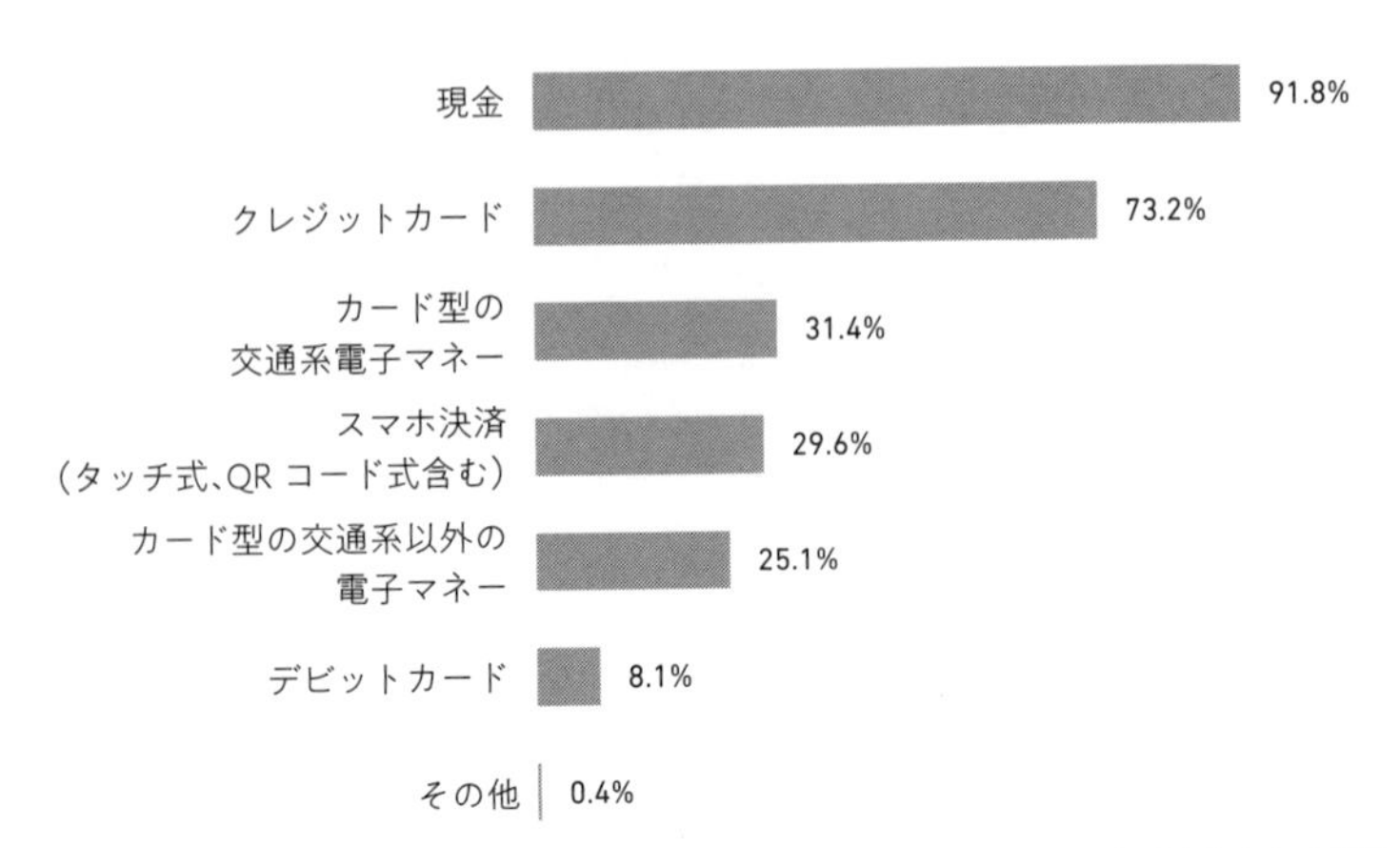

MMD研究所「2020年1月スマートフォン決済利用動向調査」から引用

カード型の「Suica」や「楽天Edy」が思い浮かびます。同じSuicaでも⑤タッチ決済と組み合わせれば、スマホを利用した「モバイルSuica」になり、⑥を代表するPayPayは、①事前にチャージして使うことも、②クレジットカードとして使うこともできます。いわゆる電子マネーでありながら、②クレカの利用料金と一緒にあとから請求されるポストペイ型の「iD」のようなサービスもあります。

しかし、日本ではいまだに現金払いが最も多く、クレカや電子マネーも④カード決済の利用が一般的で、スマホを使った⑤タッチ決済や⑥QRコード決済の利用はそこまで多くありません（図7・図8）。

図8 各国のキャッシュレス決済比率の状況【※9】

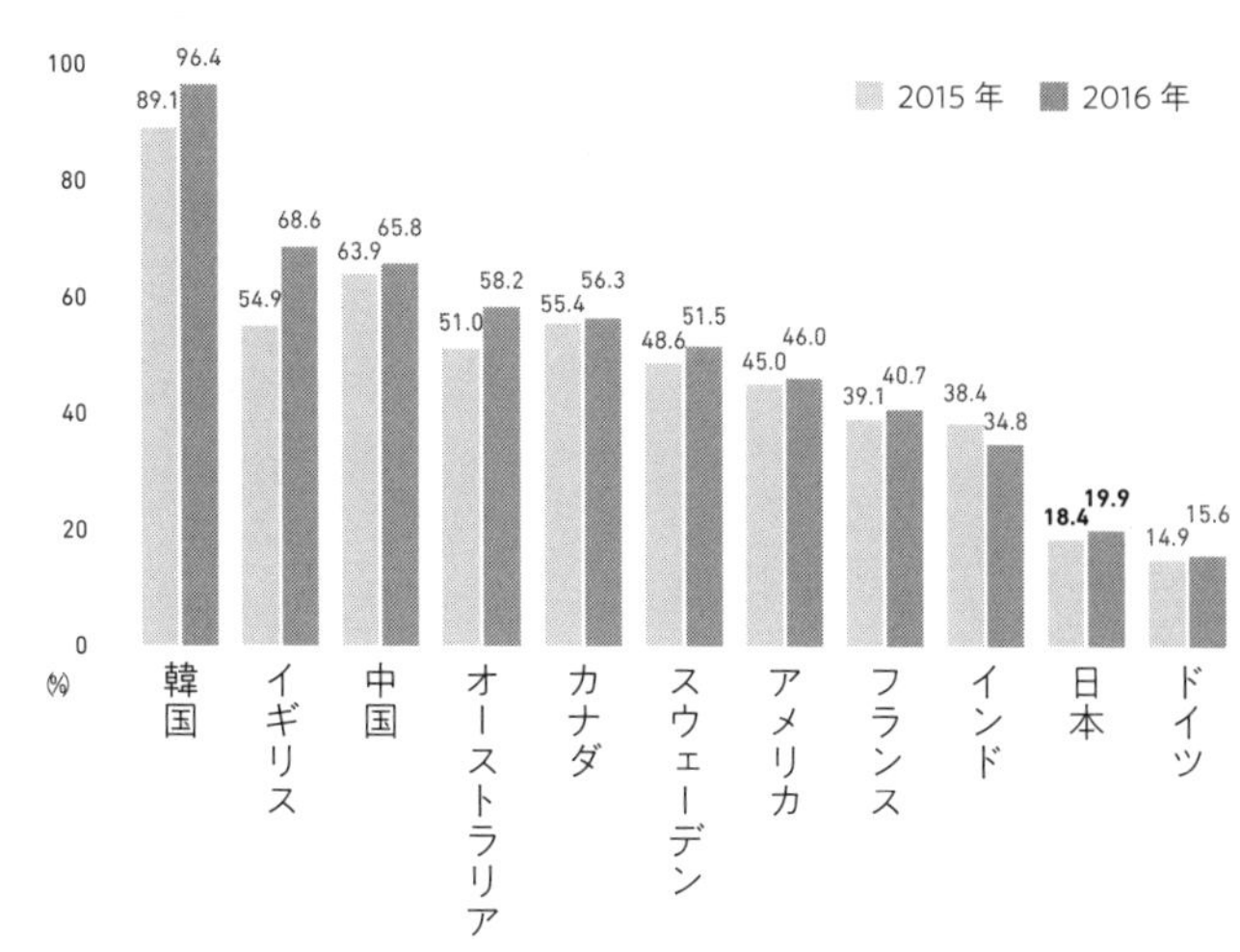

キャッシュレス推進協議会「キャッシュレス・ロードマップ2019」から引用

個人商店の取り込みが課題

キャッシュレス先進国の中国は、クレジットカードの普及率はまだまだですが、銀行口座を開けば「銀聯（ぎんれん）カード」という③デビットカード機能つきのキャッシュカードがもらえます。

銀聯カードは、④カード決済でも⑤タッチ決済でも使えますが、専用読み取り端末の導入コストがいらない⑥QRコード決済が登場して、日常の決済手段としてはアリペイやウィチャットペイが爆発的に浸透しました（ちなみに、中国に銀行口座をもたない外国人も、クレジットカードから①事前にチャージして、アリペイやウィチャットペイが使えるようになりました）。

アメリカはもともと②クレジットカード社会なので、専用端末の導入コストを下げる「スクエア」のようなサービスが普及しました。スクエアCEOでツイッターの創業者でもあるジャック・ドーシーは、ストリートで見つけたアート作品を気に入り、どうしてもほしいと思ったものの、クレジットカードが使えなくて買えなかったという経験から、iPhoneやiPad、Androidにつなげるだけで簡単に決済ができるカードリーダーをつくりました。

ジャック・ドーシーには、現金の受け渡しは、売る人と買う人の間でしかたなくやっている行為にすぎないので、その手間を除いてあげれば、売る人と買う人の意識が一瞬でつながって「価値の交換」がそこらじゅうで起きるはずだという思いがあります。自分が好きでこだわっているものを、その価値がわかる人に届けることは、本来とても素敵なことです。支払いがフリクションレスになれば、「好き」と「好き」をもっと気軽に、もっとたくさん結びつけることができるので、そうした結びつきを豊かにすることが、キャッシュレス化の本質的な意味だというわけです。

実際、アメリカのスターバックスは、スクエアを利用できるだけでなく、顔認証技術も導入していて、現金の受け渡しにかかっていた10秒、20秒の時間を自由に使えるようになりました。そこで、あるお客様がふだんどんなコーヒーを飲んでいるか、どの時間帯に来店するかといった情報を店内で共有し、「スティーブンさん、いつもありがとうございます。いつも苦めのローストがお好みですが、今日はアラビカの新しい豆が入っているので、そちらをいかがですか?」とか、「今日はちょっと元気なさそうです。ホイップクリームを多めに入れておきますか?」といったように、細やかなコミュニケーションができるようになったのです。

日本では、キャッシュレス決済というと、すぐにコンビニやスーパーのレジが楽になるという話題になりがちですが、規模の大きなナショナルチェーンはすでにクレジットカードも電子マネーも使えるところがほとんどです。事情は中国でもアメリカでも似たようなもので、アリペイやウィチャットペイ、スクエアが取り込んだのは、それ以外のあらゆる個人商店です。極端な話、屋台でも路面売りでもストリートパフォーマーでも誰でも簡単に決済できますよ、現金を受け取るよりずっと安心ですよ、というのがキャッシュレス化がもたらす根本的な変化なのです。

その点で、日本において最も可能性を感じるのはソフトバンク&ヤフー傘下のPayPayです。ソフトバンクの資金力と営業部隊を使える強みで、競合サービスを駆逐しつつあります。2020年10月に経営統合するLINEとの関係も注目です。

ライドシェアアプリが決済まで、スーパーアプリの根源

世界を見渡せば、銀行口座をもたない人がまだ17億人もいます。成人の4人に1人は銀行口座やモバイル口座をもたないわけで、そういう国では、クレジットカードやデビットカードが浸透するのを待つよりも、別のやり方のほうが先に普及する可能性が高いといえます。

たとえば、インドネシアでは、配車アプリの「グラブ」や相乗りアプリの「ゴジェック」がライドシェア市場を席巻していて、ドライバーの人たちは料金をアプリにプールしています。料金を現金で受け取っても、コンビニなどでアプリにチャージできます。つまり、銀行口座をもっていなくても、アプリに給料をためておけるわけです。そして、アプリ内にためておいたお金が電子マネーとして使えれば、そもそも銀行口座はいらなくなります。つまり、ライドシェアアプリが入り口となって、銀行口座をもたない人も経済活動に参加できるようになってきたのです。

同じく銀行口座をもたない人たちに向けた小口融資（マイクロクレジット）で成功したグラミン銀行については、5－1のクラウドファンディングのところで説明しますが、アプリにお金をプールできる仕組みがあれば、従来型の銀行とは違った形で、人々のお金まわりの

ことを支えることができるわけです。

実際のところ、お金のやりとりでフリクション（摩擦）になるのは、お金の受け渡し自体が面倒ということと、「あなたは間違いなく○○さんですね」と確認することなので、この二つの問題さえクリアされれば、人間の行動の幅は大きく広がります。

少なくとも、ウーバーを一度でも利用したことのある人なら、僕のいっていることはわかっていただけるのではないでしょうか。行き先を口頭で（外国なら慣れない言葉で）説明するもどかしさと支払いの面倒くささを解消し、アプリ内ですべて完結してくれるあの便利さや快適さを一度味わったら、サービスがない時代を思い出せないくらいの必需品になります。それが日常接点となるスーパーアプリの根源です。

キャッシュレス戦争は誰と争い、どこが次の戦場か

日本の場合は、銀行口座もクレジットカードももっているのが当たり前で、なおかつ、現金をいつでもおろせるＡＴＭ網が、コンビニも入れると日本全国津々浦々まで広がっています。そのため、金融に限らず、何か新たにサービスを立ち上げようとすると、「それはコンビニよりも便利なのか」「コンビニよりも使い勝手がいいのか」が基準になってしまうので

す。それが、キャッシュレス決済の普及の足を引っ張っています。

キャッシュレス決済自体は、じつは、そこまで儲かるビジネスではありません。決済金額の1～5％程度しか手数料を徴収できないからです。しかも、QRコード決済でトップをひた走るPayPayは、2021年9月末までは手数料無料をうたっています。取引件数が増えればうまみも出ますが、それまでは体力勝負という面があることは否めません。

しかし、キャッシュレス決済がもたらす変化は、個人にとってのフリクションレスだけにとどまりません。企業にも破壊的な変化をもたらします。次のビジネスの可能性は、みなさんの目の前に広がっています。続く1－3で、キャッシュレス化がもたらす地殻変動について解説します。

1-3 次の主戦場は信用経済とスモールビジネス市場
——イネーブラーと信用スコア

□アリババ□芝麻信用□中国平安□相互宝□リクルートAirレジ

小さな商いが日常的に

キャッシュレス決済によって変わるのは、お店に対する支払いだけではありません。個人同士でも、QRコードを読み取るだけでお金を送ったり、受け取ったりできるようになります。誰でも簡単にお金を受け取れるようになると、じつは、身の回りの風景が一変するかもしれません。

たとえば、中国の友人の会社のミニキッチンに行くと、とても上質なコーヒー豆が置いてあります。会社でこんなにいいコーヒーが飲めるのは、社員にコーヒー好きの人がいるからで、その人が毎回いちばんいい豆を仕入れてくれています。当然、お金がかかるわけですが、コーヒーの前にはQRコードが置いてあり、「このコーヒーの原価は28円なので、1杯30円でお願いします」などと書いてあります。QRコードを読み取って30円払うのに、5秒もかかりません。だから、社員はみんな、スマホで30円払っておいしいコーヒーを楽しんでいます。

社内で席を立つときに、財布はいちいち持ち歩かないという人も、スマホは肌身離さず持っていく人が多いでしょう。しかも、スマホで金額を指定するから、29円や31円という中途半端な金額でもお釣りは発生しません。誰でも簡単に支払うことができると、お金のやりとりがコミュニケーションのような役割を果たすことになります。

同じことを日本でやろうと思えば、おそらく募金箱のようなものを用意して、現金で30円をカンパするという形になるのではないでしょうか。しかし、それだと、手元にちょうど30円なければコーヒーを飲むのをあきらめるか、「どうせバレないから、ま、いっか」と払わずに済ませてしまう人もいるはずです。現金のやりとりというのは、それだけ面倒なのです。

少額のやりとりがフリクションレスになると、コーヒーに限らず、社員は自分の好きなものを持ち寄って、心置きなくみんなにふるまうことができます。1回だけなら、自腹で買った旅行のお土産を会社で配ってもそれほど懐はいたみませんが、継続的にお菓子を配るなら、せめて原価くらいは回収しないと続けられません。もらうほうも、いつもタダでもらうのは気が引けるから、好きなお菓子が定期的に食べられるなら、お金を払ったほうが気が楽という人も多いはずです。

つまり、提供する人が損をしない仕組みさえあれば、みんなにおいしいお菓子を食べてもらいたいと喜んで用意する人が出てくるかもしれないということです。人間にはもともと、自分の好きなものをほかの人にも認めてもらいたいという欲求があるからです。スマホでの簡単なお金のやりとりによって、これまでならビジネスとみなされていなかったようなスモールビジネスが、あちこちで花開く可能性があるわけです。

ビジネスの入り口としてのイネーブラー

何かができるように手助けすることを「イネーブラー（enabler）」といいます。「キャッシュレス化＝フリクションレス化」は、「自分の好きなことが商売になったらいいな」という個人の思いをかなえるきっかけになります。従来なら「こんなのは商売にならない」とあきらめていたような小さなことでも、支払い関係の苦労から解放されれば、ビジネスとして成り立つ可能性があるのです。

これまでは飲食店を開くには代金を入れておくレジが不可欠でした。お金を扱う以上、現金を盗まれないような防犯対策が必要で、閉店後もレジの精算処理をしたり、売上を銀行に預けたりする必要がありました。しかし、アプリで注文、アプリで支払いも完結という中国では、最初からレジがない店が増えています。レジがなければ、注文を受けた順に料理をつくって渡すだけでいいので、そもそも注文を受けるだけの店員もいりません。そのため、テイクアウト専門で店舗面積が1坪（畳2畳分）未満の、小さなお店が急激に増えています。

レジのかわりにタブレットが一つ置いてあるか、QRコードが貼ってあるだけです。お店が終わったら、掃除だけしてすぐに帰宅できます。お金のやりとりから解放されると、やるべきことがシンプルに、明確になり、そこだけに打ち込むことができるので、出店のハードルが極端に下がるのです。その結果、たとえば、定年退職したおじさんが、趣味のコーヒーを人にふるまうために1坪店舗を出すといったことが、ごく当たり前になってきます。

リクルートには「お菓子おじさん」という人がいて、なぜかその人だけは全フロアに出入り自由でした。カートにお菓子やパンが入っていて、おじさんがやってくると、小腹を空かせた社員が集まってきます。わざわざビルの下まで降りなくても買えるし、近くのコンビニで扱っていないものでも「今度あれを仕入れておいてよ」と頼んでおくと仕入れておいてくれるから、とても人気がありました。こうしたことも、小銭のやりとりから解放されると、もっと自由に、当たり前に行われるようになるはずです。

極端な話、子どもがレモネードをつくるのが得意なら、自宅の前に「レモネード売ってます」という旗でも立てて、ＱＲコードを貼り、「料金は好きな金額を払ってください」とでも書いておけば、今日からでも商売を始められるのです。これが、やりたいことを実現できるイネーブラーの第一段階です。

リアル経済でもきめ細かな信用情報が手に入る

キャッシュレス化によって、お金のやりとりがすべて「リンク」になると、個人のＩＤと企業のＩＤもつながるようになります。すると、お店ごとに新規顧客のうちの何%がリピートしてくれるのか、リピート客はどれくらいの頻度で来店してくれるのか、毎回どれくらいの金額を使ってくれるのか、といったことが全部データとして残ることになります。いままでネットショップでしかとれなかったようなデータを、リアル店舗でもとれるようになるわけです。

店舗ごとのリピート率や来店頻度、客単価がわかれば、四半期後、半期後の売上の予測も立ちます。チェーン店ならそれくらいのことはこれまでもやってきたはずですが、個人経営が中心の美容室やネイルサロン、ラーメン店などではどうでしょうか。これまではバラバラでとらえどころのなかった個別店舗のデータを集約することで、新たなビジネスを展開するケースも出てきました。

たとえば、接骨院にCRM（顧客関係管理）システムを提供する「リグア」では、弟子を育てるのがうまい整骨院を見つけ出して、新規出店をサポートする体制をとっています。師匠から弟子へ、先輩から後輩へ、ノウハウが受け継がれてのれん分けするタイプのビジネスでは、教えるのがうまい人のもとから、多くの優秀な店主が巣立っていきます。師匠の店のリピート率が高くても、弟子の店のリピート率がそれほどでもなければ、ノウハウがうまく継承されていないのかもしれませんが、先輩の店と後輩の店のリピート率に大差がない場合は、次にお店を出すときも、ある程度のリピート率が期待できます。いま人気の店というよりも、教えるのがうまい人がいる店のほうが2号店、3号店も成功する確率が上がるので、そういうお店に新規出店を働きかけてサポートするのです。

このように、企業のIDにひもづけられた決済データを分析することで、ネット企業なら当たり前にやっていた「アクセス解析」と同じことを、リアル店舗でもできるようになります。それによって明らかになるのは、個人経営の商店ごと、店舗ごと、企業ごとの「信用情報」です。従来、金融機関や信用調査会社がもっていた信用情報よりもきめ細かく、リアルな決済データに裏打ちされた「信用情報」は、企業の資金調達を大きく変える可能性があります。

ログが可視化されると、お金の融通のしかたが変わる

その店がどれくらい集客できるか、どれくらい売上を上げられるか、どれくらい伸びるか。ログ（記録）を見れば、未来がわかります。お金を出す側も、いまを見て投資・融資するのではなく、ログの分析から未来を見て投資・融資できるし、未来を見て保険を提供できるようになります。その結果、ポテンシャルの高い企業ほど、有利な条件で出資・融資を受けられるし、保険も安く契約できるから、さらに伸び伸びと成長できるのです。

いままでは、ログが可視化されていなかったから、その人の肩書や定性的な実績、さらに保証人や担保の有無によって融資金額と条件が決まるのがふつうでした。しかし、ログが可視化されれば、より現実に即した「信用情報」が定量的に得られます。これがイネーブラーの第二段階です。

楽天やアマゾンが「楽天スーパービジネスローン」や「Amazonレンディング」で、自社

サイトでの取引実績に応じて出店企業に融資できるのは、店舗ごとの日々の決済データを預かっているので、独自の信用情報で出店企業により機会を提供できるからです。

つまり、キャッシュレス化によって得られるデータの本命は、あくまで信用情報だということです。一方、ターゲティング広告やレコメンド（おすすめ）システムを最適化するための個人データは、世の中でいわれているほどのインパクトはもたらしません。

お金は「経済の血液」といわれますが、お金の流れが可視化されると、お金がより自由に、より効率的に動き回れるようになります。経済全体が血液サラサラの健康体に近づくということです。その結果、投資・融資・保険という「金融」の三つの機能すべてが大きく変わる。それこそがキャッシュレス決済がビジネスにもたらす第二の大きなインパクトです。

個人の行動履歴が「信用スコア」を決める時代

お金の流れが可視化されると、明らかになるのは企業の信用情報だけではありません。個人の信用情報もどんどん積み上がっていきます。

僕たちはふだん、さまざまな個人情報をネット上にアップしています。個人のＩＤにひもづけられているのは、クレジットカード番号や携帯電話番号、生年月日などの「個人情報」

1-1
1-2
1-3
2-1
2-2
2-3
3-1
3-2
3-3
4-1
4-2
5-1
5-2
6-1

だけではありません。どのサイトをどれくらい見たか（閲覧履歴）、どのキーワードで検索したか（検索履歴）、ネットショップで何を買ったか（購入履歴）、いつどこにいたか（位置情報による行動履歴）、誰と親しいか（メッセージやＳＮＳのログ）など、スマホを持ち歩いているだけで、あらゆる「個人データ」をネットに吸い取られています。

そうして吸い上げられた個人データは、ＡＩやアルゴリズムによってさまざまな角度から分析され、個人の信用度を測るために利用されています。

たとえば、アメリカのウーバーのドライバーは、たとえ移民であっても、ドライバー評価で星４・５以上（５つ星が満点）の優良ドライバーを３年以上続けていれば、車を買い換えるときに低金利でローンを組めるようになりました。従来なら、個人のローン審査で重視されたのは、収入や雇用形態、勤続年数、勤務先の安定度、保証人や担保の有無だったわけですが、ネット上にたまっていく個人の行動履歴や評価によって、必要な人に必要なお金が行き渡るようになってきたのです。

そうした個人の信用情報を、目に見える形にまとめたのが「信用スコア」です。中国ではすでに「信用スコア」が広く世間に行き渡っていて、スコアが高い人ほど、お得な機会に恵まれる社会になっています。アリババグループが提供している「芝麻（ジーマ）信用（セサミクレジット）」もその一つです。

「ルールを守るほうが得」という価値観を定着させた「芝麻信用」

アリババが運営するショッピングサイトの「タオパオ」は、写真は本物なのに実際に届くのはニセモノだったり、最初から商品説明通りの商品ではなかったりするケースがあとを絶たず、不正な出品業者の存在に悩まされていました。しかし、ユーザーによる評価レビューでスコアが上がるほどお客さんが集まり、商売に有利だということがわかってくると、そうした業者は徐々に減り、安定した取引が行われるようになりました。つまり、信用が可視化されるようになったことで、「信用される行動をとったほうが得」という認識が広まったのです。

その後、中国では、信用される行動をしたユーザーには利益を与え、逆に、信用を損なう行動をしたユーザーには不利益になるようなスコアリングの仕組みがあらゆるサービスで導入されていきます。たとえば、一時は時代の寵児（ちょうじ）ともてはやされたシェアリング自転車の「オフォ（ofo）」は、乗り終えた自転車を指定の場所に駐輪しているか、スマホを使って管理できるようにしました。そして、ルールを守ればスコアアップ、破ればスコアダウンする仕組みをつくったのです。

このような仕組みを複数のサービスにまたがってスコア化したのが「芝麻信用」です。アリババ傘下の「アント・フィナンシャル（螞蟻金服）」が運営する決済サービス「アリペイ」の機能の一つとして提供されています。

芝麻信用のスコアは、350点から始まって950点まであります。アリペイの決済データはもちろん、個人の支払い能力やローンの返済履歴、SNSにおけるつながり（信用スコアの高い人とつながっているかどうか）や過去の言動など、さまざまなデータを駆使して信用スコアを算出しているので、スコアが高い人ほど信用できる人という証明になっています。そのため、信用スコアが何点以上の人は、賃貸住宅を借りるときの敷金が不要になったり、ホテルを予約するときやレンタカーを借りるときのデポジット（保証金）が不要になるなど、さまざまなメリットがあります。

そうした直接的なメリットだけではなく、信用スコアの高い人は社会的にも高い評価を受けるようになりました。たとえば、就活でも婚活でも、信用スコアの高い人のほうが有利になっています。ウソでごまかしたりせずルールをきちんと守る人、人間的に信用できる人とみなされるからです。そうなると、人々は芝麻信用のスコアをもっと上げようと、より信頼に足る行動をとるようになります。

つまり、信用スコアによって、人々はよりよいマナーを身につけ、より正しい行動を選択するようになったのです。かつては「儲けがすべて」で生き馬の目を抜く競争社会だった中国ですが、いまは他人を出し抜くのではなく、積極的に他人を助ける、利他的な行動をする人が増えています。そうしたほうが、自分の価値を高めるという認識が広がったからです。信用スコアによって、世の中の価値観まで変わったわけです。

信用スコアで「疑うコスト」を下げる

そもそも、なぜ信用スコアが高いと、サービスを受けるときに優遇されたり、煩雑な手続きをショートカットできたりするのでしょうか。それは、「人を疑うコスト」を減らしてくれるからです。

これまでは、たとえば賃貸住宅を借りる場合、収入を証明する書類や保証人が必要でした。不動産会社は、借り主がどれくらいの規模の会社に勤めているか、年収はいくらあるか、保証人（親）の経済状況はどうかまで見て、家賃の支払い能力があるか、危険人物でないかを調べます。つまり、「この人は信用できる人間か」ということを調べるために、手間とコストをかけてきたのです。

しかし、いまは芝麻信用のスコアを見るだけで、「この人は８００点もあるから、よほどちゃんとした人なのだな」と瞬時に見分けがつきます。疑うコストがかからないので、その分、煩雑な手続きを簡略化することができるのです。

この「疑うコスト」は、不動産取引だけではなく、取引先企業の信用調査や企業の採用試験、婚活でのマッチングなど、さまざまな場面でかかっています。とくに、かつての中国では、隙あらば他人を出し抜いてでも自分が儲かるほうがいいと考える人が多かったので、信用できる人や信用できる商品を見つけるのがたいへんで、いい人やいい物を「探すコスト＝疑うコスト」が日本では考えられないくらい高かったのです。

「探すコスト」を劇的に下げた「平安好医生」

たとえば、ふつうに街のクリニックにかかると、必要以上に高額な医療費を請求されたり、レベルの低い「ヤブ医者」にあたったりする確率が高く、信頼できる医者を探すのが困難でした。そこで総合病院に患者が殺到し、診察待ちの整理券を受け取っても、実際に診察を受けられるのは1週間後ということも珍しくなかったのです。さらに、その整理券が転売され、タオパオで数万円の高値で取引されるというひどい状況でした。

そこで、中国の時価総額ランキングでトップ5につける保険コングロマリット、中国平安(ピンアン)

は、いい医者を見分ける「平安好医生（ピンアン・グッドドクター）」というアプリを開発して、現在の利用者は3億人を超えています。これは「医療版・食べログ」とでもいうべきサービスで、クチコミによる評価をもとに医者を選ぶだけで「探すコスト＝疑うコスト」がほとんどかからないことから、爆発的に普及しました。

しかし、このアプリがすごいのは、ここからです。たとえば、「風邪っぽいけど病院に行ったほうがいいのかわからない」という人も多いと思いますが、そういう人はアプリの問診で症状を書き込むと、医者が無料で回答してくれます。「病院に行ったほうがいい」といわれたら、アプリで病院を検索すると、現在地から近い病院から順にリストアップされるので、まず病院を選びます。すると今度は医者のリストが出てくるので、評判のいい医者を選んで予約するだけです。

さらに、診察時間が近づくとアプリに通知が届くので、待合室でずっと待っている必要はなく、診察が終わると、処方箋が送られてきます。「薬は家にバイク便で届けますか？　薬局でピックアップしますか？」と尋ねてくるので、「薬局でピックアップ」を選ぶと、薬局はすぐに準備にとりかかり、薬局に着いたら、調剤済みの薬をすぐに受け取ることができるのです。病院の予約から薬の受け取りまでアプリの操作だけで完結するわけで、これも前章で述べたフリクションレスの好例です。

後払い式の格安保険サービス「相互宝」

「疑うコスト」がかかるということは、誰かがそれを負担しているわけで、当然それは価格に反映されます。

たとえば、自動車保険は、ケガをした人のリスクをみんなで分担することで成り立っています。しかし、ドライバーの中には、ふだんから安全運転を心がけている人もいれば、運転が雑だったり、頻繁にスマホを見ながら運転をするなど、事故を起こすリスクが高い人もいます。実際に事故を起こして保険金を請求すれば、「リスクの高いドライバー」とみなされて保険料が上がりますが、運転中のドライバーを観察・評価する仕組みがなかったため、年齢や走行距離で一律に保険料を決めるしかありませんでした。真面目に運転している人からすると、「なぜ一部の高リスクの人のために、自分たちまで高い保険料を負担しなければいけないのか」と感じる人もいるかもしれません。

そこでアント・フィナンシャルは、芝麻信用スコアが６５０点以上の人を対象に、「相互宝（シャンフーバオ）」という重大疾病を対象とした新しい保険サービスを開発しました。６５０点以上の人なら保険料の支払い能力は申し分ないということで、「疑うコスト」をかけずに済んだわけですが、相互宝の革新性は別のところにありました。

ふつうの保険のように毎月定額の保険料を前払いするのではなく、期間内に加入者が補償対象の病気にかかって支払われた保険金を、残りの加入者全員で「割り勘」にするという後払い式のサービスなので、加入時の保険料の負担はゼロ。アリペイで支払う保険料も毎月異なり、その額もわずか数十〜数百円という破格の安さで人気を集め、ローンチから約1年で加入者が1億人を突破したのです。

店舗への送客プラットフォーム「Airレジ」

企業の「信用情報」を使えば金融サービスを展開できるし、個人の「信用スコア」を使えばサービスの値段を劇的に下げることができます。どちらもキャッシュレス化がもたらすイネーブラーの第二段階ですが、さらにその先に、もう一つのビジネス領域が広がっています。それが「送客ビジネス」です。

前章でも触れましたが、キャッシュレス決済による手数料はわずか数％にすぎません。しかし、いままでリーチできていなかった新規のお客さんを連れてきてくれるなら、1件あたり15〜20％くらいの手数料を支払ってもいい、というお店は多いはずです。定期的にリピーターを送り込んでくれるなら、5～10％くらい払ってくれるかもしれない。集客できなければ商売は成り立たないので、お店のほうもそれなりに予算があります。これまではグルメサイトの「食べログ（3－1で解説）」や「ぐるなび（2－3で解説）」、旅行サイトの「楽天トラベル（2－3で解説）」が得意としてきた領域です。

キャッシュレス決済導入をきっかけに、その部分に食い込むことができれば、決済手数料よりも利幅の大きなビジネスを手がけることができます。その意味で、キャッシュレス化というのは、その背後にあるイネーブラーの撒き餌にすぎないともいえます。

リクルートは、飲食店や旅館、小売店向けに、無料のPOSレジアプリ「Airレジ」を提供しています。iPadやiPhoneさえあれば、基本的なレジ機能を毎月無料で使えるのは、リクルートにとってはお店のPOSデータを取得することが狙いだからです。利用店舗が多いほど、POSデータを使った分析の精度は上がります。現に、AirレジはPOSレジアプリでナンバーワンの地位を築いています。

リクルートには「ホットペッパーグルメ」という別の送客サービスもありますが、「食べログ」と「ぐるなび」という2強の牙城をなかなか崩せませんでした。しかし、レジ打ちという日常業務に入り込むことができれば、ライバルたちと決定的に差別化できます。どの時間にどれくらいお客さんが来店するのかをデータで把握するのがテーブル管理、予約管理の基本だからです。

たとえば、座席の空き状況がリアルタイムでわかれば、空いている時間帯は、料金を低く抑えて、お客さんを呼び込むこともできます。それを「値下げ」と呼ぶのか、常連さんへの「特別割引」というのか、あるいは「ポイント10倍還元」と称するのかはビジネスの建て付けの問題です。POSデータがあれば、さまざまな打ち手を提案することもできるのです。

コンビニ・牛丼の先に起こるもう一つのキャッシュレス革命、ヒューマナイズ

このようにリアル店舗にはうまく浸透したリクルートですが、PayPayを傘下にもつヤフーのような、圧倒的な顧客接点をもっているわけではありません。そのため、ふだん使っているアプリのポータル力を使ってお客さんをリアル店舗に誘導するという手が打ちにくい。PayPayで決済データを大量に取得したヤフーが、アリペイやウィチャット、あるいはシンガポールのグラブ、インドネシアのゴジェックのように、あらゆる操作を一つのアプリ内で完結させるスーパーアプリになったとき、リクルートがその対抗馬となれるか、注目したいところです。

一方、キャッシュレス決済もイネーブラーもスーパーアプリも、中国や東南アジアでは、

1-1
1-2
1-3
2-1
2-2
2-3
3-1
3-2
3-3
4-1
4-2
5-1
5-2
6-1

すでに当たり前の日常になっています。残念ながら、日本はだいぶ後れをとっています。なぜこうなってしまったのでしょうか。ざっくりいえば、日本はいまとなっては中途半端に「便利」な社会になっていた、というのが大きいと思います。

中国に行けば、「こんなアプリがあって便利だな」「楽ちんでいいな」と感動するのですが、日本に帰ってくると、「でも、コンビニに行けば済むよな」「すき家で牛丼食べればいいか」となってしまうのです。それほどまでに日本のコンビニ・フランチャイズは強く、僕たちの生活の質を高いレベルで、それでいて安く支えてくれています。日本でキャッシュレス決済というと、チェーンビジネスでポイント還元ととられがちなのは、そのせいでもあります。

そのため、キャッシュレス化によって生まれるはずのさまざまな店舗やサービスは、コンビニ・フランチャイズと比較されてしまうのです。しかし、これからはイネーブラーが中小の店舗を支えます。オンライン予約・注文機能はもとより、大事なお客さんを定期的にフォローしたり、どのメニューがリピート率アップに寄与しているかを分析したり、優良顧客に対して特別クーポンを提供したりといった、従来は大手にしかできなかったような機能が、イネーブラーによって中小店舗でも利用できるようになります。しかも、そうした機能はAIによって自動で提供されるので、店長の手を煩わせることもありません。すると、たとえば飲食店の店長は、自分の料理の腕を磨き、顧客に愛されることだけに専念することができます。

いままでは、店長やスタッフは、店舗運営の多くの時間を、経理や予約管理などに費やさざるをえませんでした。しかし、これらは本来、人間でなくてもできる仕事です。これらをイネーブラーが引き受けてくれれば、店長やスタッフはおいしい料理をつくること、お客をもてなすことに集中できます。つまり、イネーブラーは、店長やスタッフの仕事をより「ヒューマナイズ（人間らしく）」するのです。

コーヒーを飲む人にしてみれば、日々コンビニで100円コーヒーを手軽に利用しつつ、週に何度か通勤ルートにあるコーヒースタンドで300円のコーヒーと店長との会話を楽しんだり、職場の同僚が好きで用意してくれた原価120円のコーヒーをオフィスで飲んだりすることができます。コーヒー好きの人にとっても、コーヒーを楽しむ機会や場が増えるし、中小店舗にとっても、持続的にサービスを提供することができる。そんな世界がいいなと、僕は思います。

ネットで拡張される自由とプライバシー課題

これまで見てきたように、「ポータル」（1-1で解説）は行動の入り口として広大なネッ

1-1
1-2
1-3
2-1
2-2
2-3
3-1
3-2
3-3
4-1
4-2
5-1
5-2
6-1

トとその先のリアルを紡いでいきます。「IDと決済」（1－2）はインターネットにおけるパスポートとなり、オンライン／オフラインを自由に行き来し、なめらかに行動することを可能にします。そして、「イネーブラー」（1－3）は中小の店舗や個人の商いをヒューマナイズし、人間らしい活動に集中させてくれます。

しかし、それは同時に、自分の行動データやプライバシーをすべてIT企業や国家の管理下に置くことになるのではないかと、心配する人がいるかもしれません。巨大な存在による監視社会、ディストピアへの恐怖を思い起こす人もいるでしょう。

僕はこうした懸念を、アリババの顧客体験（UX）の高官の方に率直にぶつけてみました。彼はこう答えました。

「アリババがデータをもっているという懸念、それは重要な課題で、だからこそ得られたデータを社会還元することを大事にしています」

また、別の中国ネット企業の幹部の方は、こう言いました。

「ユーザーに不義理をしてはいけない。ユーザーは私たちにデータを提供してくれているのに、それを自社の利益のためにしか使わないとすれば、企業とユーザーの取引関係が成り立たない。そんなことをしていたら、ユーザーから信任されなくなって、愛想をつかされてしまうよ。重要なのは、いかにユーザーに価値を提供して、ユーザーに愛され、使い続けてもらうかだよ」

つまり、ユーザーから預かったデータは、ユーザー自身の顧客体験の向上と自由の拡張に使われることが、競争の激しい社会では前提条件になっているわけです。

Ｐａｒｔ１では、ネットビジネスにおいて権力がどこに宿るかを語っています。Ｐａｒｔ２以降では、どうすれば権力が自走し、独占構造をつくることができるのかという原理を、ネットビジネスの進化の枝分かれに沿って語っていきます。

後述するように、ネットビジネスの進化構造には、独占による権力集中をつくってしまう原理がいくつかあります。しかし、忘れてはいけないのは、現在のＩＴ企業の独占構造は、創業者、社員、株主、何よりもユーザーの支持があって生まれたものだということです。シリコンバレーのエンジニアの多くは、市場の独占によって十分な報酬を得ていますが、だからこそ、社会的に「悪」とみなされるような企業には属したくないという意識が強い。つまり、企業のミッションが社会善であることが、社員にとっても、株主にとっても、魅力的だということです。そして、そうした企業が力をもっているからこそ、ユーザーも自由を謳歌できるのです。

もちろん、企業が過ちを犯すこともあります。とくに権力が一か所に集中するほど、それを悪用したい人の罠にハマり、権力の乱用が起きるリスクが高まります。そのため、国がＧ

ＡＦＡＭへの権力集中を監視し、規制を強化しつつありますが、同時に、企業自身も、ユーザーからの支持を失わないため、自分たちのミッションを全うするために、努力を続けています。

何より、僕たちユーザーがネットビジネスの原理を知ることで、企業活動を見守り、彼らが間違った方向へ行かないように目を光らせておくことが大事です。ネットビジネスで必然的に起こる独占と権力の集中が、ユーザーのためになるように、企業の儲けが健全なネット社会の育成に還元されるように、企業とユーザーが手を取り合って進んでいくことが求められています。

Ｐａｒｔ１のまとめ

以上、Ｐａｒｔ１では、ネットビジネスにおける権力の宿る場として、Ｃ（消費者）側の一等地としての「ポータル」（１‐１）、Ｂ（企業）側の一等地としての「イネーブラー」（１‐３）、両者をつなぐものとしての「ＩＤと決済」（１‐２）、さらにこれから先の権力の一等地である「信用スコア」（１‐３）について解説してきました（図９）。

こうした権力は、何を扱うビジネスかによって、さまざまな形をとります。つまり、物や

図9　ネットビジネスの権力の宿る場

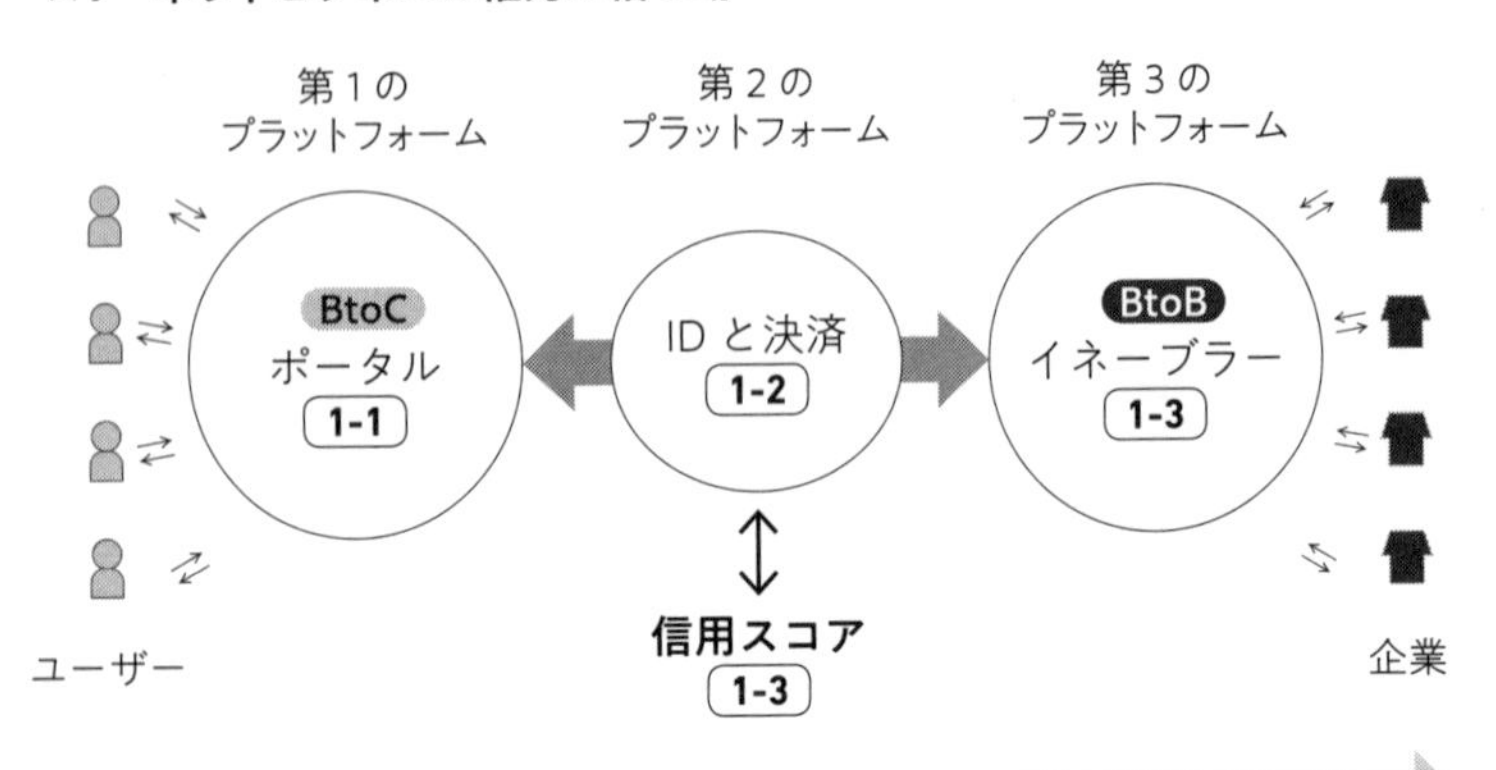

サービスを扱うeコマース（電子商取引）なのか、情報やエンタメを扱うコンテンツビジネスなのか、人を扱うコミュニケーションビジネスなのかによって、権力はさまざまに進化し、その向かう先も変わります。続く各パートでは、四半世紀のネットビジネスの進化をジャンルごとにたどりつつ、現在の、そして未来の権力の現れ方を見ていきます。

Part2

コマース：物や予約をつなげる

ネットビジネスの進化構造

「小分けにしたものを遠くとつなげる」

Part1
権力：つながりの場所を押さえる

- 1-1 ポータル：検索はなぜ権力の一等地なのか
- 1-2 ID/決済：IDと決済を握ったものが覇者となるのはなぜか
- 1-3 イネーブラー：次の主戦場は信用経済とスモールビジネス市場

Part2
コマース：物や予約をつなげる

- **2-1 CtoCコマース：人から人へ物をつなげる**
- **2-2 BtoCコマース：企業から人へ物をつなげる**
- **2-3 BtoCサービスコマース：企業から人へサービスをつなげる**

Part3
コンテンツ：情報をつなげる

- 3-1 CGM*：人から人へ情報をつなげる
- 3-2 プロコンテンツ：情報をつなげてマネタイズする
- 3-3 ゲーム：情報をつなげて遊ぶ

Part4
コミュニケーション：人をつなげる

- 4-1 コミュニティ：つながりがパワーになる
- 4-2 インフルエンサー：個人がパワーをもつ時代

Part5
有限資産をつなげる

- 5-1 ブロックチェーン：有限資産をなめらかにつなげる
- 5-2 シェアリングエコノミー：有限資産を小分けにしてみんなで使う

Part6
BtoB：仕事をつなげる

- 6-1 クラウド/AI：仕事とデータをつなげる

＊Consumer Generated Media

2-1 人から人へ物をつなげる ——CtoCコマースと相互ネットワーク効果

□クレイグズリスト□eベイ□ヤフオク！□メルカリ

eコマースのポータルサイトをめぐる争い

インターネットの最大の特徴は、網の目のように張り巡らされたハイパーリンクです。ハイパーリンクは、ネット上の情報と情報をつなぐだけでなく、（情報を求める）人と（必要な）情報をつなぎ、さらにネットに接続した「人と人」「企業と企業」「企業と人」をもつなぎます。

物やサービスを売りたい人と買いたい人をつなぐオンラインサービス全般を「eコマース

（電子商取引）」といいます。このeコマース分野でも、最初にアクセスする「入り口」になることは重要です。アマゾンや楽天のように、そこに行けばほしいものが何でも手に入るECサイト（eコマースのウェブサイト）は、ネットショッピングのポータルサイトということができます。スマホなら、パソコンのようにブラウザ経由ではなく、専用アプリを立ち上げて買い物を楽しむ人が多いはずです。eコマース分野でも「入り口」をめぐる熾烈な戦いが繰り広げられてきたのです。

人と人をつなぐC to C型マッチングサービス

ネットビジネスの世界では、「人と人」をつなぐサービスをコンシューマー（消費者）の頭文字をとって「C to C（消費者間）」と表します。「企業と企業」をつなぐサービスはビジネスの頭文字をとって「B to B（企業間）」、「企業と人」をつなぐサービスは「B to C（企業から消費者へ）」です。

この中でいちばん先に花開いたのは、じつは、「人と人」をつなぐC to C型のマッチングサービスでした。インターネットで真っ先にユーザーとユーザーが直接つながり、情報交換したり、物をやりとりしたりする文化が生まれたのは、当初はネット上でクレジットカード情報などをやりとりするのは危ないと思われていたからです。

いまでこそ、ネットで買い物をすることに抵抗を感じる人はあまりいないかもしれませんが、インターネットが始まった当初は、「お金を振り込んでも買ったものが届かないかもしれない」とか、「データを改ざんされてお金を盗まれてしまうかもしれない」という不安が大きかったのです。情報が途中で抜き取られたり、悪用されたりする心配があると、企業はなかなか参入できません。

そこで、まずは不安の少ないところから、ネット上のやりとりがスタートしたのです。それが人と人をつなぐことでした。たとえば、インターネットはアメリカの大学から始まったこともあって、まだテキストだけをやりとりしていた時代から、掲示板に「誰か冷蔵庫を買いませんか？」などと書き込んで、学生同士で融通し合う文化がありました。「ほしい！」という人がいたら、リアルで対面してお金と冷蔵庫を交換すればいいわけです。ネット上でお金をやりとりするのは不安でも、物をあげたりもらったり、情報を交換したりすることはできます。多少行き違いがあったとしても、お金がからんでいなければ、それほど深刻な問題にはなりません。

新聞広告を激減させたクレイグズリスト

「売りたい人」と「買いたい人」、バンドメンバーやルームメイトなど「仲間を集めたい人」と「仲間になりたい人」を上手につないであげれば、そこにやりとりが発生します。アメリカでは、「クレイグズリスト」というネット掲示板が誕生しました。アメリカの新聞は、じつはほとんどが地域に根ざしたローカル新聞で、求人や出会い系、中古車売買などの地元の広告で成り立っていますが（日本の新聞でいう折込チラシも紙面に載っているイメージです）、それをそのままネット上に置き換えたのです。クレイグズリストが流行り出してからは、なんとサンフランシスコの新聞の広告収入が半分に激減したというから驚きです。

大学発のインターネットは、アメリカの東海岸と西海岸から先に普及しました。クレイグズリストはやがて全米のほとんどの地域をカバーするようになりますが、作業はほぼ掲示板のメンテナンスだけなので、売上が２００億円になった時点でスタッフはたったの11人だったそうです。しかも、当初は「世の中のためになるなら」ということで、ほとんど無料で掲示板サービスを提供していたのです。求人や不動産売買など、リストの上位に表示したい人からしか広告費をとらなかったのですが、それでもものすごく儲かったということです。

アメリカでは、いまでもクレイグズリストは根強い人気があります。「メルカリのアメリカ進出を阻んでいるのはクレイグズ」といわれるほどです。人と人をつなぐCtoCはそれくらいインターネットとの相性がいいので、うまくサービスを設計できれば、一瞬で広まるほどの力をもっていました。

ネットに「安心」をもたらしたSSL

ところで、なぜインターネットは危険だと思われていたのでしょうか。誰とでもつながれるのがインターネットの最大の長所ですが、つながった相手が信用できるかどうかは別問題です。見ず知らずの相手を信用していいか、すぐにはわからないのは当然として、知り合いだと思ってやりとりをしていた人が、じつは、なりすましの赤の他人だったということもありえます。中には、人をダマして儲けよう、クレジットカードやログインID・パスワードなどの個人情報を盗んでお金に替えようと狙う人が紛れているかもしれません。

そこで、信頼をどうやって担保するのかが、インターネットがさらに普及していくうえで、重要な課題となったのです。とくに企業の参入を促すには、セキュリティの向上が欠かせませんでした。

1994年、ネットスケープ社がSSLというセキュリティ技術を発表します。簡単にいうと、インターネットでやりとりするときに、クレジットカードなどの機密情報を暗号化して送受信する仕組みです。仮に第三者が途中で情報を抜き取ったとしても、暗号化されているので、復号のための鍵がなければ中身を読み取ることができません。このSSLが登場してはじめて誰もが安心してインターネットでショッピングを楽しめるようになったのです。

「会ったことがない人」から物が買えるのか

アメリカのネットオークション大手の「eベイ」は、人と人をつなぐマッチングの仕組みと、相手の信頼度を測る仕組みを組み合わせて、大きく発展しました。

ネットオークションは、出品者が売りたい商品の情報をサイトにアップしたあと、その商品をほしい人が思い思いの金額で入札して、いちばん高い金額を提示した人が落札します。落札者が商品を受け取り、代金を支払えば取引は完了です。

しかし、オークションで取引するときに、見ず知らずの相手をどうやって信頼すればいいのでしょうか。買い手が売り手に直接代金を支払う場合、買い手が代金を先払いすれば商品が届かない危険があるし、商品到着後の後払い方式では、逆に売り手が代金を回収できない危険があります。

そこでeベイが取り入れたのが、売り手と買い手のあいだに第三者をはさむ「エスクロー」という仕組みです。購入者はいったん代金をエスクローに預け、注文通りの商品が届いた段階でエスクローに知らせ、エスクローから出品者に手数料を除いた代金が支払われるようにしたのです。こうすれば、注文と違う商品が送られてきた場合には、支払いを途中でストップすることができます。

もう一つ、信頼を担保する仕組みとして、出品者と購入者が取引後に評価し合う「フィードバック評価」が取り入れられました。出品者は写真通りの商品を送ってきたか、商品の発送に問題はなかったか、オークション価格を故意に釣り上げるなどの不正はなかったかが評価され、入札者は代金を遅滞なく入金したか、オークションを荒らすなどの行為はなかったかが評価されます。星の数を見れば、相手が優良なユーザーかどうかがわかるので、たとえば、「あなたは信頼できるから、わざわざ手数料を払ってエスクローを使わなくても、直に振り込んでくれればいいですよ。入金を確認次第すぐに発送します」といった具合に、取引の自由度が増して、使いやすくなっていきました。

こうして仕組みが整ってくると、CtoCから始まったeベイの中にも、B（業者）が参入してくるようになりました。そして、BtoCが拡大するにしたがって、価格をオークション方式で決めるのではなく、出品者があらかじめ決めて販売するネットショッピングが普及していったのです。

ネットオークションの先駆けとなったeベイは、その後のアマゾンや、日本の楽天、ヤフオク！など、ネット上で物を売り買いするECサイトの原型となっています。

ヤフオク！が「相互ネットワーク効果」で市場を席巻

eベイの成功を受けて、ネットオークションのビジネスを日本国内でも展開しようと、熾烈な争いが繰り広げられました。アメリカで流行したサービスを数年遅れで日本にもってくることを、ソフトバンクの孫正義社長は「タイムマシン経営」と呼んでいましたが、成功事例をうまくマネすれば、それだけ失敗のリスクは低くなります。このときも「楽天オークション（のちのラクマ）」やDeNAの「ビッダーズ」など、多くの企業が参入しますが、国内のネットオークション市場でトップに躍り出たのは、「ヤフオク！」、かつての「Yahoo!オークション」でした。

オークションサイトを立ち上げるにあたって、ソフトバンクの孫正義社長が下した指令はただ一つ、「どこよりも早く立ち上げよう」でした。それがネットビジネスで勝つための王

図10　相互ネットワーク効果

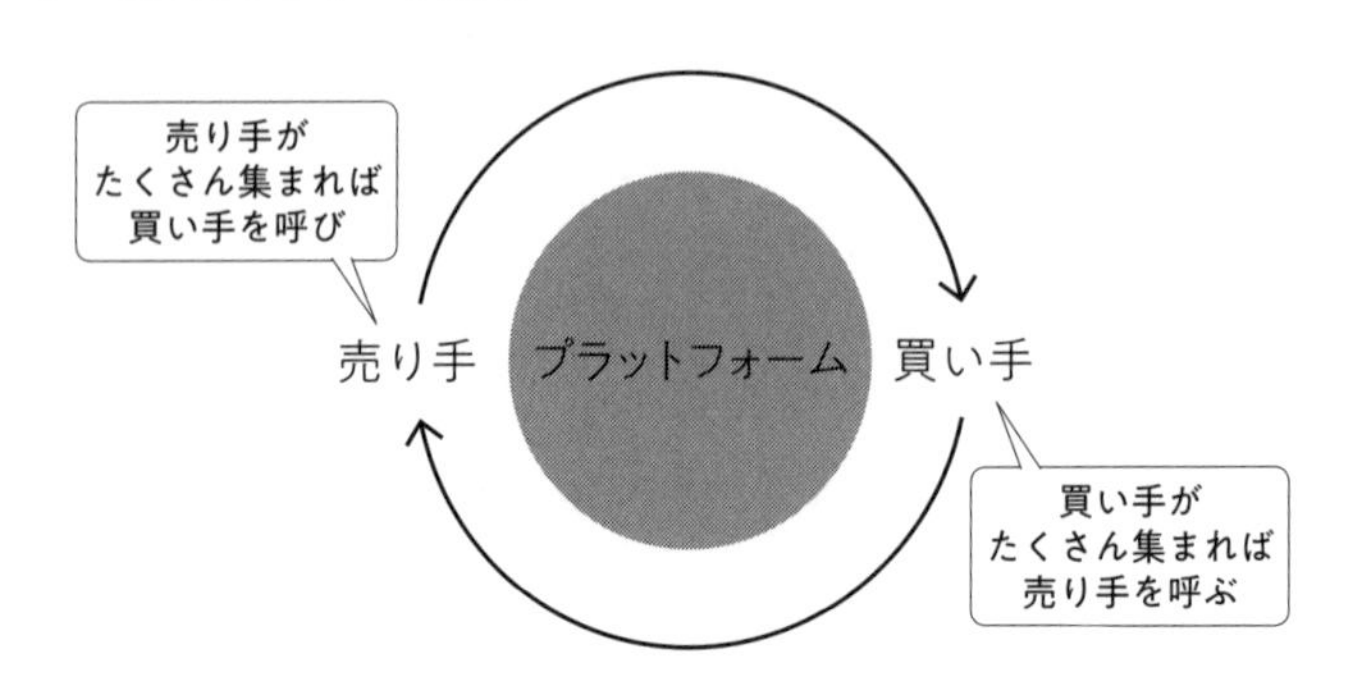

道でもあるのです。というのも、オークションサイトはいち早く主流になったものが勝つ、しかも、ただ勝つだけではなく、他社を寄せつけない圧倒的な勝利を手にすることになるからです。

現に、アメリカにおいてはeベイがいまだに圧倒的シェアを誇っているし、日本においてもヤフオク！の寡占状態です。

なぜそうなるかというと、買い手がたくさんいるほど競争率が上がって、落札価格が上がりやすいので、出品数も増えるし、出品数が増えれば、それだけ買い手も集まるという好循環が生まれるからです。いったんこのサイクルに入ると、2番手以下のサービスがその序列をひっくり返すのは容易ではありません。商品がたくさんそろっているサイトに行ったほうが、目当ての商品が見つかる可能性が高いので、わざわざ2番手のサイトを訪れる必要はないからです。

図11　収穫逓増の法則

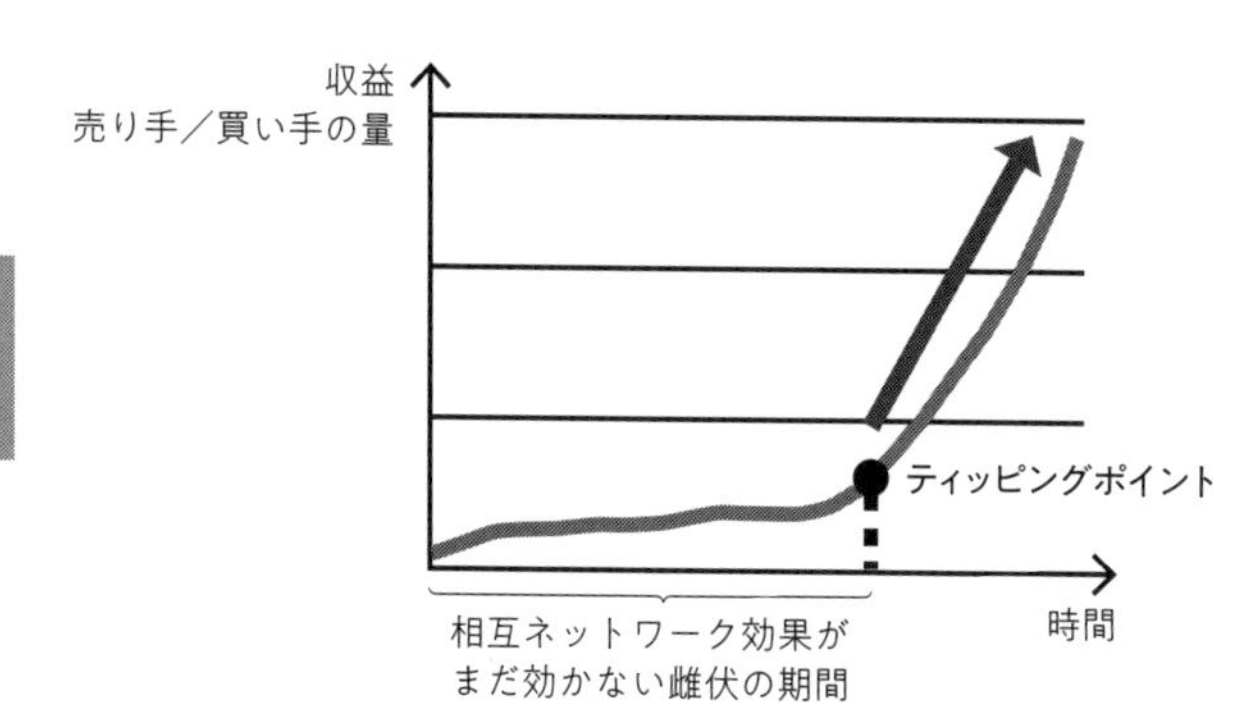

　このように、たくさん集まった売り手が買い手を呼び、たくさん集まった買い手がさらに売り手を呼ぶことを「相互ネットワーク効果」といいます（図10）。このサイクルの中心にいるのがプラットフォームで、プラットフォームビジネスでは売り手と買い手が相互に呼び合う「相互ネットワーク効果」を築くことが当面の目標になります。

　プラットフォームを立ち上げた当初は、持ち出しばかりで収益が上がらない時期が続きますが、いったんこのサイクルができて、売り手や買い手がある一定量を超えると、サービスの魅力が一気に高まり、収益も右肩上がりに増えていきます。この売り手と買い手のサイクルが回り始める地点を「ティッピングポイント」といい、ティッピングポイントを超えると収益が一気に増えていくことを「収穫逓増（ていぞう）の法則」といいます（図11）。

　つまり、相互ネットワーク効果が収穫逓増の法則を連れてきてくれるわけです。この順番は逆にはなりません。したがって、プラットフォームビジネスにおいては、売り手と買い手の好循環が回り始めるティッピングポイントを超えられるかどうかが、サービスが定着するかどうかの決め手となるのです。

「イノベーションのジレンマ」にハマった楽天

じつは、ヤフオク！が始まったのは楽天オークションよりも少しあとでした。では、なぜ2番手だったヤフオク！が楽天オークションを追い抜くことができたのでしょうか。

理由は二つあると僕は分析しています。一つは、楽天オークションの出品料が有料だったのに対して、ヤフオク！は無料だったこと、かつ楽天は出品物に対する規制や審査があったのに対して、ヤフオク！はそれらを設けなかったこと、です。つまり、はじめてサービスを利用するユーザーに対して、ヤフオク！はより広く門戸を開いたのです。

ヤフオク！はとにかく早く勝つことを優先しました。ユーザーをたくさん獲得するためには、多少仕組みに粗があってもいいから、まずは広く使ってもらうこと。そして、あとからエスクローシステムやフィードバック評価を導入して、整備していく方針でした。

一方、楽天はメインビジネスであるショッピングモールの楽天市場ですでに出店料をとっ

1-1
1-2
1-3
2-1
2-2
2-3
3-1
3-2
3-3
4-1
4-2
5-1
5-2
6-1

ていたので、オークションでも出品料を有料にするのが当たり前という流れになっていました。楽天はｅコマースを始めて数年で、早くも成功体験の呪縛に陥ってしまったわけです。ヤフオク！に対抗して出品料を無料にしてしまうと、既存の自社ビジネスを自ら壊すことになりかねないので、なかなか踏み切れない。これが世にいう「イノベーションのジレンマ」です。

結果として、何のしがらみもなく、自由にサービスを設計できたヤフオク！が、あっというまに出品数で楽天オークションを追い抜き、以来ずっと1位を保っています。

ヤフオク！が勝ったもう一つの理由は、自社メディアの有効活用でした。ソフトバンクには出版事業を扱う子会社（現在のＳＢクリエイティブ）があって、パソコンやＩＴに関する雑誌や本を数多く出版していました。オークションサイトの特集を組めば、当然ヤフオク！を大きく取り上げます。メディアによって「主流感」を醸成することに成功したわけです。

新しいサービスや概念を、使ってほしいユーザーに届けるのはたいへんな作業ですが、ユーザーの認知度をアップするには、ユーザーがよく見るメディアが何なのかを見極めて、いち早くわかりやすい言葉で言語化することが欠かせません。

メルカリとヤフオク！は何が違うのか？

「メルカリ」は、出品者があらかじめ値段を決めてアップするフリマアプリです。オークションはできるだけ高く売りたい人向きのサービスで、フリーマーケットはできるだけ早く売りたい・買いたい人向きのサービスです。オークションは入札を繰り返して落札価格が決まるので、出品から購入まで最短でも3日くらいはかかります。すると、オークションで手間暇かけて高く売るより、ちょっとくらい安くてもいいから、すぐにでも売りたいという需要が出てきます。メルカリが狙ったのは、後者の人たちでした。

もう一つ、フリマにあってオークションにないのは、買いたいものがとくになくても、見ているだけでも楽しいということです。フリーマーケットは「蚤(のみ)の市」と訳されますが、海外でフリーマーケットに遭遇したときなどは、眺めているだけで、その土地に暮らす人たちの生活が見えてくるようで楽しいものです。

では、なぜメルカリは急成長したのでしょうか。まず、スマートフォンと相性がよかったということがあげられます。家にあるいらない服をスマホで撮影して、すぐに出品できる手軽さとスピード感が、多くのユーザーに受け入れられました。また、出品するときに最初から詳細な説明を書き込まなくても、本当にほしい人は質問欄に質問を投稿してくるので、スマホでそれに答えればいいという気安さも、出品者の心理的ハードルを下げました。

さらに、眺めているだけで楽しいというフリマの特徴は、最初からほしいものが決まっている「目的買い」とは明らかに違うベクトルのサービスです。ほしいものが決まっているなら、グーグルやアマゾンで「検索」して目的の商品を探すことになりますが、とくに目的もなく、あれこれ眺めるうちに、たまたま気になる服が見つかったという楽しさは、ネットサーフィンと同じように、あちこち見て回る「探索」の楽しさです。

この「探索」がスマホと非常に相性がいいのです。ユーザーは片手でスマホを持ち、リラックスした体勢で、なんならソファで横になりながら、ひたすら画面をスクロールするだけでいいからです。それで、10個に1個くらい、ちょっと気になる商品が見つかれば、それだけで十分娯楽になります。

つまり、一見するとヤフオク!とメルカリは競合するように見えますが、じつは、まったく違う層に向けたサービスなのです。

メルカリは競合にどうやって勝利したのか

では、メルカリのライバルは何でしょうか。それはヤフオク！ではなく、女性誌だというのが僕の見立てです。メルカリの月間利用時間は5時間以上で、アマゾンの5倍、ＬＩＮＥ並みに使われています【※10】。出品リストを女性誌のようにパラパラめくって眺めているだけで他人のライフスタイルがわかり、気に入ったものがあれば、その場で買ってしまう感覚です。しかも雑誌なら月一、週一が限度ですが、メルカリは毎時更新されているので、いつでも新鮮な情報をダラダラ見続けることができます。

メルカリにも競合アプリがありました。２０１８年に楽天の「ラクマ」と統合して「ラクマ」と名を変えた「フリル」です。フリルもメルカリよりもサービス開始は早かったのですが、メルカリに取って代わられました。

山田進太郎社長にとって、ウノウに続く2社目のベンチャーとなったメルカリは、相互ネットワーク効果のループを先に回すことが戦略的にいちばん大事だということを、よく知っていたのだと思います。そこで、外部から調達した潤沢な資金を手数料の無料化と広告に投入します。さらに、ライバルに先んじて資金調達先を確保し、フリルがいざ出資を申し込んだときには、すでにメルカリに出資していて、フリルへの出資は見送らざるをえないというケースもあったようです。相手が集客のためにアクセルを踏み込もうとする資金源を断ったわけで、いってみれば兵糧攻めです。

いち早くユーザーを獲得してトップをとる。「ユーザーのため」というならば、まずユーザーに振り向いてもらうために全力で戦い、勝利を収めたうえで、「ユーザーにいかに幸せになってもらうか」を試行錯誤する。この順番を間違えてはいけません。途中で撤退してしまっては、ユーザーを幸せにすることはできないのですから。

ここまで見てきたように、「相互ネットワーク効果」でヤフオク！が一強に見える市場でも、パソコンからスマホへと舞台が変わり、「高く売る」よりも「早く売る」という価値が大事になった一方で、「検索型」で目的買いをするよりも、何かいいものはないかなと「探索型」で探すのを楽しむ人が増えてきたタイミングで、メルカリがガツンと勝負をかけた結果、ゲームチェンジを起こすことができたわけです。

市場のルールが切り替わるタイミングを狙って、一点突破で攻勢をかければ、相手がどんなに盤石に見えたとしても、切り崩すことができる。フリマ市場という新しい市場を立ち上げることができれば、今度は自分が「相互ネットワーク効果」の恩恵で一強の座にのぼりつめることができます。

メルカリのケースは、適切なタイミングで大胆に仕掛けることができれば、ゲームチェンジを起こせるという意味で、たいへん優れた事例だと思います。

2-2 企業から人へ物をつなげる
——B to Cコマース、ロングテール、検索型と探索型

□アマゾン□楽天□Yahoo!ショッピング

B to C市場の入り口をめぐる争い

インターネットが登場する前は、企業から個人へと商品や情報が流れるB to C型のサービスが当たり前で、個人同士をつなぐC to C型のサービスは、雑誌の読者同士の交流（「売ります買います」「譲ります」「メンバー募集」などの投稿を集めた読者コーナーが充実している雑誌があった）や、地域密着のリアルなフリーマーケットなど、限られた領域にしかありませんでした。必要な人と人をつなぐマッチング機能が、それほど発達していなかったから

です。

ＳＳＬの登場によってセキュリティが向上し、ネット上で安心して情報をやりとりできるようになると、リアル世界のビジネスが次々とデジタル化・オンライン化され、企業も続々と参入してきます。物を仕入れて売る小売業もその一つ。ちなみに、２０１８年時点で、日本のＣtoＣ市場はネットオークションとフリマを合計しても１・６兆円規模なのに対して、ＢtoＣ市場は18兆円でおよそ10倍、ＢtoＢ市場は３４４兆円で、さらにケタが一つ違います。

目を世界に転じると、いまや世界一のｅコマース大国は中国で、ＢtoＣ市場規模は１・５兆ドルを超えています。2位のアメリカが０・５兆ドル、日本はイギリスに次ぐ4位で０・1兆ドル。中国の世界シェアは55・８％にも及びます【※11】。

地元の人しか知らないような小さなお店がネット通販によって全国に知られるようになり、海外からも注文が入る、というのがインターネット小売業の一つの理想形ですが、買う側からすれば、Ａを買うときはこのサイト、Ｂがほしいときは別のサイトにいちいちアクセスして買うのは、なかなかたいへんです。そもそも「Ａを買うならこのサイト」という情報を知らなければ、そのお店のサイトにたどり着くことさえできません。

そうした悩みを解消するのが、「このサイトに行けば何でもそろう」というネットショッピングの「入り口」でした。そこに行けば、地元の特産品も、最新のファッションも、便利で使い勝手のいい雑貨も手に入る。そういうサイトがあれば、ユーザーは大助かりです。つまり、ここでもeコマースのポータルサイトをめぐる戦いが始まったのです。

総合アマゾンが「本」からスタートした理由

eコマースの代表格「アマゾン」は、家電も服も食品も生活雑貨も化粧品も医薬品も、何でも買える総合サイトになっていますが、アマゾンが戦略的に選んだ最初の事業領域は「本」でした。

本はタイトル・著者・簡単な紹介文などのテキスト情報と表紙の写真さえあれば、買うかどうかを判断できます。つまり、ネットでも迷わずに買うことができるので、まだ通信速度が遅く、書誌情報などのデータが整備されていなかった時代でも、自前でデータをそろえることができました。また、本はそこまでかさばらず、形やサイズが一定なので、在庫管理や配送がしやすいという面もあります。この二つの面で有利だったからこそ、アマゾンは戦略としてスタートポイントに「本」を選んだのです。

しかし、本を最初の事業領域に選んだのは、本が多品種少量生産という性質をもっていたからでもあります。

日本だけでも、毎年7万点を超える書籍が出版されています。毎日200点くらい新刊が出ている計算で、それだけ多数の本を全部書店に並べるのは、物理的に不可能です。書店の店頭にない本は取り寄せることもできますが、注文してから本が書店に届くまで、早くても数日、場合によっては1週間以上待たなければいけません。

インターネットなら、ある本がほしい人と、それを販売しているオンライン書店のウェブサイトを一瞬でつなげることができます。さらにいえば、最初は在庫をもたずに、本の表紙画像だけを並べておいて、注文が入ってから仕入れても、当時は十分商売が成り立ちました。手元資金が限られるスタートアップにとって、仕入れのために先にお金が出ていかないのは、願ったりかなったりのビジネスです。実際、商品画像だけをサイトに並べて、注文が入ってから目当ての商品を輸入する個人輸入代行業が流行った時期もありました。

しかし、それでは、商品が届くまで日数がかかります。アマゾンがすごかったのは、少しでも早く読者に本を届けるために、稼いだ利益を全部注ぎ込んで、物流改革を推し進めたことです。その結果、いまではアマゾンに在庫がある限り、たいてい翌日には書籍を手に入れることができるようになりました。この圧倒的なスピード感で、ネットユーザーの心をつかんだのです。

アマゾンをECサイトの王様に導いた「ロングテール」

本がネット販売に向いていたのは、単純に種類が多かったからだけではありません。きわめてニッチだけど、ほしい人にはたまらない本というのが、この世にはたくさん存在します。

たとえば、「登山関連の本が読みたい」といっても、人によっては「エベレスト登山の本格的なドキュメンタリー作品」や「山岳冒険小説」が読みたいかもしれないし、自分で登るために「日本百名山」や「関東近郊の低山」が載っている本を探しているかもしれません。登山グッズをカタログ的に眺めたい山ガールもいれば、ソロキャンプのノウハウ本がほしいハイカーもいます。さらに、「山の怪談」や「霊山めぐり」といったニッチな本を探している人もいるでしょう。

このように細分化された趣味の本は、都会の大型書店に行けば、ある程度見つけることができますが、駅前の小さな書店や郊外型の書店では見つけることが困難です。売り場のスペースに限りがあるので、1年に1冊売れるかどうかという本の在庫を抱えているわけにはいかないからです。

しかし、本の豊かな世界というのは、一部の売れ筋の本だけがつくるのではありません。

図12　ロングテールの法則

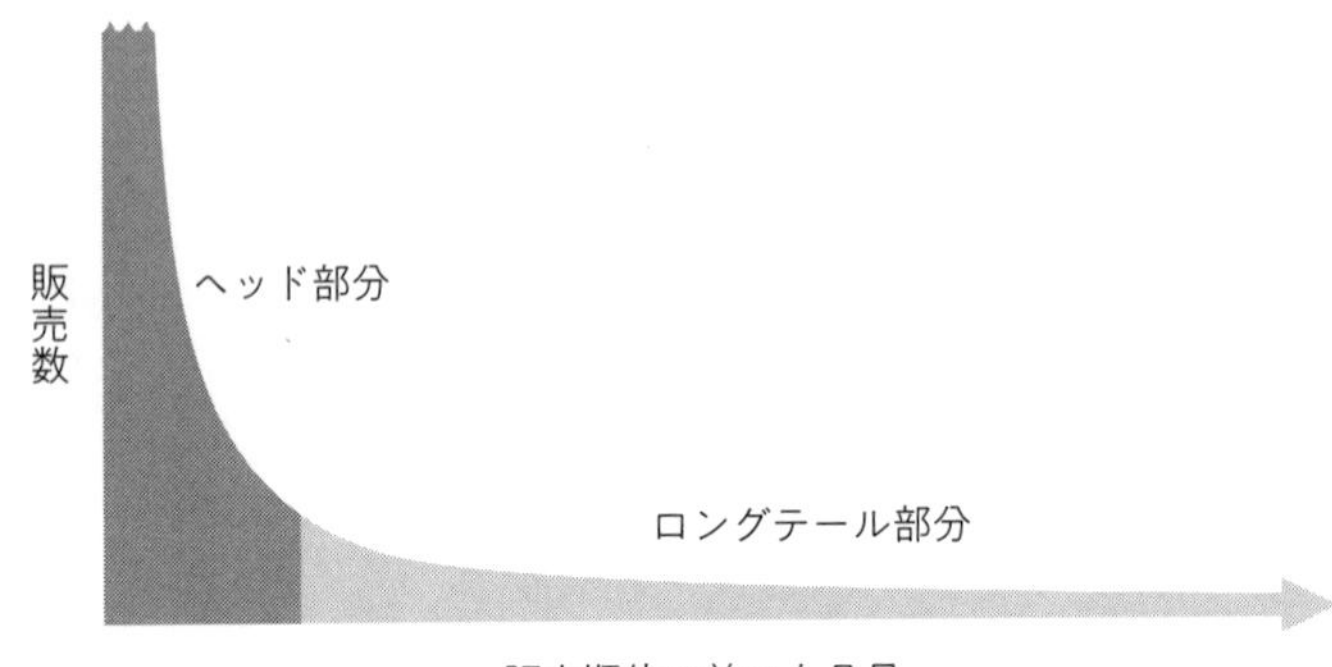

100万部を超えるミリオンセラーがある一方で、数百～数千部しか売れないけれども、それを必要としている読者が必ずいる本がたくさんあります。こうした本の特性を、販売数を縦軸、販売順位で並べた品目を横軸にとったグラフに表すと、しっぽの長い生き物のように見えるので、「ロングテールの法則」と呼んでいます（図12）。

本好きの人にしてみれば、書店に足を運んでも、スペースの関係で村上春樹の新作のような売れ筋か、文庫本や新書しか置いていないことに不満がありました。オンライン書店なら、お店のフロアはバーチャルでいくらでも広げられるので、リアル書店では買えないニッチな本も並べることができます。これがリアル書店にはない強みになっていくのです。

「相互ネットワーク効果」の回し始めのしたたかさ

ロングテールを取り込んだことによって、アマゾンは「どんな本でも手に入る」サイトとして認知されていきますが、ほしい本が決まっている人は別として、なんとなく本が読みたいと思っている人にとっては、選択肢が多すぎて選べないという問題が発生します。そこでアマゾンは、ベストセラーのランキング表示や、ユーザーレビューと星の数による評価を取り入れて、自分好みの本を探しやすくしました。いまでこそ当たり前になったランキングやレビュー評価は、ネット業界ではアマゾンがいち早く導入したのです。

しかし、ユーザーによるレビューは、買い手にとっては役に立つものの、本のつくり手である出版社や著者には、必ずしも好意的に受け入れられたわけではありません。アマゾンの販売力がここまで大きくなかった当初は、「自分たちの本を売らせてやっているのに、どうして悪口を書かれなければいけないのか」という反発が少なからずありました。

にもかかわらず、アマゾンが順調に伸びたのは、ロングテールをうまく取り込んだからでもあります。リアル書店ではなかなか扱ってもらえなかった中小出版社の本が、大手の本と同じように並べられ、売れていく。その結果、先に中小出版社がアマゾンになびいて売上を

図13　ジェフ・ベゾスの描いたアマゾンのビジネスモデル

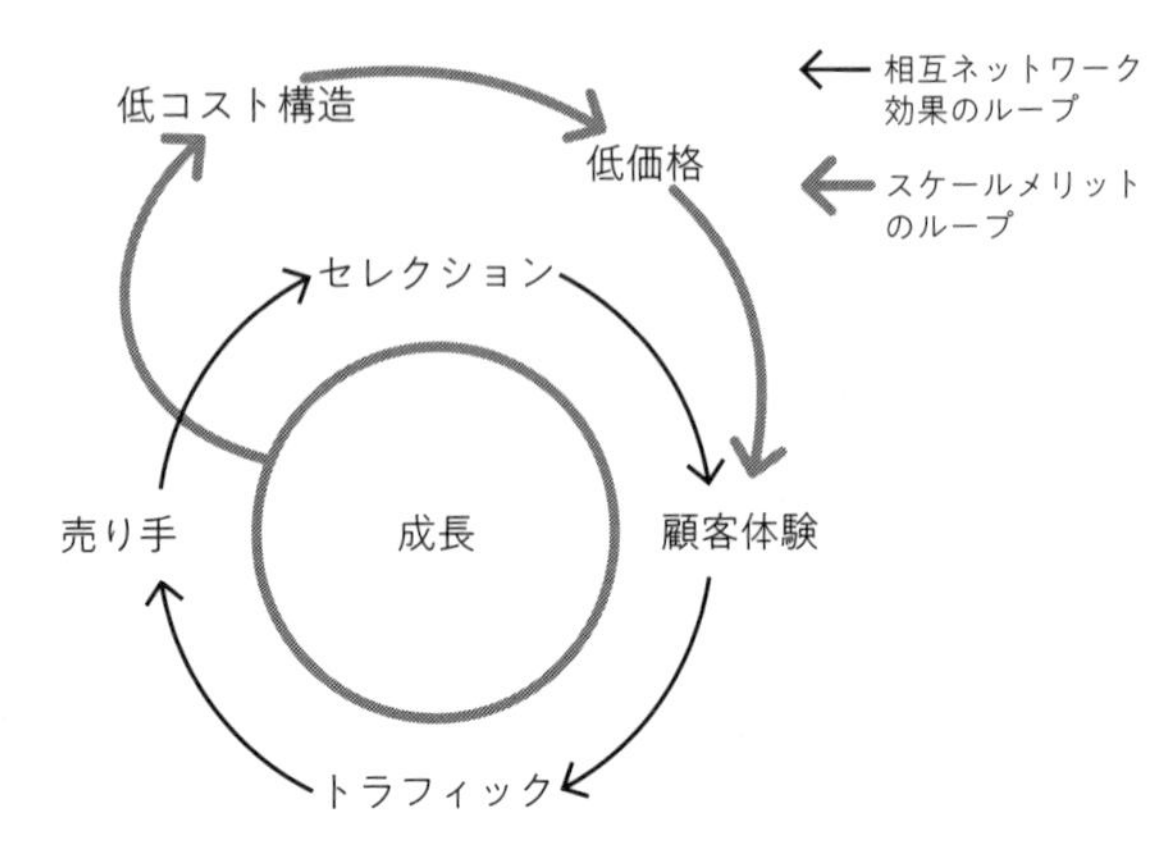

Amazon.jobs「お客様を大切にする」(https://bit.ly/39ZHuAJ) より

伸ばし、それに追随する形で大手出版社もアマゾンとの取引を増やしていきました。

アマゾンは、ユーザーが喜ぶような体験を提供すれば、お客さんがどんどん集まってくるので、売り手もアマゾンに出品せざるをえなくなり、セレクションが充実して、お客さんがさらにハッピーになるというループを熟知していました。アマゾン創業者のジェフ・ベゾスがレストランのペーパーナプキンに描いたという有名な図には、売り手と買い手の好循環が成長をもたらす「相互ネットワーク効果」が見事に表現されています（図13の「顧客体験→トラフィック→売り手→セレクション」のループ）。

「カスタマー・オブセッション」の戦略的意味

アマゾンはこの一連の動きを何度も繰り返すことで、本の次は音楽CD、その次は家電といったふうに、カテゴリーごとに攻略していきました。売れ筋のランキングが出てしまうと、じつはあまり売れていないことがバレてしまうから、最初は取引を躊躇(ちゅうちょ)していたメーカーも、アマゾンの販売力が大きくなるにつれて、アマゾンの存在を無視できなくなって、次々と軍門に降(くだ)っていきます。そうして、ほとんどのカテゴリーで強大な力を得たのです。

メーカーからどんなに嫌がられようが気にせず、ランキングやユーザーレビューを使い続けてきたのは、アマゾンが「顧客のことだけを考える」という「カスタマー・オブセッション」を第一の原則としていたからです（オブセッションは「執念」や「強迫観念」という意味）。

「カスタマー・ファースト（顧客第一）」を標榜する小売企業はたくさんありますが、それだと、顧客がファーストでメーカーがセカンド、ということになりがちです。その結果、たとえば、顧客も大事だけどメーカーも大事だから、メーカーの悪口は削除して、「いいね！」というプラスの評価しか載せないようにするケースなどが出てきます。

しかし、顧客にとってはプラスの評価もマイナスの評価も同じように価値があります。「デメリットもきちんと載せてくれるから、アマゾンは信頼できる」というユーザーが増えれば、結局、売り手もアマゾンに出品せざるをえない。その繰り返しで、アマゾンは強大なECサイトを築いたわけです。

アマゾンのように何でも手に入る大規模なECサイトではなく、カテゴリーに特化したタイプのECサイトでも、「相互ネットワーク効果」を狙うことはできます。そして、小さいながらも物流コストを下げる努力を続ければ、それが顧客体験に跳ね返ってくるのは同じです。要は、どこまで顧客のために本気になれるか、です。

もう一つの戦略ループ「規模の経済」

先ほどのペーパーナプキンの図でもう一つ大事なのは、「成長↓低コスト構造↓低価格↓顧客体験」という別のループが回っているということです。売り手と買い手のループを回して成長して儲けた分をコスト引き下げに回せば、より低価格で商品を提供できるようになり、顧客はさらにハッピーになる。これは「スケールメリット（規模の経済）」のループです。

eコマースはリアルに物を動かすので、物流倉庫が必要になりますが、物流倉庫は規模が大きくなるほど、商品1点あたりにかかるコストは安くなります。しかも、毎日何万点もの商品を配送していて、かつ本からCD、家電、オフィス用品、雑貨などを別々に扱っているところよりも、ひとまとめにしたほうが効率的なので、運賃についても強気の交渉が可能です。これが「規模の経済」で、情報のストックや移動にほとんどお金がかからないデジタルの世界と違って、リアルなビジネスの世界では、規模が大きいほどコストが安くなる「規模の経済」は、無視できない威力を発揮します。

アマゾンが、注文金額2000円以上なら配送料を無料（月500円を払ってプライム会員になれば、お急ぎ便などの配送オプションもすべて無料）にできるのは、そのためです。それによって顧客体験の質が向上し、さらに多くの顧客が集まってくるという「相互ネットワーク効果」のループも回るのです。

アマゾンが利益の大半を注ぎ込み、時間をかけて構築してきた低コスト構造＋送料無料の牙城は、そうやすやすと崩せるものではありません。それがライバルに対する強力な武器になっているのです。

最短距離の「検索型」、迷う楽しさも味わえる「探索型」

前章でも少し触れましたが、ユーザーから見ると、ネットショッピングにはおもに二つのアプローチがあります。一つは、買いたい物がだいたい決まっている場合で、商品名やキーワードで検索をかけて探す「検索型」。指名買い、目的買いができる物については、なるべく早く、簡単にたどり着きたいというのがユーザー心理なので、そこに特化して成功したのがアマゾンです。

もう一つは、買う物があらかじめはっきりとは決まっていない場合です。たとえば、田舎で暮らす母親に母の日のプレゼントを贈りたい。首まわりが寒そうだから、スカーフかマフラー、ネックウォーマーあたりはどうかなと漠然と考えているときは、素材や質感、カラーバリエーションなど、あちこち見て回りながら選びたい。商品説明も通り一遍のものではなく、開発者の意図やユーザーの声、実際に着用したモデルの画像など、さまざまな情報を見比べながら、じっくりいい物を選びたいというケースです。どれにしようかと迷うことも買い物の楽しさと位置づけて、じっくり選んでもらうのが「探索型」で、「楽天」がその代表です。

アマゾンと楽天の商品ページを見比べると、その違いは歴然としています。便利さや効率を重視したアマゾンの商品ページは、商品画像と必要最小限の説明、関連商品の紹介、ユーザーレビューというすっきりしたフォーマットでまとまっているのに対して、楽天の商品ページは「読んでもらう」「楽しんでもらう」ことを念頭に、各ショップの熱のこもった紹介文が続きます。縦長スクロールのページを印刷すると巻物になるくらい、膨大な商品説明とレコメンドの嵐です。楽天をひと言で表すと「過剰」。アマゾンの「効率」とは真逆の行き方です。

機能価値に特化したアマゾン、感情価値に重きを置いた楽天

検索してクリック一つで買える便利さを追求するアマゾンと、あちこち探索しながらいい物を選ぶ楽しさを追求する楽天。どちらが優れているというわけではなく、それぞれのよさを生かすために、両社のビジネスは、仕組みの設計からして違っています。

検索型のアマゾンは、ユーザーが商品名をわかったうえで検索することも多いので、その分、巨大なデータベースが必要です。さらにアマゾンが自社倉庫を保有しているのは、そのほうが早く出荷できるからです。アマゾンはその物流機能を、外部の出品業者にも開放して

います。

アマゾン版のショッピングモールともいえる「マーケットプレイス」では、アマゾン以外の業者が出品した商品も買えますが、出品業者は手数料を払ってアマゾンの倉庫（フルフィルメントセンター）に商品を預けることで、商品の保管・注文処理・配送・返品などを代行してもらうこともできます。検索して即購入、即日配送というスピード感が命のアマゾンにとっては、販売元が自社か外部業者かにかかわらず、お客様に早く商品を届けることが大事だからです。

探索型の楽天は、アマゾンのように統一フォーマットで表示するよりも、楽天に出店している店長がそれぞれページをつくり、アピールしたほうが、商品のよさや品質の違いを伝えることができます。結果として、楽天の各店舗のページにはバリエーションが生まれます。個性豊かなお店がそれぞれの得意分野を持ち寄れば、バラエティに富んだショッピングモールのできあがりです。楽天にとって大切なのは、商品を選ぶという行為そのものをいかに楽しませるか。このことを、楽天の三木谷浩史社長は「ショッピングエンターテインメント」と表現しています。

楽天での買い物が楽しいのは、商品選びのプロセスだけではありません。購入先の店長から、熱いメッセージが送られてくることもあります。たとえば、楽天では、近所のスーパーに行けば1パック200円、1個20円程度で買える卵が、1個100円や200円で売られています。「卵なら何でもいい」という人は近所のスーパーで安い卵を買えばいいのですが、世の中には、「平地でのびのび育てられたニワトリが産んだ卵」「生産者の○○さんが大切に育てたニワトリが産んだ卵」ということに価値を見いだす人がいるのです。楽天の商品ページは、商品にまつわるストーリーをユーザーに提供しているともいえます。

「(賞味期限が切れていない限り)卵なら何でもいい」というのは、料理に使えればいいという機能面に注目した価値で、「平地でのびのび育てられたニワトリが産んだ卵」「生産者の○○さんが大切に育てたニワトリが産んだ卵」というのは感情や人間関係に訴えかける価値です。

アマゾンと楽天は同じeコマースの入り口として比較されがちですが、機能価値に特化したアマゾンと、感情価値・関係性価値に比重を置いた楽天では、そもそも提供している価値が全然違うわけです。もちろん、楽天にも「あす楽」のような早急便システムはあるし、アマゾンにもギフトラッピング機能があるように、両社の提供する価値は一部重なっています。

しかし、たとえば、日本で流通しているワインの7本に1本は、楽天で買えます。楽天はゴルフギアにも強いし、楽器やアパレル関係も豊富な品ぞろえで、アマゾンを圧倒しています。だから、ゴルファーがネットショッピングをするときは、ゴルフギアは楽天で比較しながらじっくり選び、消耗品であるボールはアマゾンで買ったりしています。ネットショッピング慣れしたユーザーなら、これらの使い分けが自然とできているのではないでしょうか。

楽天カードと楽天ポイントのエコシステム

お客様がいないと商売は成り立ちません。しかし、あらゆるビジネスにおいて最もむずかしいのが、お客様をどうやって集めるか、です。待っているだけで勝手にお客様がやってきてくれるほど、商売は甘くありません。そこで、広告やキャンペーンを打つ、特典やポイントをつける、キャッシュバックするなど、ありとあらゆる手を使って集客する必要があります。当然お金がかかります。そのため、顧客一人を獲得するのにいくらまでならかけてもいいか、という「顧客獲得コスト」がビジネスの勘所になるのです。

ネットビジネスの場合、企業はお金を払って「お客様の機会」を買っていることになります。転職したいビジネスパーソンや、婚活中の男女、海外旅行に行きたい老夫婦などをターゲットに設定したら、なんとか自社サービスやサイトを使ってもらえるように、その人たちが集まりそうなところを狙って広告を打つ。転職サイトなら、たとえば山手線の車両にポスターを貼ったり、タクシー内で映し出されるデジタルサイネージ広告を出したりすることが考えられます。

そんな中で、最も顧客獲得コストがかかるとされているのが金融です。銀行口座を開設するのも、クレジットカードをつくるのも、手続きが非常に煩雑で面倒です。しかも、たまたまクレジットカードをつくろうとしている人を見つけて接触するのは至難の業です。どこで誰に向けて広告を打てば届くのか、見えにくいのが金融の特徴です。

そのため、クレジットカードの場合、商品券の贈呈や入会ポイントバックなどで、顧客一人を獲得するために、各社平均で８０００円程度も使っているとされています。見てもらえるかどうかもわからない広告をむやみに打つより、８０００円の商品券をあげて直接還元したほうが、効率がいいからです。

巨大なショッピングモールを運営していた楽天は、独自のクレジットカードを発行して、ネットショッピングで使ってもらえば、ポイントもたまるしお得です、というキャンペーンを展開します。楽天で買い物をするときを顧客獲得の絶好のタイミングととらえ、そこに資金を投入して、一気に攻め落とそうという作戦です。

従来のクレジットカード会社がうまく見つけられなかった顧客との接点を、ネットショッピングという自社サービスから上手に誘導した楽天カードは、さらに楽天ポイントをユーザーに適宜還元するという一連の施策によって、会員数を増やしていきました。２０１９年にはカード会員数が1800万人を超え、カード業界の上位を狙えるポジションにまで勢力を拡大してきています。

出店料無料のYahoo!ショッピング

ポータルサイトのヤフーにも「Yahoo!ショッピング」というECサイトがあります。「Yahoo!ニュース」や「Yahoo!天気」「Yahoo!乗換案内」「ヤフオク！」など、さまざまなサービスによってもともとユーザーをたくさん抱えているヤフーは、集客の面でそれだけ有利です。しかも、ヤフーのトップページで検索をかければ、検索結果に連動させて、Yahoo!ショッピングなどの自社サービスにユーザーを誘導することができます。

しかし、いくらヤフーがポータルサイトとして強力でも、買い物までヤフー内で完結させようというユーザーはそこまで多くありません。アマゾンで買えばすぐに商品が届くし、楽天で買えばポイントがたまることがわかっているので、ネットで何かを買うときは、ヤフーやグーグルの検索ではなく、直接アマゾンや楽天のサイトに行くのが当たり前という人も多いからです。

すでに習慣になっている行動をあとから変えてもらうのはたいへんです。アマゾンと楽天で十分というユーザーに対して、新たにYahoo!ショッピングを使ってもらうためには、何か大きなきっかけが必要でした。そこでヤフーが目を向けたのは、買い手のユーザーではなく、売り手であるお店のオーナーでした。Yahoo!ショッピングへの出店料無料を打ち出したのです。

ヤフオク!が出品料無料を打ち出して、先行するライバルの楽天オークションを追い抜いたように、Yahoo!ショッピングも出店料を一切受け取らないことにして、まずはお店の数を増やし、「ここに行けば何でもそろう」というショッピングモールの基本機能の強化に乗り出したのです。

店を出すときの初期費用やシステム利用料、売上ロイヤルティまで無料という大盤振る舞いによって、Yahoo!ショッピングの出店数は激増しました。楽天の出店数はここ数年4万～5万店で安定していますが、Yahoo!ショッピングは「eコマース革命」と名づけられた2013年の無料化以前の2万店から87万店まで大幅に増えています（2019年3月時点）。アマゾンの数字は非公表ですが、2015年には18万店弱だったことがわかっています。

では、ヤフーはいったいどこで儲けているのでしょうか。

出店のハードルが下がって誰でもお店を出せるようになると、似たようなラインナップのお店が増えてきます。ライバルが増えれば、本当にいいお店、価値ある商品も埋もれてしまいます。そこで、売り手の中には、Yahoo!ショッピング内で目立たせたい、有料でもいいから広告を打ちたいという人が出てきます。その結果、出店料をタダにしても、ヤフーにはお金が入るようになるのです。

初期投資や固定費はかからないが、ライバルが多くてそのままでは目立たないYahoo!ショッピング。手数料はかかるが、ショッピングモールとしての知名度が高く、お店も厳選されている分、確実な集客が見込める楽天。手数料はさらに高いが、FBA（フルフィルメント by Amazon）を利用すれば、商品の在庫管理や発送などの面倒な作業もすべて代行してくれるアマゾン。お店のオーナーの立場からすると、どのモールでどの商品を売るのがいちばん儲かるのか、それぞれの特性を見極めながら、出店計画を立てることができるようになったのです。

アマゾン、楽天が広告ビジネスに乗り出す理由

インターネット広告の世界では、圧倒的なユーザー数を誇るグーグルとフェイスブックが2強で、2社合計で世界シェアの5割を占めます（1－1参照）。しかし、このところ急速に存在感を増しているのがアマゾンです。買い物をするときは、グーグル検索経由ではなく、

最初からアマゾンで検索するという人が増えてきているからです。

eコマースの「入り口」を押さえて、たくさんユーザーが集まれば、広告媒体としての価値も高まります。ただ、それは一般論であって、「これを買いたい」というインテンション（意図）が集まるアマゾンや、「なんかいいものないかな」とインタレスト（興味・関心）に訴える楽天には、それとは別に、広告ビジネスと親和性が高い理由があります。

アマゾンのマーケットプレイスや楽天には、多くのショップが出店しています。同じ商品をいくつものショップが扱っているケースもよくあります。すると、よりよい場所、より目立つ位置に表示してほしいというニーズが出てきます。お金を払って上位に表示されれば、それだけ売れて儲かるのなら、喜んでお金を払うのが商売です。

同じことは、リアル店舗でも日常的に起きています。たとえばコンビニで、特定の缶コーヒーを買うとプレゼントがもらえるくじ引きや、ポイントが5倍になるキャンペーンをやっていたとします。この場合、プレゼント代やポイント代を負担するのは、コンビニではなくメーカーです。似たような缶コーヒーが何種類も並んでいる中で、「うちの新製品をぜひ試してほしい」と思えば、お金を払ってでも、よりよい場所で、より選ばれやすい商品として扱ってもらいたい。そのための原資は「広告費」ならぬ「販促費」です。

アマゾンや楽天も、よりよい場所にそのショップの商品を陳列することで、こうした「販促費」を取り込むことができます。しかも、彼らはテクノロジーを駆使して、よりインテリジェントな仕組みで、ユーザーと商品をスムーズに結びつけられるようにしているのです。

「完全自動化」と「エンタメ化」の二極化が進む未来

これまで見てきたように、アマゾンの「検索型」と楽天の「探索型」に大きく分かれてきたeコマースの世界ですが、この先、この二つの潮流はどうなっていくのでしょうか。

「検索型」は、ボタンを押せばすぐに商品が出てくる自動販売機よりもさらに一歩進んで、注文するという行為そのものがなくなる「完全自動化」への道を歩み、「探索型」はコマースとコンテンツとの境界がなくなり、迷うこと自体が「エンタメ化」していくと見ています。

機能価値に特化したアマゾンの究極の形は、「足りなくなったらすぐ補充」です。すでにサービスを終了してしまいましたが、いつも使っている洗剤や毎日飲んでいるコーヒーが切れたら、ボタンを押すだけで次の日には洗剤やコーヒーが届くという「Dashボタン」は、そのコンセプトを先取りしたサービスでした。

さらに、洗剤が切れたら自動で発注する洗濯機や、コピー用紙やトナーが切れたら自動で発注するコピー機などがすでに登場しています。「商品を検索して注文する」という行為そのものが不要になり、勝手に注文して、勝手に配達されて、届いた商品を補充するだけ。これが、アマゾン型の未来の一つの形です。

一方、楽天のような「探索型」では、あれこれ迷うこと自体が楽しいから、コンテンツとコマースの境目がどんどんなくなっていきます。昔ならライフスタイル誌をパラパラめくりながら、「あれにしようかな」「これもいいな」と迷っていた人たちは、いまはメルカリやインスタグラムをスクロールしながら、同じように「あれにしようかな」「これもいいな」と楽しんでいます。

しかも、ただ見て楽しむだけではなく、迷っていること自体を共有して、みんなで一緒に悩んだり考えたりするという新しいタイプのエンタメも出てきています。たとえば、インスタのハッシュタグで「#6月の花嫁」を検索すると、6月に結婚する人たちが、結婚式場や披露宴の料理をどうするか、どんなブーケ、どんなドレスがいいか、画像をアップしています。

ちょうど同じ時期に結婚式を挙げる人たちは、みんな同じようなことで悩んでいるわけで、「これ、どう思う？」とコメントをつけておけば、いろいろな意見やアドバイスをもらえます。結婚式のプロのアドバイスもいいけれど、悩んでいる当事者同士だからこそ、「あれもいいけど、これもいい」というやりとり自体が楽しいわけです。

ゼクシィの「悩むこと自体がエンタメ」路線

「悩むこと自体がエンタメ」という路線をいち早く確立したのが、リクルートの「ゼクシィ」です。

最近は「結婚式にお金をかけるのはもったいないから、家族だけで小さくやるのがいい」という人が増えているといわれますが、実際には、結婚式と披露宴に平均で355万円近くかけているという調査結果があります【※12】。

どうしてそうなるかというと、最初のうちは「地味に50万円くらいで済ませてハネムーンにお金をかけたい」「新生活にお金をとっておこう」と考えていたカップルも、「ゼクシィ」を読んでいるうちに、「こういう結婚式もいいな」「お父さんにこんなふうに感謝したらサプライズで泣いちゃうかも」「あの人にも祝ってほしいな」「せっかくだから、みんなにも幸せを分けてあげたいな」……というのが積もり積もって、気づいたら総額350万円を超えてしまう。「幸せの迷いの森にひたる」。それがゼクシィのマジックです。

しかし、それで誰かが不幸になるわけではありません。本人たちも大勢に祝ってもらってハッピーだし、結婚式に呼ばれた人たちも幸せを分けてもらってハッピーで、式場やレストランもハッピー。みんなをハッピーにするお金の使い方を目指しています。

効率化をとことん推し進めて、究極的には「買い物」すら意識しなくなる「完全自動化」の未来と、幸せに迷いに迷って、結果的に喜んでお金を使って、みんなを幸せにする「エンタメ化」の未来。どちらもあったほうが、それこそ「幸せ」だと僕は思います。

2-3 企業から人へサービスをつなげる
——BtoCサービスコマース、ツメの開発、テイクレート

□価格.com□楽天トラベル□ぐるなび□リクルート

家電業界を変えた「価格.com」の戦略ステップ

前章ではアマゾン、楽天、Yahoo!ショッピングによる三つ巴（どもえ）の戦いを見てきましたが、eコマースの世界は巨大ECサイトだけで成り立っているわけではありません。大小さまざまなECサイトがあるだけでなく、そうしたECサイトを支援するサービスもたくさんあります。

ここでは、そのうちの一つ「価格.com」を取り上げます。

1-1
1-2
1-3
2-1
2-2
2-3
3-1
3-2
3-3
4-1
4-2
5-1
5-2
6-1

インターネットが登場する前は、家電製品を1円でも安く買おうと思ったら、秋葉原など家電店の密集した街に出かけ、一店一店、値段を聞いて回るしかありませんでした。それではあまりにたいへんなので、家電の販売価格を並べて表示して見比べられるようにしたのが価格.comです。

初期の価格.comでは、社員がリアル店舗に価格調査に出かけていました。価格比較サイトが便利とわかってユーザーが集まってくると、価格.comに価格情報を掲載すれば買ってもらえるということで、安売り店舗はこぞって最新情報を掲載するようになります。つまり、価格.comは人力で相互ネットワーク効果を回したことによって、やがて勝手に情報が集まり、自走する競争優位性をもつに至ります。

価格.comの影響力は強まる一方で、「価格.comで見た」とリアル店舗で値切るのが当たり前になったばかりか、いつしか、店舗をもたず、地代などがかからない分、安売りで勝負する専門店まで登場するほど、業界を変えてしまいました。リアル店舗は立地勝負ですが、価格.comだけで集客できるので、立地に頼る必要がなくなったからです。

価格.comの快進撃は家電だけにとどまりませんでした。最安値情報を探すユーザに向けて、保険や通信、はては葬儀まで、幅広いジャンルで最安値を扱う「入り口」を横展開していったのです。その結果、価格.comはいまや日本最大級の保険代理店にもなっています。

「ツメ」が「価格勝負」以外の世界を広げる

価格.comが生き残ったのは、「安い商品を探せるから」だけではありません。アマゾンがランキングやレビュー評価で、ユーザーにとっての「見つけやすさ（ファインダビリティ）」を実現したのとはまったく別のやり方で、「見つけやすさ」を追求してきたからでもあります。

たとえば、冷蔵庫をほしい人は、値段やデザインだけを見て購入を決めるわけではありません。家の間取りに合ったサイズや色といった基本的な条件以外にも、たとえば、サラダをたくさん食べるから野菜室は大きいほうがいいとか、家で晩酌するために自動製氷機がついていないと困るといった、いろいろなこだわりがあるはずです。そのこだわりポイントで商品を絞り込めることが、似通った商品の中から自分に合ったものを見つけるときに、重要になってきます。

そのため、価格.comには製品ジャンルごとにエキスパートのプロデューサーがいて、新しい機能や選択軸が登場するたびに、それを追加しているのです。たとえば、特定の冷蔵庫の詳細ページにいくと、「スペック情報」が見られるようになっていますが、そこにはドアの開き方（左・右開きか両開きか観音開きか）から冷凍室や野菜室などの容量、タッチパネル・自動製氷・解凍モード・脱臭機能などの有無、省エネ性能、年間電気代などの情報が事細かに載っています。

最初はプロデューサーが自分で情報を集めて入力するケースもありますが、いったんそれが定着すると、メーカー側としても、そのフォーマットに合わせて情報を開示せざるをえなくなります。

このように、新しい選択軸をつくることを「ツメ」の開発と呼んでいます。昔はなかった「スマホ連携」や「東京ゼロエミポイント（省エネ性能の高い冷蔵庫・エアコン・給湯器に買い替えた都民に与えられるポイントで、商品券などに交換できる）」なども、商品選びのための新しい軸になるわけです。

プロデューサーが世間の動向を細かくウォッチして、新しい「ツメ」をつねに追加してきたからこそ、価格.comはいまでもこだわりの商品を「見つけやすい」サイトとして、ユーザーの支持を集めているわけです。

この「ツメ」の開発は製品以外の領域にも有効です。後述するリクルートでは、たとえば住宅検索だと「ペット可」「宅配ボックス有り」など、アルバイト検索では「まかないご飯あり」「制服がかわいい」などといったツメをつくって、ユーザーの使い勝手を向上しています。

「ツメ」の開発によって、ユーザーが選択をより楽しめるようになる一方、サービス提供者側も、価格以外の何を強みにすれば集客できるのかがわかるため、それぞれこだわりを追求することができます。そうして、多様なサービスが共存できるようになるのも、ＢtoＣサービスの醍醐味です。

クチコミ、Q&A——もう一つの相互ネットワーク効果

もう一つ、価格.comで忘れてはいけないポイントは、商品のレビューやクチコミが非常に充実していることです。中でも、価格.comのクチコミは、ユーザーが質問し、別のユーザーが答えてくれるＱ＆Ａ方式になっていて、過去の質問がすべてストックされています。すると、あとから来たユーザーも、過去の履歴からＱ＆Ａを参照できます。この圧倒的なクチコミのボリュームが、競合サイトとの差別化につながったのです。

価格.comのメイン商品だったカメラやパソコン関連の部品などは、ただでさえ細かい商品知識が求められるジャンルです。そのため、おのずとマニアックな知識をもった回答者が集まり、自らの知識を披露する場になりました。自分の得意分野の質問に答えると、みんな

から感謝してもらえるという経験は、誰にとってもうれしいものです。だから、回答者は喜んで質問に答えるし、過去の回答が充実していれば、新しい質問もどんどん集まってきます。この相互ネットワーク効果が働くことで、価格.comは仕組みとして競合より成長する構造へと進化したのです。

さらに、Q&Aでは、ユーザーが探している質問に関する良質なコンテンツが自然と集まってきます。近年、とくに音声検索の台頭で、ユーザーはキーワードではなく、質問をそのまま検索することが増えているので、検索結果にQ&Aの回答ページが表示されることが増えました。このQ&Aのロングテール成長も、市場の独占をもたらす進化構造の一つです。

ちなみに、このQ&Aのように、一般ユーザーが参加するメディアをCGM（コンシューマー・ジェネレーテッド・メディア、消費者生成メディア）と呼びます。じつは、eコマースとCGMは相性がよく、上手にユーザーの参加をうながすことができれば、それ自体が売りになります。CGMについては、「価格.com」の運営会社のカカクコムのもう一つの柱である「食べログ」を取り上げた3－1で、くわしく説明します。

「在庫化」がオンライン予約を加速する

ｅコマースは物販だけではなく、旅行やホテル、レストランなどの予約サービスやチケット販売でも広がりました。いわゆる「サービスコマース」です。

ホテルやレストラン、ヘアサロンなどの予約と、航空機や映画、イベントなどのチケット販売に共通するのは、座席数や部屋数に上限があることです。上限を超えて（指定席の場合は同じ席に２人以上の）予約を入れてしまうと、ダブルブッキングでお客様に迷惑がかかります。そのため、座席数や部屋数などの「予約枠」を１か所で在庫管理して、重複を避けなければいけません。この「在庫化」によってオンライン予約がスムーズに実現可能になりました。

初期の旅行予約サイトは、自社サービスのために特別に予約枠を「専用在庫」として割り当ててもらうことで実現しました。そのため、各社はこの在庫枠をめぐって営業競争を繰り広げることになります。

最初にリードしたのはリアル店舗をもつ旅行代理店のＪＴＢやＨＩＳで、その在庫をどう奪うかが、後発の「楽天トラベル」や「じゃらんnet」の課題となりました。在庫化におい

1-1
1-2
1-3
2-1
2-2
2-3
3-1
3-2
3-3
4-1
4-2
5-1
5-2
6-1

ても相互ネットワーク効果を回すことが戦略上大事なので、先にホテルの在庫がたくさんあるからユーザーが集まるというループをつくるために、楽天は先行する「旅の窓口」を320億円で買収しました。

当時は「高額で大丈夫か?」という声もありましたが、楽天はこれで在庫確保の時間を買ったのです。すでにショッピングモールで多くのユーザーを抱えていた楽天は、在庫確保によって相互ネットワーク効果を回すことに成功し、いまやリアルの旅行代理店を含めた旅行取扱額において、JTBに次ぐ第2位を占めるまでに至っています(2018年。2019年からは楽天トラベルの数字は非公表)。

海外ではこの在庫枠を一元管理する共通データベースが登場したことで、予約サービスが一気に普及しましたが、日本は共通化が遅れる傾向にありました。そこで、1-3で紹介したイネーブラーがホテルやレストランの予約管理を束ねて、複数の予約サービスに対してリアルタイムで在庫を調整していく形が主流になりました(これが日本市場の特徴でもあります)。

その結果、いまではホテルやレストランだけでなく、ヘアサロン、ヨガ教室などの習い事、オンライン相談会など、あらゆるものが「在庫化」でオンライン予約可能になっています。

しかも、「在庫化」はAIと相性がよく、マーケティングオートメーションという名の自動化・全体最適化が進んでいます。たとえば、予約枠の在庫をどれだけ、いつまでリピーター向けに確保しておけばいいか。どのタイミングでリピーターに案内を出せばいいか。いつから新規顧客向けの割引を始めていいか。月額固定のサブスクモデルのユーザーと、都度課金ユーザーのバランスはどうすればいいか。ＡＩがそうした疑問に答えてくれるので、サービスの担い手は集客・予約管理という作業から離れ、サービス自体の質の向上に集中できるようになってきたのです。

ぐるなびとレストラン予約

レストラン、ヘアサロン、エステ……。あらゆるリアル店舗は、お店の魅力を顧客にアピールし、足を運んでもらう必要があります。インターネット以前はリピーターが中心で、新しい顧客は知り合いのツテで紹介してもらうか、新聞の折込チラシや販促用のポケットティッシュを配るくらいしか、アピール手段がありませんでした。インターネットの登場で、はじめて小さなお店でも自らユーザーにアピールできるツールが出てきたのです。それが「ホームページ」でした（当時はウェブサイトのことをこう呼ぶのが一般的でした）。

しかし、飲食店やヘアサロンの経営者は、料理やヘアカットの技術には自信があっても、

1-1
1-2
1-3
2-1
2-2
2-3
3-1
3-2
3-3
4-1
4-2
5-1
5-2
6-1

ホームページ制作の技術はありません。料理やヘアモデルを美しく撮影するにも、プロの力が必要です。ブログシステムやスマホのカメラ機能が劇的に向上したいまなら、素人でもそこそこ見栄えのよいサイトや動画をつくることができるかもしれませんが、当時は、制作の一切をプロにまかせるのがふつうでした。

そのため、ホームページの制作会社が雨後のタケノコのように乱立しますが、レストラン予約サイト大手の「ぐるなび」も、そんな会社の一つにすぎませんでした。もともとぐるなびは、結婚式の二次会や宴会の会場を斡旋（あっせん）する会社でした。つまり、お店とお客様をつなぐマッチングは得意だったのです。そこで、ディナーやランチのための飲食店も探せるように裾野を広げていったのですが、当初は、飲食店がオリジナルのホームページをもつこと自体がレアでした。結果的に、ぐるなびが制作代行したホームページが、ほとんどそのままぐるなびページになったのです。

ここで大事なのは、ぐるなびがお店の魅力を「可視化」「言語化」して、ユーザーに届ける手前のプロセスを支援したということです。お客様に「この料理を食べてみたい」「このお酒がおいしそう」「お店の雰囲気がデートにピッタリ」「接待に使えそう」と思ってもらうには、それが伝わるビジュアルやキャッチコピーが不可欠です。お店のパンフレットをつくるかのように、現場に入り込み、お店の要望を聞き、それをホームページというフォーマットに落とし込む。お店に対する提案は、メニュー構成やコンセプトづくりにまで及びます。そういうプロセス支援が先にあって、そこからそれぞれのページへ、ユーザーを送り込む仕組みを構築していったのです。

ちなみに、ぐるなびのサイトから直接予約ができるようになったのは、しばらく経ってからのことでした。

リクルートの根幹「リボン図」

B（企業）とC（消費者）を結ぶB to Cビジネス、とくに、BとCのあいだに両者をつなげるマッチングサービス（これもB）が入るB to B to Cビジネスにおいては、価格.comのようにユーザーを動かすだけではなく、ぐるなびのように企業を動かすことも大事になってきます。

マッチングの成功率を上げるには、まずユーザーも企業もたくさん集め、両者に働きかけてその中の一部を動かし、ユーザーのニーズと企業のニーズをうまくつなげる必要があります。ユーザーに働きかけてホテルやレストランの予約、求人に対する応募など、具体的な行動をうながす一方で、企業にも働きかけてサービスの拡充をはかったり、求人募集をかけた

図14　リクルートのリボン図

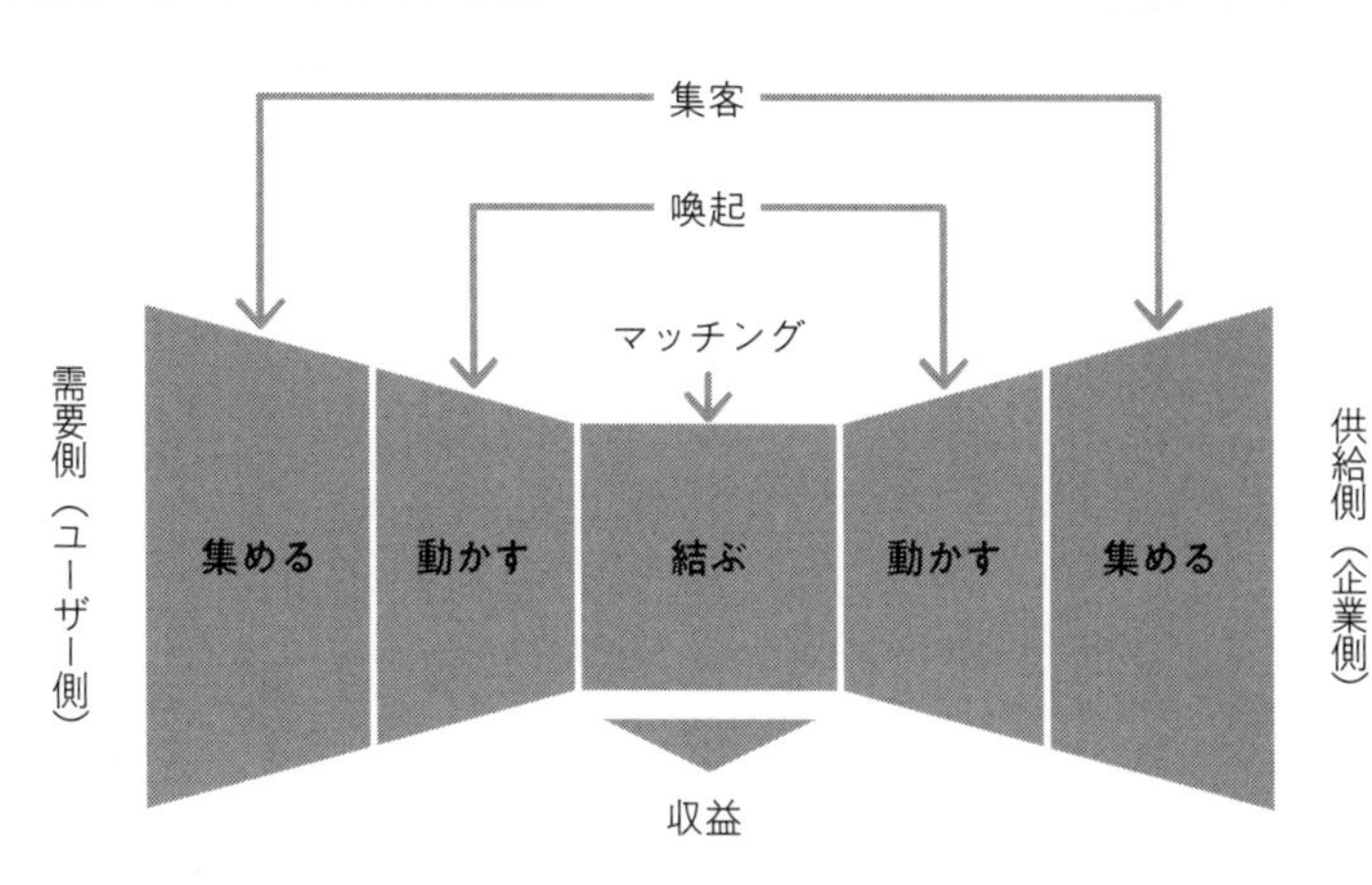

りして、両方から絞り込んでいく形になります。リクルートではこれを「リボン図」と呼んで、この構造をつくることを大事にしています（図14）。

なぜこのリボン図がリクルートに莫大な収益をもたらすのでしょうか。リクルートの役員に質問したとき返ってきた答えが、「リボン図の両側、ユーザーも企業も素人やからや」というものでした。

リクルートが得意とする「転職」「住宅購入／賃貸」「結婚」などは、ユーザーにとっては人生の中でも大事な決断になりますが、同じ人が何度もするものではありません（僕自身は13回転職していますが……）。おみくじに「商売」「転居」「縁談」という項目があるように、人生の選択に迷った人が神頼みをしたくなるくらい大事で、しかも、ほとんどの人にとってははじめての決断になるので、みんな不安を抱えています。どんな選択をすればいいのか、どの会社・どの物件・どの結婚式場が自分にふさわしいのか、信頼できるパートナーからアドバイスをもらえたら、うれしいはずです。

一方、企業にとっても、たとえば中途採用を毎年実施している中小企業はそこまで多くないわけで、高いマージンを払ってでも、信頼できるプロにお願いしたい。中途採用経験が浅い企業は、そもそもどんな応募者に来てほしいか、無自覚なケースが少なくありません。さらに、応募者がどんなポイントに惹かれて会社を選んでいるかについては、もっと無自覚な会社も多いのです。

そこで、ユーザーに刺さりやすい表現で、テキスト・写真・動画をつくっていく。企業側の需要を喚起し、言語化することが、マッチングビジネスでは重要になります。さらに、複数の応募者の中からいちばんマッチングする人を選ぶのをサポートしたり、選考の手間を省いてあげることに対しても需要があります。

リボン図をうまく設計すると、マッチングが生み出され、ユーザーは自分の欲求を満たすことができるし、企業のとった行動が売上をもたらすので、おもに企業側がその価値に対して広告費などを払ってくれます。それが、あいだをとりもつリクルートの収益になるわけです。

リクルートの圧倒的優位性をつくるトリプルループ

このリボン図は、相互ネットワーク効果に直結します。図15の真ん中のループのように、企業の情報をまとまった数集めることができればユーザーが集まり、ユーザーが増えれば、さらに企業が集まってくるわけです。

しかし、紙の時代と違って、ネットの時代は、企業が提供する情報はコピーして編集するのが簡単なので、複数のマッチングサービスに対して情報を提供するのが苦になりません。そこで、複数のサービスを併用する企業をサポートするイネーブラーも登場します。予約枠の在庫管理のときと同じです。

一方、ユーザーは、選択肢を増やすために、最初から複数のサービスを利用すると考えるのが自然です。そうなると、相互ネットワーク効果の基本ループを回すだけでは、独占の構造はつくりにくくなってしまいます。

リクルートの真価は、ここに、さらに二つのループを追加することだと僕は思っています。それが「幅のループ」と「質のループ」です。

左下の「幅のループ」は、一定以上のユーザーが集まると、その隣接領域の企業まで引っ

図15　リクルートのトリプルループ

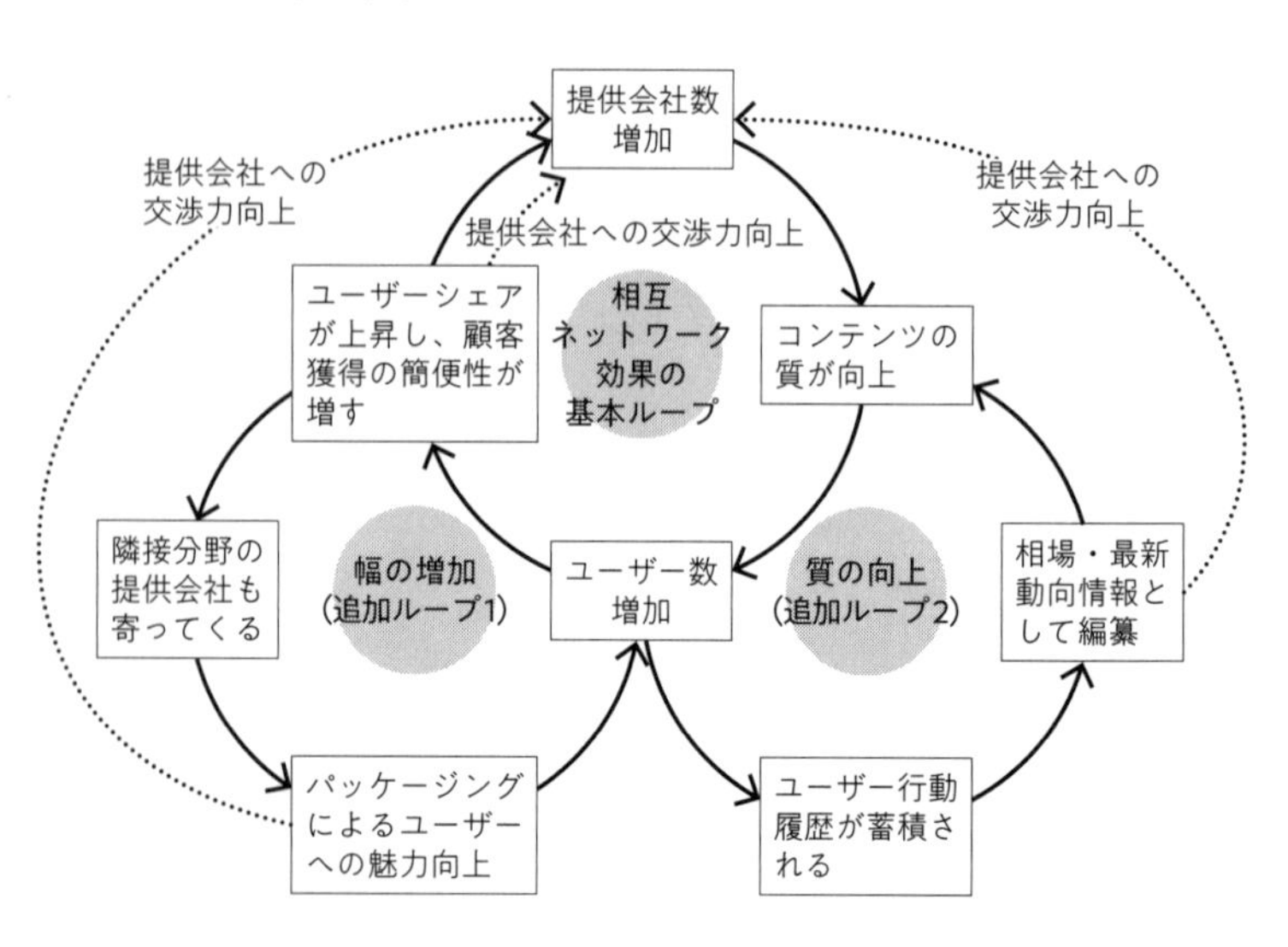

張ってきて、別の相互ネットワーク効果を回すことができることを指しています。たとえば、結婚式場探しのために集まったユーザーに指輪やドレス企業をつなぐ、宿泊先を探すユーザーに、現地まで移動する飛行機や新幹線予約をつなぐ、といったことがあげられます。

このように隣接領域でも良質な企業とつなげて、まとめて提供していくことは、ユーザーにとっても魅力的です。ワンストップで、しかも一度の入力で手間暇かけずに自分に合った選択肢が提供されるからです。そのため、幅のループが回り出すと、ユーザーは別のサービスに浮気することなく、そのサービスを使うようになるため、基本ループが強化されます。

1-1
1-2
1-3
2-1
2-2
2-3
3-1
3-2
3-3
4-1
4-2
5-1
5-2
6-1

さらに大事なのは、右下の「質のループ」です。マッチングサービスには、ユーザーが何と何を迷い、結果的に何を選んだか、といった行動履歴がたまっていきます。これらのデータを分析すると、ユーザーが探しているのに提供企業が少ないニーズは何か、最近増えているニーズは何か、何の選択軸を強化すると価格が多少高くてもユーザーが選ぶのか、といった相場観や最新動向がわかります。こうした情報を企業に提供すれば、企業はユーザーに選ばれやすくなるため、そのマッチングサービスから離れられなくなります。

ユーザーにとっても、自分のニーズに合わせて先回りした提供企業から、よりニーズにマッチした選択ができるようになるため、サービスの使い勝手が向上します。結果として、ユーザーも、そのサービスを使わざるをえなくなるのです。

このように、量のループと質のループが回ると、提供企業にとっては「かえの効かない」サービスになるため、企業は喜んでお金を払ってくれるようになります。

事業を継続していくには、競争に負けない構造をつくることも大事ですが、収益力を高める仕組みをつくることも、同じように、大事になってきます。そして、その収益性を上げるために重要なのが、次に紹介する「テイクレート」です。

「テイクレート」を上げる秘訣

ここまで、ＢtoＣで物やサービスをつなげるプラットフォームについて見てきました。コマースのマッチングをするプラットフォームは、たくさんユーザーを集めることで、物やサービスの売り手を増やし、さらにユーザーを集めるという「相互ネットワーク効果」で流通総額を増やすことが第一の目標です。流通総額が増えれば、その分、手数料収入も増えるからです。

しかし、プラットフォームの事業者にとっては、流通総額に対して何％マージンをとれるのかも、大事な目標になってきます。これが「テイクレート（take rate）」で、流通総額のうちプラットフォーム側が受け取る収益の割合が増えれば、それだけ儲けも大きくなります。

一つの考え方としては、手数料以外に広告費を上乗せして出してくれるなら、その商品をより目立つところに並べます、というやり方があります。アマゾンや楽天が広告ビジネスに力を入れているのはそのためで、ヤフーはさらに踏み込んで手数料を無料とし、広告費で儲けるビジネスモデルを採用しました。

もう一つのやり方は、ほかのプラットフォームではマッチングしないユーザーを、独自の切り口で集めてマッチングさせることによって、その分高めのマージンを支払っていただこうというものです。売り手にとっては、もともとなかったはずの顧客が手に入るので、それまで顧客獲得のために払っていたコスト以上のマージンを払ってくれる可能性が高い。そのためどうやってユーザーを集めるかが腕の見せどころになってきます。

そこで登場するのが、先ほど説明した「ツメ」の開発です。新しい価値軸をつくってユーザーを集めれば、その軸でマッチングするのは、それまでリーチできなかったユーザーです。ツメが独自のものなら、そのユーザーを連れてこられるのは、そのプラットフォームだけということになります。

たとえば、リクルートのアルバイト・仕事探しの総合サイト「フロムエー」は、職種やエリアだけでなく、「単発」「未経験」「駅チカ」「高校生」「まかないあり」「深夜」など、さまざまな条件からバイトを選べるようになっています。中には、「髪型自由」「服装自由」など、雇う側の企業目線ではなかなか出てこないような条件もあって人気を集めています。なぜかというと、ビジュアル系のバンドマンなど、髪型にこだわりのある人は、給料が多少安くても髪型で文句をいわれない職場で働きたいからです。

「髪型自由」というツメをつくったことで、「うちみたいに給料が安くて、駅から遠いお店でも、バイトが来てくれたよ」ということになれば、お店からは感謝されるし、通常よりも高い金額でも喜んで支払ってもらえるでしょう。これがテイクレートを上げる秘訣なのです。

「女子会」を切り口にしたホットペッパー

じつは、リクルートはツメの開発が得意で、テイクレートを上げることに長けた企業です。リクルートが仕掛けたツメはいくつもありますが、有名なのは「ホットペッパー」が打ち出した「女子会」です。

レストランを選ぶ基準はふつう、味や値段、立地が中心です。だから、「食べログ」や「ぐるなび」は基本的に、おいしいレストランを探すサイトです。しかし、お客さんの行動をよくよく観察してみると、女性同士で食事を楽しむときは、味よりも、安心してぺちゃくちゃしゃべれることのほうが大事ということにリクルートは気づきます。少しくらいうるさくしても、文句をいわれないお店が求められていたのです。

ところが、居酒屋を見渡すと、隣のテーブルの視線を気にせず、安心して話せるお店というのは意外と少ない。そこで、リクルートは居酒屋に対して、女性同士でも安心して来られるお店に変えましょうというプチコンサルを実施します。たとえば、「トイレはきれいに、できれば女子トイレは別にしてください」「女子トイレに化粧直しのためのパフを置きましょう」「タバコの煙も嫌がられるから分煙にしてください」「イケアですだれを買ってくれば個室っぽくなります」など、ちょっとした工夫をお店にお願いするのです。そのうえで、ホットペッパーで「女子会」の特集を組んで、プチコンサルした居酒屋にお客さんを誘導するわけです。

居酒屋にしてみれば、女子会のほうが男性客よりも早い時間に来店してくれるので、ふだん埋まりにくい席が埋まることになるため、喜んで女子会パッケージにいつもより高いお金を払ってくれます。そうやってテイクレートを上げることが、プラットフォームビジネスでは求められるのです。

何もないところにビジネスを立ち上げるリクルート・マジック

プラットフォームビジネスでいちばん怖いのは、メーカーやサービス提供者が強くなりすぎると、宣伝にお金をかけなくても売れるから、プラットフォームにお金を落とさなくなることです。つまり、テイクレートが0円の状態です。

「うちは直販サイトで売れるから、別にいつ引き揚げてもいいんだよ」という企業は、「うちだけ手数料をタダにしてよ」という強気の交渉ができます。そうすると、プラットフォームは儲からないわけです。

たとえば、有名高級ブランドが銀座の一等地の百貨店1階のいちばん目立つところにお店を構えられるのは、それだけ交渉力が強いからであって、いちばん賃料を払っているからではありません。

プラットフォームとしては、売り手とそういう力関係にならないように、自社のサービスでしか送客できない顧客をいかにつくるかが大事になります。

ユーザーの隠れたニーズを拾い上げれば、ユーザーの選択肢が増えてハッピーなだけではなく、お店にとっても、それまで稼働していなかった時間帯にお客さんが来てくれればハッピーだし、いままで来てくれなかったお客さんが来てくれればハッピーです。両方ともハッピーになるから、プラットフォームも儲かる。これがリクルートの秘術なのです。

Part 3
コンテンツ：情報をつなげる

ネットビジネスの進化構造
「小分けにしたものを遠くとつなげる」

Part1
権力：つながりの場所を押さえる
- 1-1 ポータル：検索はなぜ権力の一等地なのか
- 1-3 イネーブラー：次の主戦場は信用経済とスモールビジネス市場
- 1-2 ID/決済：IDと決済を握ったものが覇者となるのはなぜか

Part2
コマース：物や予約をつなげる
- 2-1 CtoCコマース：人から人へ物をつなげる
- 2-2 BtoCコマース：企業から人へ物をつなげる
- 2-3 BtoCサービスコマース：企業から人へサービスをつなげる

Part3
コンテンツ：情報をつなげる
- **3-1 CGM*：人から人へ情報をつなげる**
- **3-2 プロコンテンツ：情報をつなげてマネタイズする**
- **3-3 ゲーム：情報をつなげて遊ぶ**

Part4
コミュニケーション：人をつなげる
- 4-1 コミュニティ：つながりがパワーになる
- 4-2 インフルエンサー：個人がパワーをもつ時代

Part5
有限資産をつなげる
- 5-1 ブロックチェーン：有限資産をなめらかにつなげる
- 5-2 シェアリングエコノミー：有限資産を小分けにしてみんなで使う

Part6
BtoB：仕事をつなげる
- 6-1 クラウド/AI：仕事とデータをつなげる

＊Consumer Generated Media

3-1 人から人へ情報をつなげる
——CGM

□ウィキペディア□食べログ□クックパッド□2ちゃんねるとまとめサイト□はてなブックマーク□ニコニコ動画□ユーチューブ

誰でもコンテンツのつくり手になれる

Ｐａｒｔ2は、物やサービスをやりとりするeコマース全般を見てきました。引き続いて、このＰａｒｔ3では、コンテンツビジネスを中心に見ていきます。

インターネット上のコンテンツというと、ニュースやブログなどの「テキスト」、写真やマンガなどの「画像」、ショートムービーや映画などの「動画」、音楽やポッドキャストなどの「音声」、スマホやオンラインで提供される「ゲーム」が思い浮かびますが、コンテンツビジネスにおいても、最初に訪れる「入り口」になれるかどうかは、成功の大きな試金石です。

コンテンツポータルをめぐる争いも、いくつかに分けることができます。この章では、最もインターネットらしいともいえる、ユーザーが自らコンテンツをつくって発信するCGMについて解説します。

テレビやラジオ、新聞、雑誌しかなかった時代には、コンテンツ（中身）はおもにプロがつくるものでした。ところが、インターネットの登場で、誰でも情報発信者になれる時代が始まります。一般の人がコンテンツのつくり手でもあり、コンテンツの受け手でもある時代がやってきたのです。その意味で、CGMはコンテンツのCtoC、従来型のプロがつくるコンテンツはコンテンツのBtoCともいえます。

情報をオープンにしたほうが有利な時代

インターネットは、新たなコンテンツのつくり手を大量に生み出しただけではありませんでした。情報を独り占めするよりも、積極的にオープンにしたほうが有利な時代がやってきたのです。

1-1
1-2
1-3
2-1
2-2
2-3
3-1
3-2
3-3
4-1
4-2
5-1
5-2
6-1

以前は、有益なアイデアや情報ほど他人には教えず、自分だけで独占する、あるいは、社内では共有しても社外には漏らさないのが当たり前でした。そうやって秘匿された知識やノウハウは、ライバルを出し抜くために使われます。自分だけが知っているということが、生き残りの武器になると思われていたのです。

ところが、インターネットによって世界中がつながると、自分だけが知っているというのは、ただの思い込みにすぎないということが明らかになってきます。自分が思いつくようなことは、世界を見渡せば、何十人、何百人もの人が似たようなことを考えています。自分だけのオリジナルなアイデアと必死で抱え込んできたものが、すでに別の言語のブログで発表されているかもしれないし、世界の端っこではとっくの昔に商業サービスが始まっているかもしれません。

インターネットの普及で情報を隠しておくことが非常に困難になったことも、追い打ちをかけています。企業の不正や個人のやらかしは、本人が隠そうとするほど、白日の下にさらされ、あっというまにネットで拡散されていきます。社内に箝口令（かんこうれい）が敷かれても、匿名の勇気ある告発者がネットに書き込んで、世間に暴露されます。

誰もが情報発信者になれる時代には、もはや情報を抱え込んだり、隠しておいたりしても、すぐに誰かの手によって広まってしまう。つまり、かつてのように情報を独占するメリットが劇的に減ったのです。それならいっそのこと、自分から積極的に情報を発信してしまったほうがいいのではないでしょうか。

あるジャンルについて、有益な情報をつねに発信している人だと認知されれば、似たような趣味嗜好をもつ仲間が自然と集まってくるし、「このジャンルならこの人」というネット上の評判を得ることができれば、放っておいてもさらに濃い情報が集まってきます。中にはそれが仕事に発展するケースもあるでしょう。いまは、情報を発信することのメリットのほうが圧倒的に大きく、そのほうが個人が豊かになれる時代なのです。

次の人のために役に立ちたいという「ペイフォワード」の連鎖

また、インターネットによって、これまで埋もれていたようなニッチな情報にもスポットライトが当たり、ニッチな趣味人同士が簡単につながることができるようになりました。それによって何が起きるかを知るために、いまでも電波が届かずネットにつながらない山小屋に置かれているノートの例を考えてみます。

自然環境は日々刻々と変わり、以前は通れた道がいまは通行不可になっていることも珍しくありません。そこで、山小屋のノートには、そこに来るまでに自分が通ってきたルートの印象や、がけ崩れや積雪の状況、紅葉や高山植物の見頃などの情報が書き込まれています。書き込んだ人は、自分がもっている情報をシェアし、それを見た人は明日の自分の行動計画に生かしたりする。書いた本人はもう山小屋にはいないから、直接感謝の気持ちを伝えることはできません。だから、そのかわりに、自分がもっている情報をノートに書き込んで、次の人へ伝えていくのです。

「次の人のためになりたい」という助け合いの連鎖を「ペイフォワード」といいます。インターネットで同じ興味関心をもつ人同士が簡単につながれるようになって、このペイフォワードの連鎖が世界中で起きるようになりました。そのいちばん典型的な例が、世界最大のオンライン百科事典プロジェクト「ウィキペディア」です。

非営利のウィキペディアに書き手が集まるのはなぜか

ウィキペディアはアクセス可能な人なら誰でも投稿・編集できる、非営利団体によるプロジェクトです。誰でも書き込めるといっても、実際には、読み手に対する書き手の割合は5％以下で、非常にマニアックで濃い知識をもった執筆者が集まっています。

記事を書くのも、虚偽の記載やいたずら投稿、ページの白紙化などの「荒らし」行為を監視し、対策を講じるのも、すべて手弁当のボランティアですが、ウィキペディアン（記事の執筆や編集をする人）は、「読む人の役に立ってくれればそれでいい」という強烈なペイフォワード精神をもった精鋭たちです。

ウィキペディアに投稿するには、初見の人が読んでわからなくてはならないという百科事典の性質上、それなりの文章技術・編集技術が必要です。しかし、最初から完璧な記事である必要はなく、ある書き手が書いた文章を、あとから来た複数の書き手が修正し、微調整を加えながら、よりわかりやすくて役に立つ記事に育てていけばいいのです。

一つの文章を、複数の書き手が何度も上書きしながら完成形を目指すというのは、じつは、かなり高度な知的作業です。その分、書き手には深い専門知識やバランス感覚、編集技術が求められますが、ウィキペディアンは、もともとそのジャンルが好きで、せっかくの自分の知識を役立てたいという人がほとんどなので、ボランティアであっても、ある種のプロ意識をもって取り組んでいます。

ウィキペディアはニッチな知識をもつ書き手によって支えられたメディアです。2－3の「価格.com」のクチコミ（Q&A）のところでも触れましたが、よい書き手が集まれば、価値あるコンテンツが増え、それを見に来るユーザーも増える。たくさん見てもらえるから、書き手もやる気が持続できる。書き手のペイフォワード精神によって成り立っているという意味で、ウィキペディアはＣＧＭの一つの理想形といえるかもしれません。

ちなみに、ウィキペディアには広告がなく、記事執筆・編集もボランティアで成り立っていますが、サーバー代まで無料なわけではありません。そのため、サービス維持のための寄付のお願いが不定期に表示されます。僕はその趣旨に賛同しているので、毎回寄付をしています。

つくり手が自らすすんで投稿したくなる環境づくり

ウィキペディアは非営利プロジェクトですが、ＣＧＭはネットビジネスにおいても重要な柱の一つです。ビジネスである以上、どうやってマネタイズするかは最重要課題の一つですが、ＣＧＭの場合はそれ以前に、ユーザーにコンテンツをアップしてもらわないと始まりません。新しいコンテンツがどんどん投稿され、それを見る人もたくさんいる状態になってはじめて、サービスが軌道に乗ったといえるのです。

では、どうすればＣＧＭは盛り上がるのでしょうか。

一つは、ウィキペディアでも出てきた「ペイフォワード精神」をうまく取り込むことです。コンテンツのつくり手、書き手が喜んで「次の人のために」「読んでくれる人のために」「見てくれる人のために」才能を発揮したくなるような環境づくりが大切です。

価格.comのクチコミでは、優秀な回答には感謝の言葉が連なり、周囲からリスペクトされることで自尊心をくすぐられ、より一層、役に立つ知識を披露したくなるというループが回っていました。ウィキペディアでも、編集回数の多いウィキペディアンは毎月公表されていて【※13】、それがモチベーションになっているという人もいるかもしれません。

この仕組みをもっとわかりやすく表現したのがSNSです。ツイッターのフォロワー数やリツイート数、フェイスブックの「いいね！」数は、投稿した人の承認欲求をダイレクトに満たすだけでなく、その人のソーシャルな「信用」にもつながるため、自らすすんで、フォロワーに喜んでもらえるような投稿をしたくなる仕組みになっています（SNSについては4－1で解説します）。同じ仕組みを取り入れて、CGMとして大成功したのが、この章の後半で紹介する動画サービスです。

自分のための記録がそのままコンテンツになる

もう一つは、自分の趣味やエクササイズの記録をネット上で管理するだけで、それがコンテンツとしての価値をもち、結果的に誰かの役に立つという仕組みです。本を読んだら「ブ

1-1 1-2 1-3 2-1 2-2 2-3 3-1 3-2 3-3 4-1 4-2 5-1 5-2 6-1

クログ」に登録し、映画を見たら「フィルマークス」に登録し、ランニングをするときは「ランキーパー」、山登りするときは「ヤマップ」などのアプリを立ち上げてログ（記録）をとるという人も多いはずです。これを「クリッピング」といいます。

もともと自分が好きでやっていることですから、記録に残しておくこと自体、楽しいものです。しかも、ログがたまってくると、それなりの達成感も味わえます。今年は映画を100本見た、年間1000キロ走ったというのは自信にもなるし、さらなるやる気につながります。

忘れないように、本や映画の感想をコメントしておくことも、趣味の世界ならそんなに面倒だとは思わないでしょう。最初のうちは、自分用のメモにすぎないかもしれませんが、同じ趣味をもつ人から「いいね！」がつくと、うれしくて、もっと書きたくなるはずです。ランニングや登山ルートの記録も、そこに行ってみたい人にとっては何よりの情報です。地図や写真入りなら、その情報の価値はもっと高まります。自分のためにストックしておいた記録が誰かのためになるというのは、そういうことです。

クリッピングによってクチコミを集めた食べログ

クチコミによるグルメサイトの「食べログ」も、ユーザーが訪れたレストランの評価をクリッピングするツールとして発展しました。おいしかったメニューや値段、お店の雰囲気などを書き留めておけば、次に行くときに便利だし、友だちや会社の同僚に教えることもできます。そうやって自分用に書きためておいたものがたくさん集まれば、クチコミとして、知らない人がお店を探すときにも役に立つわけです。

レビューサイトでは投稿数（ボリューム）も大事ですが、優秀な書き手の存在も無視できません。そこで、食べログでは、書き手のモチベーションを高めるインセンティブとして、フォロー機能の充実をはかったり、小山薫堂さんなどの食通の著名人を呼んで、レビューコンテストを開いたりしました。すると、たとえば、雑誌にも掲載されないような隠れ家レストランをいち早く紹介したり、お店のワインのラインナップにくわしい書き手が出てきたりして、フォロワーを集めるようになります。

つまり、よりニッチな情報をもつ書き手は、コミュニティ内で優位に立てるのです。そのことが、書き手の生きがいになったりする。言葉をかえると、情報をシェアするほど人気者になれるわけです。この好循環によって、優秀な書き手がどんどん集まってきます。クチコミのクオリティが上がれば、読み手もそこに集まってくる。繰り返しになりますが、このループを生み出すことが、CGMの勝ち筋なのです。

しかし、現在の食べログは、レビューサイトの宿命ともいうべき、信頼性の低下に悩んでいます。利用者拡大が順調に進んで、クチコミのポータルサイトとしてみんなに認められると、業者に頼んで大量のサクラのクチコミを書き込ませ、ズルをしてランキングを上げようというお店が出てきたのです。また、力をもったレビュアーが「高い点数をつけるからごはんを食べさせろ」とお店に要求したりするケースもあるといいます。書き手と読み手がどちらも安心して楽しめる環境づくりが求められています。

クックパッドが一人勝ちだった理由

レシピサイトの「クックパッド」も、書き手と読み手の増幅ループによるCGMの基本型です。ただ、料理レシピは毎日見るものなので、まずは膨大な量のレシピと、どんな料理でも載っている網羅性が求められます。そこで、クックパッドは何をしたか。特別なことはしていません。3年、5年とサービスを続けながら地道に書き手と読み手を増やしていったのです。これは化粧品レビューサイトの「@コスメ」も同じで、コツコツと化粧品レビューを集めるだけで7年はかかっていて、そこからやっと流行ったのです。

クックパッド創業者の佐野陽光さんは、いつかこのサービスがみんなの役に立つときが来ると信じて、地道にコツコツと努力を重ねました。それだけの熱量と忍耐力があったからこそ、レシピが少しずつ集まって、ある一定の数を超えた瞬間、爆発的に利用者が増えていったのです。この閾値がティッピングポイントです（2－1を参照）。

いったんティッピングポイントを超えれば、そこからは読み手が毎日アクセスしてくれるようになります。読み手が多ければ多いほど、書き手は充足感を味わえるので、今度は「私のとっておきレシピも掲載してみよう」と、読み手が書き手になってくれる。こうして、ユーザーがどんどん増える勝ちパターンに突入していきます。

CGMがいきなりブレイクすることはまずありません。地道にコツコツ投稿者を増やし、コンテンツをためる雌伏期間が何年も続きます。そこで忍耐力が切れたり、資金が尽きたりすれば、おしまいです。

しかし、そうした苦しい時期を経て、いったんティッピングポイントを超えれば、ユーザー数もコンテンツ数も急上昇カーブを描きます。そこまで我慢できるかどうかが勝敗を分けるのです。

1-1
1-2
1-3
2-1
2-2
2-3
3-1
3-2
3-3
4-1
4-2
5-1
5-2
6-1

さらに、コンテンツがたくさん集まることによって、いままで注目されていなかった小さなプレイヤーに光が当たるという副次的な効果も期待できます。たとえば、食べログのおかげで、僕たちは見知らぬ土地の住宅街にポツンとあるおいしい料理屋に行くことができるし、@コスメのおかげで、うぐいすの糞を乾燥させてパウダー状にした洗顔剤「うぐいすの粉」を売っていた地方の小さな会社が全国的な注目を集めたりするわけです。つまり、CGMは、2−2で説明した「ロングテール」とも相性がいいのです。

一方、後発サービスがクックパッドに追いつくには、最低でも3分の1くらいの数のレシピがないと、ユーザーは見に来てくれません。しかも、レシピの場合は、数以上に網羅性が求められます。定番の和食から凝ったフレンチ、キャラ弁、スイーツまで、自分がつくりたい料理のレシピが見つからなかったら、すぐに別のサービスに行ってしまうからです。

先行するクックパッドが何年もかけて蓄積してきたレシピに追いつくのは至難の業です。そこで、ライバルの「クラシル」や「デリッシュキッチン」は、最初から地道に書き手とレシピを集める戦略を捨てて、自社でレシピ動画をつくり、毎日更新するセレクション型の勝負をしているのです。

分類しやすい情報と、分類しにくい多様な意見

食べログに集まるレストラン情報や、クックパッドに集まるレシピ情報は、同じ基準で分類しやすい情報といえます。たとえば、レストランなら、最寄り駅やエリア、和洋中などの食のジャンル、お店の評価（星の数）といったさまざまな基準で分類することができます。レシピも、料理の種類や使う食材、調理時間、つくれぽ（そのレシピを見たユーザーが実際につくってみたレポート）の数など、さまざまな切り口でまとめることができるでしょう。

そのおかげで、食べログを訪れた人は、自分が行きたいお店の情報を検索したり、エリアやジャンルからリンクをたどって気になるお店をピックアップすることができるし、クックパッドのユーザーは晩ごはんやお弁当の献立を自分の好きなように選ぶことができるのです。

つまり、みんながバラバラに持ち寄った情報でも、もとから分類しやすい情報というのは、あとから探すときも探しやすい。だから、1か所にまとめて置いてあることに意味があるわけです。食べログもクックパッドも、CGMの「入り口」となったから成功したということです。

ところが、同じようにみんなが持ち寄るタイプの情報でも、分類しにくい情報もあります。

たとえば、政治や経済をはじめとした時事ネタはどうでしょう。政権与党の政策一つとっても、右から左までさまざまな意見があります。米中摩擦や中東問題、地球温暖化、原発と再生エネルギー、人口減少と過疎化など、テーマごとにいくつも切り口があり、人々の意見はバラバラです。しかも、それについては一家言をもっているという人が少なくないため、ネット上の議論は過激な方向に行きがちです。

本来、多様な意見は歓迎すべきことですが、それを一つにまとめるのはなかなかむずかしい。レストランやレシピのように一定の評価基準を設けて、整理するわけにもいきません。かといって、バラバラの意見がただ並んでいるだけでは、あとから読む人もたいへんです。

分類できないということは、検索できないということです。それではあまりに不便です。そこで、せめてもう少し見やすくするために、議論の流れをあとからたどれるように構造化した例として、最も古くからあるのが、インターネット前夜のパソコン通信時代から続く電子掲示板（ＢＢＳとも呼ばれる）でした。

掲示板のスレッド機能とレス表示

政治から下ネタまで、あらゆる話題が取り上げられる電子掲示板は、共通のテーマについて、テキストベースでみんなで意見交換するためのサービスです。誰でも自由に書き込むことができますが、見るだけ（ROM。Read Only Memory の略）でも楽しめます。かつての「2ちゃんねる」、現在は「5ちゃんねる」と名乗っていますが、その機能はきわめてシンプルで、話題（トピック）ごとにタイトルをつけてまとめる「スレッド」と、誰かの書き込みに対してコメントを返す「レス（レスポンスの略）」くらいしか、情報を整理する術がありません。

ある話題について別の人の意見を聞きたい人は、スレッドを立ち上げたら（「スレ立て」という。立てた本人は「スレ主」）、あとは基本的にみんなにまかせて、どんどん書き込んでもらうだけ。ホットな話題だったり、議論の流れをうまくまとめるファシリテーター的な役割を果たす人がいたりすると、順調に書き込みが増えていきます（スレが伸びる）。しかし、上から順番に並んでいるだけでは見にくいので、せめて誰の発言に対するコメントかわかるようにしておこうと、レスの表示のしかたを工夫するようになりました。

まとめサイトの功罪

一つのトピックについてみんなが勝手に意見を出していくと、次々と新たな論点が追加されていきます。だからこそ、掲示板には情報がどんどん流れていくフロー形式が向いているのです。しかし、カテゴリ別にきれいに分類されたストック型の情報と違って、新しい順に並べただけのフロー型の情報を追いかけ続けるのはたいへんです。1日目を離しただけで話題においていかれることも珍しくありません。

そこで、日々増殖していくスレッドの中からおもしろいものをピックアップしたり、カテゴリに分類したりして、読みやすく整理する人が現れました。そうして生まれたのが、2ちゃんねるなどの「まとめサイト」です。

まとめサイトがやっているのは、日々更新されるフローな情報の洪水の中から、直近で盛り上がった話題をかいつまんで提供して、ユーザーを楽しませるということです。まとめサイトができたことで、フロー情報のかたまりにすぎなかった掲示板が、ストック情報に近づいたともいえます。そのため、一時は人気トピックの検索結果の上位に、まとめサイトが連なるという現象が起きたりしました。

しかし、よく考えると、膨大な情報の中から特定の話題をピックアップしてわかりやすく提供するという機能は、昔からありました。テレビや新聞などの既存メディアがまさにそれです。たとえば、ＮＨＫの国会中継をずっと見ているのは苦痛ですが、首相や議員の発言をかいつまんで1、2分にまとめてニュースで流してくれれば、短時間で最新の話題にキャッチアップできます。まとめサイトは、同じことを掲示板に対してやっているにすぎないわけです。

ただし、国民の知る権利に基づくニュースの素材はパブリックなものですが、掲示板の書き込みは本来、書いた本人の著作物です。匿名かどうかは関係ありません。それを勝手に流用して、まとめサイトでアクセスを稼いで広告などで儲ける人が出てくると、それに対する反発が起きます。自分たちは善意で情報をタダで提供しているのに、それを使って儲けるのはけしからん、というわけです。ネットを使って儲けることを嫌う「嫌儲（けんもう）」という言葉が流行ったこともありました。

匿名掲示板の書き込みも、ある程度の量が集まれば、立派なコンテンツです。人気の板（いた）（カテゴリのこと。スレの集まり）は、それを楽しみにしている人がたくさんいるくらいですから、もともとニーズはあります。ならば、それを商売にしようと考える人が出てくるのは、ある意味、当然です。ただし、それが法的・道義的に認められるかどうかは別問題です。後述するユーチューバーを筆頭に、ＣＧＭの世界からもテレビタレント並みに影響力を発揮するインフルエンサーが出るようになると、自作のコンテンツに対する権利意識が強くなり、まとめサイトに対する風当たりも強くなっていきました。

1-1
1-2
1-3
2-1
2-2
2-3
3-1
3-2
3-3
4-1
4-2
5-1
5-2
6-1

はてなブックマークはみんなでつくる「目利き」サービス

同じことは、ブログの世界でも起きます。あるトピックに対してみんなが知恵を持ち寄る「集合知」の掲示板とは違って、ブログは個人が日々の雑感や生活の記録などを、自分の好きなように、自分の好きなペースで書くサービスです。一つひとつのブログは独立していて、お互いに関連しているわけではありませんが、ブログを読むユーザーからすると、何千、何万ものブログの中から、どのブログが最近更新されて、どのエントリがおもしろいのか、読むべき価値があるのか、いちいち見に行って確認するのは、ものすごく面倒です。

そこで、誰か「目利き」の人がフィルタリングして、おもしろい記事だけをピックアップして紹介してくれたらいいのに、という需要が生まれました。ただ、「目利き」をある特定の個人に頼っていると、たまたまその人が忙しくてネットを離れていたとか、興味対象が変わって自分の好みからズレてしまったときに困ります。「あの人のおすすめなら、きっとおもしろいはず！」というのは、現物を見る前におもしろさを判別するには有効なフィルターですが、善意の第三者に頼るだけでは、ネットのトレンドから取り残されてしまう危険があるわけです。

ブログの書き手であるブロガーにしてみても、読者がいなければ、記事を定期的にアップするのは負担が大きい。読んで「おもしろい！」「役に立つ情報をありがとう！」といってもらえるだけで、俄然やる気が湧くものです。そのため、特定の個人に頼らず、ブロガーが熱意をもって発信した役に立つ情報を、読者が見つけやすくなるようなツールとして出てきたのが、「はてなブックマーク」でした。

「はてなブログ」や、「増田（アノニマスダイアリーの略から）」の愛称で知られる「はてな匿名ダイアリー」など、CGM系のサービスで実績のあるはてなが開発した「はてブ」は、気に入ったブログやニュースの記事に対して、ユーザーが100字以内のコメントや分類のためのタグをつけて保存したり、ほかのユーザーと共有したりできるサービスです。

多くのブックマーク（ブクマ）がつけられた記事は、人気エントリー（別名ホットエントリーを略して「ホッテントリ」とも呼ばれます）として、はてなブックマークのトップページで大きく紹介されます。それを見れば、あとから来たユーザーも「いま最も読まれている＝話題になっている記事はこれ」ということが一発でわかります。

自分用にクリッピングした記事をほかの人ともシェアできる。それによって、ブログやニュースサイトの記事におけるキュレーション（目利き）の役目を果たしているのです。

1-1
1-2
1-3
2-1
2-2
2-3
3-1
3-2
3-3
4-1
4-2
5-1
5-2
6-1

見られたい自分を演出する

　ここまで見てきたように、ユーザーのペイフォワード精神をうまく取り込み、自分のために記録することが他人の役に立つクリッピングによって投稿数と利用者数を稼ぐのが、CGMで成功するコツです。しかし、SNSの普及によって、もう一つ、別の要素が加わります。それが、自分をよく見せたいという欲求です。

　ある特定のテーマについてみんなで投稿するCGMとは違って、ツイッターやフェイスブックのおもな素材は自分です。そこで、自分自身を表現する文化が花開きました。たとえば、女子高生は親友とのツーショットのプリクラ画像をツイッターのアイコンにしたり、部活の集合写真を壁紙にしたりして、仲間とのつながりを演出します。そこで表現されているのは、ありのままの自分ではなく、「こういうふうに見てほしい」「こういうふうに見られたい」という自分の姿です。要するに、モテたいわけです。

「かわいい」といわれたい人、「かっこいい」と思われたい人が、自撮り写真（セルフィー）を「盛る」ように、ふだんの自分を「デコる」（「飾りつけ」を意味する「デコレーション」が語源）文化は、やがて「セルフブランディング」や「セルフプロデュース」という言葉を生み出します。自分自身を商品のように売り出そうというわけです。

初期のCGMは、名もなきユーザーの投稿によって成り立っていました。しかし、みんなに喜ばれる情報をもっているユーザーは、その情報をもっていることでリスペクトされ、それまでにないパワーをもつようになります。そのパワーはSNSによってさらに増幅され、ツイッターやフェイスブック、インスタグラムなどを合わせると、何十万、何百万人ものフォロワーを抱えた個人が出てきました。彼ら／彼女らの発言はフォロワーの注目を集め、消費行動にも影響（インフルエンス）を与えます。「インフルエンサー」と呼ばれるゆえんです（インフルエンサーについては4-2で説明します）。

このようにパワーをもった個人をスターシステムを通じて上手に取り込んだのが、ユーチューブをはじめとした動画サービスです。自分自身を表現する場としては、テキストベースのCGMよりも、「私を見て！」という欲求をダイレクトに満たす動画のほうが向いているからです。

「非同期の同期」と「n次創作」を生み出したニコニコ動画

「ニコニコ動画」は、動画の上にみんなのコメントを重ねて流すことで、一世を風靡(ふうび)しました。それのどこが新しかったかというと、「非同期の同期」という新機軸を発明したことです。

ツイッターで有名な「#バルス祭り」は、テレビの金曜ロードショーで映画「天空の城ラピュタ」が放送されるとき、パズーとシータが「バルス！」と叫ぶシーンで視聴者が一斉に「バルス」とつぶやき、ツイッターの瞬間ツイート数が毎回過去最大級になるという事件です。これは、各家庭でバラバラにテレビを見ている時代にはなかった現象で、インターネットによって見ず知らずの人たちと同期することが可能になったおかげで、熱狂を生んだのです。しかし、この同期性は、テレビでラピュタが放送されないと実現できません。

ニコニコ動画が画期的だったのは、視聴者が同じ時間にラピュタを見ていなくても、同じ場面にコメントを書き込むことで、あたかも同期しているかのような感覚をもたらしたことです。つまり、年に一度のその時間にテレビの前に座っていなくても、いつでも好きなときに「バルス」と書き込めば、みんなと一緒に疑似的な「#バルス祭り」を楽しめるようになったわけです。

この非同期の同期という発明によって、ニコニコ動画はユーザー同士の一体感を生み出しました。さらに、このコメント自体が作品の一部とみなされるようになります。たとえば、ある音楽動画がアップされると、誰かが歌の歌詞や合いの手を打ち込んだりする。すると、あとから来たユーザーは、歌詞を見ながら動画を楽しめます。つまり、誰かによって打ち込まれた歌詞やコメントは、作品の一部として機能するのです。すると、今度はコメントそのものを使って、既存の作品をアレンジする流れも生まれました。

ユーチューブは、つくり手が発信した動画をシンプルに受け取るメディアです。それに対して、ニコニコ動画は、画面の上に受け手のコメントが載ることも含めて、一つの作品です。つまり、視聴者も作品づくりに参加できるのです。

もちろん、自分一人で完成品をつくって、それを淡々とアップするのが好きなユーザーもいますが、誰かと一緒に作品をつくっていくことにおもしろみを感じて参加している人も多いのではないでしょうか。その結果、ニコニコ動画は二次創作、三次創作を披露する場になりました。誰かの作品をベースに、そこに新たな要素を加えて、別の作品を生み出す「n次創作」の文化は、古くは、複数の人が上(かみ)の句と下(しも)の句を詠み連ねていく連歌の時代から日本人にはなじみの深いものですが、それがニコニコ動画によって広く一般のユーザーにまで浸透したのです。

制作プロセスを切り分けて、みんなで分担する「バリュースライシング」

たとえば、アニメのショートムービーをつくるといっても、そこにはさまざまな役割分担があります。物語のプロットや脚本を考える人、絵コンテをつくる人、キャラクターデザイン、コンピュータグラフィックス、音声（声優）、音楽などなど。つまり、動画作品というのは、さまざまなクリエイティブの集合体なのです。

ニコニコ動画のすごいところは、一つの動画にインスパイアされた人同士が、お互いに面識もないのに、自然発生的に動画制作のプロセスをそれぞれが分担し、それによって非常にクオリティの高い作品を生み出したことです。そのわかりやすい例が、上海アリス幻樂団が制作するゲーム「東方Project」の楽曲を使用した「Bad Apple!!」という音楽動画です。

最初にニコニコ動画へ投稿された「【UP主が見たい】Bad Apple!!　PV【誰か描いてくれ】」【※14】という動画は、ほとんどラフ画のようなものでした。これをつくった人は、東方Projectの「Bad Apple!!」という音楽を聞いて、「こんな感じで動画をつくったらかっこいい」と思いついた。でも自分ではキャラクターを描けないし、アニメもつくれない。そこで、アイデアだけをラフ画で描いた動画をニコニコ動画に投稿したら、今度はこのラフ画にインスパイアされた人が、キャラクターを描き起こし、さらにインスパイアされた人が、歌をつけました。つまり、それぞれのプロセスを、お互いに面識のない別々のクリエイターがつくって継ぎ足していったのです。

結果として、「Bad Apple!!」はニコニコ動画を代表するほどの人気動画になりました。その成果の一つが「【東方】Bad Apple!! ＰＶ【影絵】」【※15】です。これがｎ次創作のすさまじさです。

このように、制作プロセス全体を機能ごとに切り分けて、みんなで分担してつくっていくことを「バリューースライシング」といいます。クリエイティブな人が集まったＣＧＭだからこそ可能な、非常に現代的なアプローチです。

このバリューースライシングの集大成ともいえるのがボーカロイドの「初音ミク」であり、小説投稿サイトの「小説家になろう」から生まれた「なろう小説」系のさまざまなコンテンツも、バリューースライシングやｎ次創作の世界を豊かにしています。いまや、ボカロ市場が関連商品を含めて１０７億円、同人誌市場が８２０億円の規模に育っていて【※16】、日本発のコンテンツビジネスとして、グローバルでも注目されています。

「#歌ってみた」と「#踊ってみた」

ツイッターやインスタグラムのハッシュタグと同様に、ニコニコ動画にもタグ機能があります。タグのいいところは、いま最も人気の動画から、自分だけのニッチな興味を満たす動画まで、あらゆる動画を手っ取り早く探せるところです。ニコニコ動画のタグがツイッターやインスタと違うのは、発信者だけではなく、視聴者も設定できることです。一つの動画に対して、発信者がタグを5個まで、視聴者もタグを5個まで設定できるようになっています。

それによって何が起きるかというと、視聴者のタグはどんどん上書きされていくのです。上書きされずに残ったタグは、結果的に、誰もが納得できるものに落ち着きます。有名な「#歌ってみた」も、このようにして誕生したタグでした。

このタグをうまく使えば、自分と趣味嗜好が近い仲間を簡単に見つけることができます。従来はつくり手にだけ与えられていたタグづけ機能を、情報の受け手にも開放したことで、ニコニコ動画はコミュニティとしての機能も強化していきます。その成果は、毎年幕張メッセで開催されるオフラインミーティング「ニコニコ超会議」で目にすることができます。

ちなみに、ニコニコ動画の「#歌ってみた」「#踊ってみた」がもつコアに近いところを強化して、さらに短い15秒のショートムービーで世界を席巻したのが、中国発の「ティックトック」という動画共有コミュニティサービスです。

ダラダラ見たいユーチューブ、ダラダラ見てほしいユーチューバー

全世界で19億人のユーザーを抱える「ユーチューブ」は、誰でもテレビ番組をもてるという発明です。視聴者からすると、あくまでテレビの代替品にすぎないので、ニコニコ動画のような視聴者参加型の作品や、コラボレーションは生まれません。むしろ、頭を使わず、スマホでダラダラ見たいという暇つぶし欲求を満たすものです。だから、ユーチューバーがただひたすら「うまい棒」を食べ続けるといった、体当たり系コンテンツが増えるのです。

ユーチューブが世界最大の動画共有サービスに成長できたのは、発信者に対するインセンティブ設計がうまかったからです。多くの視聴者を集めたユーチューバーに対して、広告収入の一部を還元するシステムを導入したことで、億単位の収入を得たユーチューバーが続々と誕生しました。その結果、いまや、男子中学生が将来なりたい職業の第1位を占めるまでになっています【※17】。

ユーチューブのインセンティブ設計は、才能あるクリエイターを引き寄せ、チャンネル登

録者数が数百万人にもなるインフルエンサーを何人も生みましたが、問題がないわけではありません。アクセス数を稼いで広告を見てもらうことが前提なので、つくり手にとっては、自分のアイデアを凝縮した1分の動画を見てもらうより、ゲーム実況を2時間中継して、15分おきに8回広告を入れたほうが儲かる仕組みになっています。つまり、ユーチューバーにとっては、いい番組をつくることよりも、いかにダラダラと動画を見続けてもらうかのほうが大事だということです。

つくり手中心のニコニコ動画とはそのあたりの発想が違います。ニコニコ動画にも広告収入はありますが、メインはプレミアム会員からの会費収入です。簡単にいえば、「このアーティストのこのコンテンツが見たい」という視聴者によって、お金を支払ってもらう仕組みです。

たとえば、自分が応援しているクリエイターがニコニコ生放送で生中継をするなら、その場面に立ち会いたいという同期性への欲求が生まれます。そこで課金か無課金かを選ばせるのです。無課金の場合、無料で見られるかわりに、画質が多少粗かったり、アクセスが集中したときは途中で途切れてしまうリスクがあります。一方、会費を払ってプレミアム会員になれば、クリエイターが力を込めてつくった作品を、いまその瞬間に、高画質で最後まで見ることができる。クリエイター本人と、そのファンたちと、同じ瞬間を味わうことができるわけです。

ニコニコ動画の失速とその打開案

そうした違いはあるものの、ニコニコ動画は一時期ほどの勢いはなくなっています。プレミアム会員数はピーク時の２０１６年の２５６万人から、２０１９年9月には１７１万人まで減少してしまいました。原因はやはり、つくり手に対するインセンティブ設計が、うまくいかなかったからではないかと思います。

会費収入が中心のニコニコ動画は、長時間見てもらうほど収入が増える広告モデルとは違って、クリエイターに分配できる原資が限られています。つくり手からすると、仲間と共同で作品をつくったり、ファンと一緒に盛り上がったりする喜びは得られても、肝心の金銭的インセンティブがなければ、プロとして活動を持続することはできません。

ニコニコ動画からは数多くの才能が生まれていて、ヒャダインや米津玄師など、メジャーデビューして活躍している人もいます。しかし、そんな彼らが活躍する場はいつしかニコニコ動画からユーチューブへと移っていきました。人気のクリエイターが移れば、そのファンもごっそりいなくなる。その流れを食い止めることができなかったわけです。

そこで、ニコニコ動画は一時期、アニメをたくさん見られる路線を目指していたようですが、映画やドラマが定額見放題の「ネットフリックス」のように、アニメ作品を大量に買い付けたり、オリジナルアニメを制作するほどの資金力はありませんでした。長時間のアニメ作品をたくさん流せるほどのインフラを用意できていたわけでもありません。

これは僕の主観ですが、ニコニコ動画は、ユーチューブやネットフリックスの路線に寄せていくのではなく、コミケのようなコミュニティ重視の路線を行ったほうがいいのではないでしょうか。コミケは、つくり手とその予備軍である準つくり手が、濃密なコミュニティを形成して、その内側だけで経済圏をつくっています。全体としてみれば、経済規模はそこまで大きくないかもしれませんが、金銭的にもファンからの称賛という面でも、持続可能なインセンティブを得ているクリエイターはいます。要は、規模とインセンティブ設計の問題だと思うのです。

たとえば、イラスト投稿サイトの「ピクシブ」は、イラスト好きや、ファンによって支えられています。サービスを持続するためには、拡大することも大事ですが、深く濃く支えてもらえる基盤をつくるという選択肢もあります。金銭報酬以外の感情報酬、何より「ここにいたい」という居心地のよさをつくることが大事だと僕は思っています。

3-2 情報をつなげてマネタイズする
——コンテンツビジネスとアドテクノロジー、課金モデル

□リスティング広告□ターゲティング広告□クッキー規制□スポティファイ□ネットフリックス□WELQ問題

ストック情報とフロー情報

情報は、ストック情報とフロー情報の二つに分けられます。前章では「分類しやすい情報と、分類しにくい多様な意見」というくくり方で分けましたが、それとやや似たところがあります。

ストック情報というのは、1回アップすれば、そのあと何回も使われるタイプの情報です。たとえば、花粉症に関する情報は、1年前の情報でも役に立ちます。花粉が飛び始めた時期

や、花粉症対策、よく効く目薬や鼻炎薬などの情報は、必要な人が必要なタイミングでアクセスして見るストック情報です。

それに対して、フロー情報は、そのときその場でおもしろければいいというタイプの情報です。たとえば、ワイドショー的な話題は、1年後に振り返られることはまずないし、1週間でほとんど消費され尽くします。スマホとSNSの組み合わせは、大量のフロー情報を処理するのに向いていて、ツイッターのタイムラインのように、リアルタイムでどんどん情報が流れてきたり、インスタグラムのように、画面をフリックして写真を次々とめくっていくだけで、暇つぶしになります。

ストック情報とフロー情報では、ビジネスの設計のしかたが根本的に異なります。

ストック情報は、何かを思い立ったときに必要になるノウハウ系のコンテンツや、人が成長する段階に合わせた学習コンテンツが中心で、目的に合わせて消費するタイプの情報です。必要な人が必要なときにアクセスしてくるので、検索できることが前提になります。また、1回アップした情報は、1年後でも3年後でも使える可能性があるので、それを見越してシステムを開発することができます。

一方、フロー情報は1週間しかもたないから、短期間でいかに回収するかというビジネスの設計が重要になります。いまこの瞬間におもしろいほど価値が出るので、そのタイミングを逃したら、むしろつまらなくなるようなネタのほうが向いています。

ちなみに、ストックとフローの違いについては、『ITビジネスの原理』（NHK出版、2014年）でもくわしく解説しているので、興味のある人はそちらを読んでみてください。

マネタイズポイントをずらせるのがネットビジネスの強み

前章ではCGMについて、おもにどうやってユーザーを集めるかという視点から説明しました。コンテンツがたまり、ユーザーがたくさん集まったら、それをどうやって収益化（マネタイズ）するかという視点が、ビジネスでは不可欠です。加えて、コンテンツビジネスのプレイヤーは、ユーザーだけではありません。それを専業にしているプロの手によるコンテンツも、インターネットのバラエティ豊かな文化の一翼を担っています。

インターネットにおけるコンテンツビジネスのおもしろいところは、お金を稼ぐためのマネタイズポイントをあらゆるところに設置できることです。たとえば、ユーザーからはお金をもらわずに広告でお金を得る方法（広告モデル）もあれば、ユーザーから直接お金をもらって運営する方法（課金モデル）もあります。あるいは、両者の中間的なやり方として、コンテンツは基本的に無料で提供して、上位数％のヘビーユーザーだけにお金を負担してもら

1-1
1-2
1-3
2-1
2-2
2-3
3-1
3-2
3-3
4-1
4-2
5-1
5-2
6-1

う「フリーミアム」という方法もあります（フリーミアムについては、3－3のゲームのところで解説します）。

こうしたマネタイズの手法は、ユーザーがつくるコンテンツにも、プロがつくるコンテンツにも、どちらにも適用できます。つまり、広告モデルのCGMもあれば、広告モデルのプロコンテンツもあるし、課金モデルのCGMも、課金モデルのプロコンテンツも、フリーミアムのCGMも、フリーミアムのプロコンテンツも全部ありえるということです。さらに、複数のモデルを組み合わせることもできます。たとえば、広告モデルで原則無料でサービスを提供しつつ、広告がジャマという人には課金してもらうというのは、よくある組み合わせです。

「無料」に見えても誰かがコストを負担している

ユーザーの中には、多くのコンテンツが無料で楽しめるので、わざわざお金を払いたくないという人もいるかもしれません。ネットのフリーな文化に慣れると、ついコンテンツは無料で享受できるものだと思い込みがちだし、それが高じて「コンテンツは無料であるべきだ」という理想論を語る人も出てくるわけですが、忘れてはいけないのは、どんなものにもコストがかかるということです。

そもそも何かを生み出すには、それなりの準備や手間がいります。自分が知っていることをつぶやくだけ、自分の活動記録をアップするだけなら、片手間でできるし、そこまで大げさな話ではないかもしれませんが、たとえば動画を撮るために、毎回自腹で最新のギアを手に入れたり、観光スポットを訪れたりすれば、それなりにお金がかかります。最初のうちは趣味の延長で、報酬なしで喜んでやっていたとしても、それが半年、1年……と続くと、せめてかけた時間分のコストくらいはなんとか回収したいという欲が出てきます。

本業が別にある人はいいですが、クオリティを高めるためにコンテンツ制作に時間をかければかけるほど、生活に影響が出ます。自分で生活費を稼がなければいけない大人はなおさらです。つまり、手の込んだコンテンツを継続的に生み出すには、（コンテンツで稼ぐかどうかは別にしても）お金が必要なのです。

サービスを提供する側からすると、仮にコンテンツをすべてタダで集めることができたとしても、運営コストは必ず発生します。たとえば、食べログやクックパッドは、そこでお金を稼がなくてもいい趣味人が、善意でレビューやレシピを投稿することで成り立っているように見えますが、実際にはその裏側で、毎月のサーバー代やメンテナンス代、投稿内容のチェック、使いやすさ向上のためのアップデートなど、さまざまな運営コストがかかっていま

1-1
1-2
1-3
2-1
2-2
2-3
3-1
3-2
3-3
4-1
4-2
5-1
5-2
6-1

す。そこで、評判のいいレシピ順に表示するなどして、より見やすいサービスを利用したい人から月額いくらかお金を支払ってもらうことで、運営費に充てているわけです。

お金がなければ、サービスを維持・管理できません。非営利団体のウィキペディアも、世界中で展開する膨大なサービスを維持・管理するために、不定期に寄付を募っていることを思い出してください。

伸び続けるインターネット広告費

ネットビジネスにおいて、ユーザーをたくさん集めてアクセスを稼げば儲かるというのは、たいてい広告モデルを採用しているからです。サイトを見に来るユーザーが多いほど、広告の効果は高まります。あるいは、集まってくるユーザーの属性や嗜好がある特定の領域に偏っているほど、その人たちに向けた商品やサービスの広告が「刺さる」可能性は高まります。それを期待してお金を払って広告を打つ企業があるからこそ、ユーザーは無料でコンテンツを楽しむことができるのです。

広告モデルの代表格はテレビです。（ＮＨＫやＷＯＷＯＷなどを除いて）ほとんどのテレビがタダで見られるのは、テレビＣＭを打つ企業からお金をもらっているからです。番組の制作費も、出演者やスタッフに払うギャラも、テレビ局の設備や運営資金も、おもに広告収入でまかなわれています。日本のテレビ広告費は、地上波と衛星放送を合わせて1兆9000億円前後で推移しています【※18】。

それに対して、2019年の新聞広告の市場規模は4500億円です。2005年には1兆円を超えていましたが、そこから毎年減り続けて、いまでは半分以下に縮小しています。ちなみに、新聞社の収入の内訳を見ると、販売収入が57%、広告収入が20%、その他の収入が23%となっています【※19】。

一方、インターネット広告費は順調に伸び続けて2兆1000億円。2019年、ついにテレビ広告費を超えました。

「リスティング広告」がユーザーの欲求の受け皿に

企業からすると、誰が見ているかわからない場所に漠然と広告を出すよりも、自社の製品やサービスにぴったりのお客様に向けて直接広告を届けることができれば、それに越したことはありません。そして、インターネットには、ある人が何をほしがっているか、簡単に見分ける方法があります。それが検索キーワードです。

たとえば、赤ちゃんの急な発熱でビックリした親が、「赤ちゃん」「高熱」などでグーグル検索するシーンを思い浮かべてみてください。検索結果のトップに、大手製薬会社の広告として、症状を選んでいくと病気を診断してくれるツールが載っていたら、迷わずクリックするという人も多いのではないでしょうか。無料診断の結果、候補となる病名がわかり、症状に合った対処のしかたや薬が紹介されていれば、何割かの人は薬を買ってくれるでしょう。

製薬会社にしてみれば、「病名を知りたい」「症状を改善したい」というニーズがある人に向けて、それに合った薬の広告を打つことができれば、一定の割合で購入につながると期待できます。ユーザーにしてみても、製薬会社が提供するコンテンツのおかげで対処法がわかり、結果的に赤ちゃんの症状が改善されたら、うれしいはずです。その製薬会社のファンになる人もいるかもしれません。

ユーザーは、検索の結果たどり着いたコンテンツで疑問が解消され、問題が解決されるなら、それが広告かそうでないかは、それほど気にならないはずです。つまり、本当に届いてほしい人に届いてほしいタイミングで届いた広告は、本人にとってはかけがえのない情報になりえるのです。そうした理想に近づくいちばん手っ取り早い方法が「検索連動型広告」、またの名を「リスティング広告」というわけです。

進化するアドテクノロジー

ある目的をもって検索する人が対象の検索連動型広告は、ストレートに、ユーザーの「インテンション（意図）」をすくい上げることができます。しかし、ネットユーザーは自分から能動的に調べる「検索型」の人ばかりではありません。とくにスマホが普及してからは、暇つぶしにネットをダラダラ見る「探索型」のユーザーが増えています。2－2で述べた、目的買いのアマゾンと、あれこれ見比べながらじっくり選ぶ楽天の違いを思い出してください。

そもそもググらない人には検索連動型広告は届きません。そこで、ダラダラ見るのが好きな人向けには、「インタレスト（興味・関心）」を引くような、別の広告が発達しました。そうして生まれたのがアドテクノロジー（広告テクノロジー）です。

ネット上の広告は、街なかの広告と同じような仕組みを取り入れるところから始まりました。たとえば、若者をターゲットにするなら、渋谷のスクランブル交差点前のＱＦＲＯＮＴの大型ビジョンや１０９の円筒形のシリンダーなどの広告枠を買うといった具合に、そこに集まる人によって最適な広告も変わります。広告代理店は、ちょっとリッチな大人向けなら東横線沿い、ビジネスパーソン向けなら山手線沿いというように、ターゲットを路線ごとにまとめています。

それと同じように、たとえば、広告用語で「F1層」といわれる20～34歳の女性向けのサイトをひとまとめにして、一括で広告を貼るようにすれば、ターゲットの女性に効率的に広告を見てもらうことができます。それと同時に、クライアント（広告主）のブランドイメージを傷つけるようなアダルトサイトやあやしげな出会い系サイトに、勝手に広告が配信されることがないようにしなければいけません。このように、ネット上に出稿する広告を一括で管理する仕組みを「アドネットワーク」といいます。

広告枠の販売から「ターゲティング広告」へ

アドテクの進化はさらに続きます。次に登場したのが「クッキー」です。これは、特定のウェブサイトを訪れたユーザーの情報を一時的に保存しておく機能で、次に見に来たときにログインIDとパスワードを再入力しなくてよかったり、クレジットカード情報を何度も入力し直さなくて済むのは、クッキーのおかげです。

このように便利なクッキーですが、これを使うと、どのサイトのどのページを何秒見たのか、ユーザーの行動履歴が手にとるようにわかります。ネットの行動履歴は、その人の好みや興味・関心領域を知るための情報の宝庫です。それによって、ユーザーの年齢層や性別、学歴、職業、趣味などもある程度推測できます。そして、ユーザーの属性がわかれば、広告もそれに合わせて配信することができるのです。

どういうことかというと、ユーザーが過去に読んだ記事をもとに性別を判定するなど、アクセスの偏りによってユーザー属性を想定し、ＩＤに属性別の背番号をつけておきます。その背番号によって、表示される広告を切り替えれば、ユーザー属性にピッタリの広告が表示されるという仕組みです。つまり、同じサイトを見ていても、見る人によって違う広告が表示されるようになったのです。

ここで注意しておきたいのは、ユーザー属性やユーザーの行動履歴はユーザーそのものではないということです。完全に個人が特定されてしまうと、それはまごうことなき「個人情報」ですから、保護の対象になります。つまり、配信される広告がユーザーによって違うといっても、Ａさん本人向けの広告ではなく、Ａさんが属する「20代女性」「四大卒」などの属性や、Ａさんを含む「このサイトを見た」という行動履歴に応じた広告が配信されているのです。

クライアントにしてみれば、広告「枠」を買うよりも、ターゲットとなるユーザー属性に対して直接広告を打つほうが、効果が期待できます。逆に、ユーザーの側からすると、別々のサイトを見ていても似たような広告に追いかけられることになります。これが、いわゆる「ターゲティング広告」です。

個人情報保護とクッキー排除の動き

ユーザーのインタレスト（興味・関心）に合わせて広告を配信するターゲティング広告は非常に強力なので、あっというまに世界中で広がり、すでに10兆円を超える市場規模といわれています。しかし、ここにきて、プライバシー保護の観点から、（サードパーティ製の）クッキー排除の動きが加速しています（いま見ているサイトが発行した「ファーストパーティクッキー」に対して、それ以外の、たとえば広告を配信しているサイトが発行したクッキーを「サードパーティクッキー」と呼んで区別しています。ＩＤやパスワードを再入力しなくて済むのは、ファーストパーティクッキーのおかげです）。

なぜかというと、ユーザー属性やユーザーの行動履歴はユーザーそのものではないといっても、本人のあずかり知らぬところでネット上の行動を追跡され、その情報が勝手に使われるということになると、ジョージ・オーウェルの小説『１９８４年』に出てくる「ビッグブラザーによる監視社会」を想像させ、一企業がそこまで個人のプライバシーに踏み込んでいいのか、という声が大きくなってきたからです。

実際、ふつうにネットを利用していただけで、いつのまにか、自分の住んでいる地域や職業、出身校などが把握され、自分でも気づかないうちに、隠れた趣味や後ろめたい嗜好、ひそかに転職や離婚を考えていることなどがバレているというのは、あまり気持ちのいいものではありません。

さらに、2016年のアメリカ大統領選挙でトランプ陣営の選挙コンサルティングを担当したケンブリッジ・アナリティカが、フェイスブックの個人情報を不正利用したのではないかという疑いをかけられ、事業停止に追い込まれたという事件もありました。

EUの「GDPR」と「eプライバシー規則」の影響

そうした事態を受けて、ヨーロッパを中心に個人情報保護の動きが広がり、EUでは2018年に「GDPR（一般データ保護規則）」という新しい規制ができました。これは、ごく簡単にいうと、本人が許可しない限り、個人情報を企業が勝手に流用することを禁じたもので、データの独占によって強大な力を得たGAFAMを牽制したものと見ることができま

1-1
1-2
1-3
2-1
2-2
2-3
3-1
3-2
3-3
4-1
4-2
5-1
5-2
6-1

す。

ＥＵはまた、２０１７年から（サードパーティ製）クッキーを狙い撃ちにした「ｅプライバシー規則」の成立を目指して議論を進めてきましたが、２０１９年11月にいったん否決されています。しかし、欧州委員会は規制の強化をあきらめていないようなので、今後の展開に注意が必要です。

ＧＡＦＡＭもただ手をこまねいて見ているわけではありません。アップルはプライバシー重視を打ち出し、早くも２０１７年から、iPhoneやMac用のブラウザ「サファリ」でサードパーティ製クッキーの利用を制限しています。世界のネット広告の３割を占めるグーグルも２０２０年1月、ブラウザシェアの６割を占める「クローム」でサードパーティ製クッキーのサポートを2年以内に停止すると発表して、広告業界に衝撃が走りました。

日本の10倍以上のユーザーがいる英語圏と中国圏

インターネットは、とくに新聞や雑誌などの紙媒体と比べると配信コストが安く済むので、広告費だけでも成り立ちそうな気がします。実際、アメリカではすでに、コンテンツを無料で配信し、広告費で回収するビジネスモデルが成り立っています。

ところが、日本ではなかなかうまくいっていないようです。なぜでしょうか。その理由は、単純にユーザー人口が違うからです。

日本語のコンテンツにアクセスするのは、ほとんど日本人だけです。日本の人口は1・2億人。それに対して、英語で配信されたコンテンツを利用できるのは、英語を話せるすべての人です。アメリカの人口は3・2億人ですが、英語人口は15億人といわれています。つまり、シリコンバレー発のサービスは、最初から15億人のユーザーを相手に商売できるということです。

同じくらいのユーザーを抱えているのは中国語だけです。中国に数多くのユニコーン（時価総額10億ドル以上の未上場企業）が誕生しているのは、14億人に迫る中国の人口がおおいに関係しています。

英語や中国語と比べると、日本語市場のサイズは10分の1以下です。これだけ規模が違うと、そもそもPV（ページビュー）数もケタ違いです。そのため、英語でニュース記事を1本配信すれば、良質なコンテンツを生み出す制作費をまかなえるくらいの広告収入があるかもしれませんが、日本では、広告費だけではサービスを継続するのがむずかしいということになるのです。

1-1
1-2
1-3
2-1
2-2
2-3
3-1
3-2
3-3
4-1
4-2
5-1
5-2
6-1

良質なコンテンツを制作するための課金モデル

日本の紙媒体では、持続的にコンテンツを制作するために、広告収入だけではまかなえない分を課金収入（販売収入）で埋める、ということが当たり前に行われていました。しかし、新聞や雑誌が売れなくなり、ただでさえ落ち込んでいる広告収入を補おうと、電子版を発行してネットで課金しようと思っても、ネットユーザーのあいだには「インターネットは無料」という固定観念がすでに広まっていて、なかなか思うように課金できませんでした。

既存メディアだけでなく、ネット発の新興メディアも、収入源が限られる中で悪戦苦闘を続けています。そのしわ寄せはコンテンツ制作現場にまで及んでいて、安い費用で大量のコンテンツを制作するために、コピペによるコンテンツの量産が横行したりしました。この章の最後に述べるＷＥＬＱ問題も、その延長線上にあります。

ちなみに、アメリカでは、広告モデルのみならず、新聞などのオールドメディアの課金モデルも成功を収めつつあります。たとえば、ニューヨーク・タイムズ（ＮＹＴ）電子版の有料会員数は３２０万人で、紙版の読者数を大きく上回っています。知名度は別にして、東海岸のローカル紙にすぎなかったＮＹＴが、インターネットによって世界中の英語読者に同時配信できるようになったことが、この躍進を支えています。

一方、日本の大手全国紙は、すでに日本全国津々浦々まで届ける宅配制度を構築していたので、1000万人の購読者を抱えていた読売新聞を筆頭に、異例ともいえる販売部数を誇っていました。それもあってか、ネット対応が遅れ、紙版の減少分を補うことができていません。読売新聞は1000万から800万部割れ、朝日新聞は800万から550万部まで部数を減らしています。唯一、日本経済新聞だけは紙版の減少分を電子版で補うことに成功していて、両方合わせて300万部前後を維持しています（電子版の有料会員数は70万人）。

課金のための手続きがボトルネックに

日本人は、どうしてもネットのコンテンツにはお金を払いたくないと考えているのでしょうか。じつは、必ずしもそうとはいえないことがわかっています。たとえば、国内のスマホゲームの市場規模は2017年に1兆円を超えています。おもしろければ、ユーザーは喜んで課金するのです。「ネットコンテンツは無料でなければならない」というのは単なる幻想です。

では、どうすれば課金してもらえるのでしょうか。最大の障害は、じつは、「ネットはタダで当たり前」という心理的なハードルではなく、課金のしにくさという技術的課題にありました。課金登録するために、クレジットカードの番号をいちいち打ち込まなければいけないという面倒くささを、うまく乗り越えられなかったのです（1－2のフリクションレスの話を思い出してください）。とくにスマホで物やコンテンツを買うのが当たり前になると、スマホ片手にクレジットカードを財布から取り出して登録するのが面倒だったり、登録作業中に「買いたい」という熱も冷めたりして、6割近くの人が買うのをやめてしまうのです。

ところが、モバイルが登場したことで、課金することへのハードルが一気に下がりました。たとえばｉモードは、コンテンツに課金するときに、4桁の暗証番号を入力するだけで月々の利用料金と一緒に引き落とされる仕組みを導入して、一気に課金モデルが広まりました。いまなら、iPhoneの顔認証だけで支払えるようになっています。また、「ペイパル」のように、一度クレジットカード情報を登録しておけば、オンライン決済はパスワードだけでOKという仕組みもあります。

このように、支払いの手続きさえ簡単になれば、人は意外とデジタルコンテンツにもお金を払ってくれるものです。実際、すでに20年前の段階で、ｉモードなどのガラケーのコンテンツ市場には有料コンテンツが約6000もあり、スマホ出現前の2008年時点で約6500億円の市場規模がありました。

ユーザーは3つのコストにお金を払う

スマホが普及して支払い手続きが簡単になったいまは、「このコンテンツにはお金を払う価値がある」と思ってもらいさえすれば、課金モデルも十分成り立つはずです。

たとえば、台風などの影響で電車のダイヤが乱れたときは、ツイッターで「#田園都市線」「#三軒茶屋」のように該当する路線や駅のつぶやきを検索すれば、電車の遅延状況や駅に入場制限がかかっていることなどがリアルタイムでわかります。しかし、それだと時間がかかるし、いちいち探すのも面倒です。もしそこで「100円を払えば、電車に乗れるようになったら自動でお知らせします」という公式サービスがあったら、喜んで払うという人もいるのではないでしょうか。

つまり、無料の情報があふれている現在において、人が情報を得るときの対価は、①情報そのものの価値（情報コスト）に加えて、②すぐに情報が手に入ること（情報を探すためのコスト）、③不安なく正しい情報が手に入ること（情報の信憑性をチェックするためのコスト）、に対して支払われるのです。この3つのコストに見合った価格であれば、ユーザーは喜んでお金を払ってくれるはずです。

②入手のしやすさや、③安心して利用できることが課金を可能にした例としてよく知られているのは、音楽や、映画・ドラマ・アニメなどの動画です。かつては違法ダウンロードが社会問題になった時期もありましたが、現在は劇的に減りました。なぜかというと、いまは音楽を聞きたければ、月1000円程度の利用料を払って「スポティファイ」や「Apple Music」の会員になれば、いつでもどこでも数千万曲のラインナップの中から好きな曲を楽しめるからです。

映画についても、月500~2000円程度の利用料を払って「ネットフリックス」や「Amazon プライム」の会員になれば、ラインナップされている映画は見放題です。新作映画もラインナップにはない過去の名作も、1本あたり数百円でレンタルできます。

ユーザーにしてみれば、見たい無料音源や無料動画をあやしげなサイトで探す手間や、違法ダウンロードで摘発されたり、コンピュータウイルスに感染するリスクを考えれば、月1000~2000円程度の支払いで済むなら、お金を払って安心して音楽や動画を楽しめたほうが気が楽だということです。

なお、コンテンツビジネスでも一般的になってきた月額固定の課金モデルを「サブスクリプションモデル（略してサブスク）」といいますが、サブスクについては、6-1のSaaS（Software as a Service）のところであらためて説明します。

検索結果をハックすることに夢中になったWELQ

コンテンツビジネスのマネタイズを考える締めくくりとして、2016年に起きたWELQ問題を取り上げます。DeNAのヘルスケア情報キュレーションサイト「WELQ」に、科学的根拠が不明のパクリ記事が大量に掲載されているのが発覚して炎上し、閉鎖に追い込まれたという事件です。

なぜこんな事件が起きてしまったのでしょうか。それは、コンテンツの中身に投資するのではなく、コンテンツが流通する仕組みをハックすることだけに夢中になってしまったからだと僕は思います。

多くのユーザーは、グーグル検索経由か、ツイッターやフェイスブックなどのSNS経由か、あるいは、「Yahoo!ニュース」や「スマートニュース」のようなニュースサイト、「ニューズピックス」や「はてなブックマーク」のようなキュレーションサイトを経由して、実際の記事にたどり着きます。

コンテンツのつくり手からすると、ただ記事を書くだけではダメで、検索結果の上位に表示されるか、SNSでバズるか、ニュースサイトやキュレーションサイトで取り上げてもらうことが、記事を読んでもらうためには必要です。

そこで、ツイッターで多くの人にリツイートしてもらうために、記事に思わせぶりな見出しをつけたり、思わずクリックしたくなるサムネイル画像をつけたりするのが一般的になりました。そのうち、記事本文の出来とは無関係に、ただバズらせることだけを追求する人が出てきます。

いちばん狙われたのが、グーグルです。検索上位に表示されるように、グーグル検索をハックする。誰よりも上手にハックした人が業界で幅をきかせるようになりました。ＷＥＬＱは、医療情報に関する検索結果をハックして、問題発覚時には、さまざまな医療キーワードの検索結果の上位にＷＥＬＱのパクリ記事が並ぶという異常事態が発生していました。

ＷＥＬＱが医療情報をターゲットとしたのは、おそらく1ユーザーあたりの広告費が高いジャンルだからです。医療にまつわるコンテンツを量産して、検索結果の上位を独占すれば、広告収入ががっぽり入る。それもあって、パクリ&コピペ記事が大量にアップされたのではないかと思います。コンテンツの充実をはかるのではなく、仕組みをハックすることばかりに夢中になってしまった結果、ユーザーにとって不利益な記事を量産することになったのです。

ネット文化にフリーライドするのを許さない

WELQ問題は、企業のモラルハザードが引き起こしたものですが、その背景には、コンテンツのつくり手に対して、きちんとお金が回っていかないという構造的な問題があります。

インターネット広告の2大巨頭であるグーグルとフェイスブックはもちろん、オリジナルコンテンツとユーザーのあいだを取り持つ中間的なポジションにあるニュースサイト、キュレーションサイトも、広告によって収入を得ています。しかし、そうしたサービスが可能なのは、良質なコンテンツがたくさんあってこそ、です。巨大なコンテンツの流通システムやコンテンツの中継地点のみならず、コンテンツのつくり手にもきちんとお金が回る仕組みが必要です。収入がなければ、継続的にオリジナルコンテンツを生み出すことはできないのですから。

インターネットにおけるアーキテクチャを守ることは、森の生態系を維持するようなものです。自然界には生命の法則があります。草木があり、その草を喰(は)む草食動物、その草食動物を食べる肉食動物がいて、彼らの糞によって草木が育ち、実をつけ、さらにそれを人間が食べる。インターネットにも、すべての命(活動)が循環するための法則があるはずです。

インターネットにはもともと、知識や情報はみんなでシェアし、お互いにリスペクトをもってみんなで運営するという暗黙の了解がありました。そうしなければ、生まれたばかりで脆弱なネット文化がすぐに終わってしまうことがわかっていたからです。しかし、ネットが普及して、さまざまな人が参入してくるようになると、善意に基づいたネットの世界に「フリーライド（タダ乗り）」する人が出てきます。ＷＥＬＱ問題は、そういう文脈で起きた事件だと個人的には考えています。

3-3 情報をつなげて遊ぶ
――スマホゲームとフリーミアム、eスポーツ

□アイテム課金□ゲーミフィケーション□ゲーム実況□アバター文化

暇つぶしの王様、スマホゲーム

スマホが登場したことによって、移動の合間や仕事がひと息ついたときなど、スキマ時間が使えるようになりました。映画なら2時間、テレビなら1時間や30分単位だったのが、ユーチューブで3分になり、ティックトックで15秒というように、時間の消費単位が小さくなりました。小さくしないと、ユーザーが飽きてほかのサービスに行ってしまうので、それをどう防ぐかが、ビジネスを考えるうえでは大事になってきています。

動画や音楽、ニュースなどと並ぶコンテンツビジネスのもう一つの巨大な柱がゲームです。中でも、スマホゲームはちょっとしたスキマ時間を埋めるコンテンツとして、大人気になりました。スマホゲームに限っても、早くも２０１７年の段階で、国内市場が1兆円を超えています【※20】。

スマホは、暇つぶしのツールとして最適です。これまでもテレビや本、ゲーム専用機が暇つぶしのネタを提供してきましたが、つねに持ち歩くスマホが登場し、ＳＮＳが普及して、いまやコミュニケーションと動画視聴とゲームが最大の暇つぶしになりました。移動中の電車の中でスマホをいじっている人はたくさんいますが、たいてい、友だちとメッセージのやりとりをしているか、動画を見ているか、ゲームをしているか、です。

昔は子どもの遊びだったゲームですが、ファミコン世代が年齢を重ねるにつれて、大人のプレイヤーが増えていって、いまや老若男女関係なく、誰もがゲームを楽しんでいます。子どもたちは、学校が終わって放課後になったら、「あとで○○んちに集合な！」と約束して集まれば、みんなで遊ぶことができます。ところが、社会人になると、遊び相手を探したり、同じ時間に集合したりするのが物理的に困難です。

この問題を解決したのがインターネットでした。オンラインゲームが登場したことで、同じ場所に集合しなくても、オンライン上に集まってゲームができるようになりました。さらに、スマホを手にしたことで、移動中のわずかな時間でも、神話のキャラクターになりきって、ビームを撃って化け物を倒し、仲間と力を合わせて巨大な世界を救うヒーローになれるようになったのです。

オンライン上で知り合った人たちとは、現実世界で面識がなくても、たまたま同じ時間にログインしたというだけで、一緒に強大な敵を倒すために団結できる。もはやそれは仲間です。つまり、放課後に○○んちに集まってみんなで遊んだのと同じことが、インターネットの仮想空間で再現されたわけです。スマホゲームが流行ったのは、忙しい現代人でも見知らぬ他人と一緒に遊ぶことができるからでもあります。

「遊びの4原則」を実装したポケットモンスター

人はなぜゲームに夢中になるのでしょうか。「ポケットモンスター」の生みの親である田尻智（さとし）さんの名著『新ゲームデザイン——TVゲーム制作のための発想法』（エニックス、1995年）は、僕のバイブルの一冊です。

田尻さんは同書の中で、子どもがハマる遊びの4原則として、「収集」「交換」「育成」「対戦」の4つを考案しています。この4つを兼ね備えた発明がポケモンでした。とくに目新しかったのは「交換」で、ゲームボーイの世界ではじめてゲーム同士をケーブルでつなぎ、通信してポケモンを交換するという要素を取り入れました。

仮面ライダーカードの時代から、ダブったカードを交換してコレクションのコンプリートを目指すのは、子どもたちの夢でした。それをゲームに取り入れたのです。いま流行っているスマホゲームはたいてい毎月新しいキャラクターやモンスターを登場させて、つねに収集欲が湧くように設計されています。「みんなより早く集めたい」という競争心を煽（あお）ることで、ゲームに夢中にさせるのです。その意味で、ポケモンは現在のスマホゲームの先駆けといえるでしょう。

田尻さんが考案した遊びの4原則は、みんながつながれるオンラインゲームでこそ、その威力を遺憾なく発揮します。「交換」も「対戦」も相手がいてはじめて成り立つからです。しかも、この4原則はどれもテレビで代替することができません。つまり、夢中になる度合いにおいては、ゲームのほうがテレビよりも何枚も上手（うわて）です。単純にテレビを見る時間がゲームにとられるというだけではなく、テレビを見る30分とゲームをする30分なら、ゲームの30分のほうがずっと集中しているということです。

3600万人のスキマ時間が市場を圧倒的に広げた

「プレイステーション」や「Nintendo Switch」など、ゲーム専用機向けのコンシューマーゲームは、ゲームソフトの売り切りモデルが主流でした。遊ぶためには、数万円のゲーム本体に加えて、5000〜1万円くらいのパッケージソフトを買う必要があります。

しかし、ゲームにどれだけ夢中になっても、リアル社会での本人の成長には直結しません。どれだけレベルアップしても、学校の成績が上がったり、会社での評価が上がったりすることはありませんでした（ただし、仲間からリスペクトされる、ネットで知名度が上がる、プロゲーマーとして活躍するといった副次的な効果が生まれつつあります。その話はこの章の後半で）。

それもあってか、コンシューマーゲームは100万本売れたら大ヒットで、プレステ本体やNintendo Switch本体のアクティブユーザー数も数百万人レベルでした。日本の人口1億2000万人のうちの数百万人ですから、人口の数%の市場規模にすぎなかったわけです。

それに対して、2018年のスマホゲーム（アプリゲーム）の人口は3600万人【※21】です。市場規模が1ケタ違います。スマホゲームの多くは、ダウンロードそのものは無料です。課金しなくても無料で遊べるようになっているので、ユーザーは好きなときに好きなだけ遊ぶことができます。とくに、コーヒーブレイク、タバコ休憩などのちょっとした時間にスマホゲームは最適です。こういった「スキマ時間」で手軽にでき、やり込みたければ長時間プレイすることもできる。こうした点が幅広いユーザーに受け入れられ、スマホゲームが休憩・気分転換市場をとっていったのです。

「怪盗ロワイヤル」は時間を切り売りした

では、スマホゲームはどのようにお金を儲けているのでしょうか。一つはアイテム課金です。入り口は無料（フリー）にして、多くのユーザーにダウンロードして使ってもらい、ほかのユーザーより優位なポジションを手に入れたい、あるいは、時間や手間をショートカットしたい人だけに、アイテムや有料オプションを買ってもらう。こうした2段階の課金モデルを「フリーミアム」といいます。

たとえば「怪盗ロワイヤル」は、6種類や8種類のアイテムを集め、すべてそろえるとレアアイテムがもらえるのですが、そもそも別のプレイヤーにバトルを仕掛けてアイテムを盗まないと、アイテムをそろえにくい設計になっています。逆にいうと、自分のアイテムも盗まれる危険があるわけで、単にライバルを倒すだけではなく、つねにログインして、ライバルから自分のアイテムを守る必要があるのです。

とはいえ、24時間ログインし続けるのは不可能なので、ログインできないあいだもアイテムを守る「8時間シールド」のような課金アイテムが用意してあります。つまり、常時ログインしてアイテムを守り続ける時間をカットして、ログアウトして寝る時間を確保するために、ヘビーユーザーほど喜んでお金を払うということです。これも作業時間や手間をショートカットするための課金の一種といえます。

使った時間はもう返ってこない

スマホゲームにハマるほど課金のハードルは下がり、課金額が増えるほど、さらにゲームにハマって抜け出せなくなる。「こんなにお金をかけたのだから、いまさらやめられない」と思い込んでしまうからです。

すでに使ってしまって回収できないお金や、すでに費やしてしまって戻ってこない時間や手間のことを「サンクコスト（埋没費用）」といいます。本来なら、ゲームはいつやめてもいいはずです。それまでどれだけの時間を費やしてきたとしても、いまこの瞬間にやめれば、それ以上、時間を浪費することはありません。ところが、それまでに突っ込んだ時間や労力（サンクコスト）が多い人ほど、足抜けできません。「もったいない」と感じてしまうからです。

「怪盗ロワイヤル」で、アイテムをいくつ集めたとしても、リアル世界では一銭の価値もありません。しかし、アイテムを集めるために投資した時間や、課金した金額の分だけ価値があると思い込んでしまう。だから、アイテムを守るために、さらに時間とお金を投入するというループから抜け出せなくなるのです。これが、サンクコストの怖さです。

また、「希少性」もユーザー心理を煽る要素をもっています。そもそもレアアイテムやレアカードは、ゲームの世界では希少かもしれませんが、現実世界では何の価値もありません。それでも、ガチャ（ランダムにアイテムが出現する抽選方式）の出現率が０・１％しかないといわれると、すごく貴重なものだと思い込んで、次々とお金を投入したくなるのです。

人気ゲームランキングが変わらない理由

このように、人がゲームに夢中になる背景には、人間の心理をたくみに突いた戦略が隠されています。その結果、スマホゲームのユーザーのうちの10％が課金していて、月平均４３

1-1
1-2
1-3
2-1
2-2
2-3
3-1
3-2
3-3
4-1
4-2
5-1
5-2
6-1

00円を使っているという調査結果もあります【※22】。こうした数字が積み上がって、1兆円産業にまで成長してきたのです。

2020年2月現在、いちばん遊ばれているゲームタイトルは、「ディズニーツムツム」「ポケモンGO」「モンスターストライク」「パズル&ドラゴンズ」など、ある程度固定化されてきています【※23】。それぞれLINE、ナイアンティック、ミクシィ、ガンホーが運営するゲームですが、ユーザー数ランキングの上位が大手ゲームメーカーに偏っているのは、偶然ではありません。ユーザーがそれなりにいないと、競争相手がいなかったり、友だちと同じゲームについて会話できなかったりして盛り上がらない。つまり、ゲームの魅力に加えてゲームを通じたリアルでのコミュニケーションも人気の基盤になっています。

ただ、人間は飽きるものです。なので、次々に新しいキャラ、ルール、キャンペーンを投入し続けることが大事です。いまや開発費以上に、ゲーム開始後の運用費がかかるといわれています。ヒット作は巨大な投資で新しいキャンペーンを次々と投入できるので、より豪華になります。長く続けるプレイヤーにとっては愛着がわく一方、新しく入ってくるプレイヤーにとっては、有名なマンガのキャラを使ったりしない限りは、敷居がどんどん高くなっていきます。それが固定化していく理由です。

とはいえ、ゲームは「テトリス」「ぷよぷよ」「パズドラ」など、ちょっとした工夫で人々が夢中になる世界です。これから先も、どんな新しい創造性が生まれるか、ワクワクします。
だから、僕はゲームビジネスが好きなのです。

作業を楽しみに変える「ゲーミフィケーション」

ゲームには、もともと夢中になるための仕掛けがあちこちに施されているので、気を許していると、どんどん時間を吸い取られてしまいます。しかし、裏を返せば、それだけ何時間も飽きずに、一つのことに没頭していれば、間違いなくゲームスキルは向上するし、各ステージを攻略するスピードもアップするはずです。

ゲームにハマるこの仕組みそのものを現実世界に応用できないか、と考えた人たちがいます。ゲームのように楽しんでやっているうちに、いつのまにか、本人も成長できてしまう。勉強でも仕事でも、時間を忘れるほど没頭できれば、アウトプットの質も量も向上します。ゲームの要素を取り入れたそうした取り組みを「ゲーミフィケーション」と呼んでいます。

しかし、ゲーミフィケーションを単純に「スマホゲーム×学習」と考えて学習アプリをつくるだけでは、なかなかうまくいきません。たとえば、英語の学習をゲーム方式にして、次々と出てくる単語の意味が合っていれば加点、何点以上だとメダルがもらえる、というようなアプリをつくったとして、試しにダウンロードしてくれるユーザーはいても、継続的に遊んで（学んで）くれるユーザーはたいして集まりません。スマホに入っている数多くの誘惑（SNSや動画コンテンツ、ほかのゲーム）と比べて、学習アプリの熱中度は明らかに低いからです。これからは「エデュテック（エデュケーションとテクノロジーを合わせた造語）」の時代だと意気込んで参入してきた企業も、たいして儲からないので、すぐにスマホゲームに戻っていきます。

教育分野にスマホゲームを持ち込むアイデアは、理想的ではあるものの、なかなかむずかしいというのが実情です。

配達時間の短縮にゲームの要素を取り入れたドミノ・ピザ

ゲームの発想を取り入れる試みは、むしろ、教育以外の分野で化学反応を生みつつあります。たとえば、ドミノ・ピザが始めた「ミッション20ミニッツ」というサービスがあります。これは、ピザの配達には通常30分はかかるところを、追加料金を払うことで、20分や15分で配達してくれるというものです。

この取り組みがおもしろいのは、制限時間内にピザを届けたスタッフも、ボーナスポイントがもらえるところです。スタッフから見れば、制限時間内の配達は仕事であると同時に、毎回ゲームでもあるということです。そのため、時間内に届けられるかどうか、ドキドキして待つのはお客様だけでなく、スタッフも毎回ハラハラドキドキを味わうことになります。

ドミノ・ピザは、ピザをつくって運ぶスタッフの生産性を、ゲームの仕組みを導入することで、一気に上げているわけです。仕事にゲームの要素を取り入れることで、いい意味の緊張感が出て、デリバリー担当同士の競争心も生まれます。さらに、ピザを焼く調理スタッフとデリバリー担当の連携がうまくいかないと間に合わないので、両者のあいだに活発なコミュニケーションが生まれるという効果もあるようです。

ピザを運ぶだけの単純作業も、ゲーム感覚の楽しい仕事に変われば、結果として生産性が上がり、スタッフのモチベーションも上がります。すでに、タイをはじめとした東南アジアでは、このようなゲーミフィケーションを応用した仕事の仕組みが、少しずつ広がってきています。

「ゲームを見る」という市場の誕生

インターネットとゲーム、スマホとゲームの関わりという意味では、ゲームを自ら遊ぶだけではなく、「ゲームを見る」という市場が新たに立ち上がったことは、特筆すべき出来事でした。ゲーム実況はユーチューブの一大ジャンルになっているし、100万人以上の登録者数を誇るゲーム実況のユーチューバーもたくさんいます。コンシューマーゲームだけではなく、スマホゲームの配信に特化した「ミラティブ」というサービスも人気を集めています。

現実のスポーツの世界で考えてみましょう。あるスポーツがメジャーになるためには、そのスポーツを自分でする人だけでなく、そのスポーツを見て楽しむ人がどれだけいるかが関係してきます。お金を払ってでも見たいという人が増えれば、サッカーや野球、テニス、ゴルフのように、プロスポーツ市場が立ち上がるわけです。

逆にいうと、競技人口が多くても、見て楽しむ人がそこまでいないスポーツは、アスリート個人がスポンサーを募ってプロ契約することはあっても、プロリーグやプロトーナメント大会を定期的に開催するまでには至りません。たとえばマラソンや競泳は、競技人口は相当多いはずだし、個人でプロ契約している選手もそれなりにいますが、プロチームはなく、プロ選手だけを集めた大会が定期的に開かれるわけでもありません。

一方、ゲームは、ケタ違いのプレイヤー数を誇るだけでなく、見て楽しむ層もかなりいます。だからこそ、ゲーム実況だけで生活できるユーチューバーが何人も登場しているのです。しかし、ゲームの盛り上がりはそれだけにとどまりません。「eスポーツ」の登場です。

ｅスポーツは、いまや世界中で熱狂的な支持を集めていて、２０１９年のｅスポーツの市場規模は11億ドル（前年比27％近くの伸び）で、視聴者数は4億５０００万人を突破しました【※24】。プロゲーマーを集めた高額賞金つきのトーナメント大会やリーグ戦が各地で開かれ、たいへんな盛り上がりを見せています。海外の動きと比べると、まだよちよち歩きの日本の市場規模は、２０１８年時点で48億円【※25】。これからの成長に期待したいところです。

ｅスポーツに期待されること

リアルスポーツの世界でも、ノンプレイヤーマーケットの裾野は広く、チケットを買ってスタジアムで観戦する人もいれば、売店で応援グッズを買う人もいます。現地に行けなくても、ライブビューイング会場に集って応援すれば盛り上がるし、スポーツバーでお酒を飲みながら観戦を楽しむ人もいます。テレビ観戦する人もいれば、サブスクモデルの「ＤＡＺＮ」でお金を払って見る人もいます。それと同じ広がりが、ｅスポーツでも期待できます。

さらに、プレイヤーとクリエイター、プレイヤーとノンプレイヤーの境目がどんどんあいまいになり、相乗効果でゲームをもっと楽しめるようになるはずです。たとえば、四角いブロックを自由に積み上げて、みんなで世界をつくる「マインクラフト」は、プレイヤーはゲーム内で自分なりの作品をつくって楽しむことができるし、それ自体がゲームの価値を高めています。また、ゲームを見ているだけの人が、アバターでプレイヤーと同じ衣装を身にまとって、その人を応援するといったことも起きています。

その延長線上で、たとえば、eスポーツバーに集まってみんなで観戦しているときに、応援のボリュームによって、プレイヤーの武器が強くなるとか、そういう新たな関わり方が出てくるかもしれません。いまでも、プリキュアの映画などで「みんなで力を合わせて応援してね！」という合図で、子どもたちが一斉にピカピカ光る応援グッズを振ったりするわけですが、応援したからといって、映画の内容が変わるわけではありません。しかし、ネットとつながったeスポーツなら、ファンの応援をリアルタイムに反映させる方法が開発されるかもしれません。

そう考えると、eスポーツは単にスポーツをインターネットの世界に取り込んだというよりも、エンターテインメントの新しい可能性を内包したものであり、観客も一緒に楽しむ参加型のエンタメが新たに発明されるかもしれません。

人格がバーチャルなアバターによって形成される時代

いまの子どもたちにとって、はじめて他人と出会う場所は、公園の砂場ではなく、「マインクラフト」の中かもしれません。人気ゲームの「スプラトゥーン」も「ＰＵＢＧ」も「アイデンティティＶ 第五人格」も、みんなアバターをつくってプレイします。

ゲームの中では、アバターはそれ自体が一個の人格です。だから、３歳の子どもが「マインクラフト」で城職人として称賛を浴びたり、中学生が「第五人格」の中で世界一鬼ごっこがうまい人としてリスペクトされたり、高校生が「ＰＵＢＧ」の中で最も優秀なスナイパーと認められたりするわけです。ここで大事なのは、同じ人間でも、ゲームによって別々のアバターを使い分けているということです。

作家の平野啓一郎さんが『私とは何か――「個人」から「分人」へ』（講談社現代新書、２０１２年）で述べている「分人論」のように、リアル社会でも、人間は相手や環境によって複数の人格を使い分けています。子どもとしての自分、兄（弟姉妹）としての自分、幼なじみや親友といるときの自分、職場や学校における自分、近所付き合いにおける自分……。この分人は、インターネットの中では、無限に増やすことができます。複数のアバター、複数の匿名アカウントを使い分ければ、分人のポートフォリオが組めるわけです。

リアル世界の分人と違うのは、ネット上の分人はいつでもリセット可能な存在だという点です。だから、最初から期間限定の「捨てアカ（すぐに捨てるアカウント）」をつくって気軽に別人格を楽しんだり、男性が女性に、女性が男性になって、世の中で異性がどう見られているかを体感したり、子どもが大人になりすまして偉そうな大人を論破したり、おじさんが美少女になりきって「バ美肉（バーチャル美少女受肉）」趣味を堪能したり……といったように、多様な価値観が共存できるようになってきたのです。

違う人生を生きる

このような「複アカ（複数アカウント）」を使いこなす文化は、日本人にはなじみが深いですが、ほんの5年前まで、アメリカではあまり浸透していませんでした。欧米人にとって、人格というのは、ほかに替えがきかない唯一のものだからです。

しかし、いまやアメリカでも、２０００年前後に成人したミレニアル世代は、インスタグラムやツイッターで複数アカウントを使うのが当たり前になっています。日常的に複数の人格を使い分けることで、いくつもの人生を歩むことができるのです。いままでは、たまたまその国に生まれ、たまたまその家庭に生まれ、たまたま男性に生まれ、たまたま健康に生まれたら、一生それと付き合っていくしかありませんでしたが、いまは、それとは別の生き方をいくらでも追求できる。女性を身にまとえば、ふだん女性がどんな目で見られているかがわかるし、老人になってみれば、身体が思うように動かないことがどれくらい不自由なことかがわかります。

別人格のアバターを楽しむというのは、エンタメでありつつも、そのキャラクターにつきものだった世間のバイアスを自分事化して引き受けることでもあります。それによって、他人に対してやさしくなれるのです。それは、アバター文化が生み出す大きな変化です。

映画「アバター」は、戦争で下半身不随になった主人公ジェイク・サリーがアバターとなって、惑星パンドラの先住民ナヴィとの絆を深めていく物語です。人間のジェイクは脚を動かせませんが、アバターとなったジェイクは自由に走り回り、翼竜（よくりゅう）を操って空を飛ぶこともできる。まさに違う人生を生き、新しい自分を発見していくのです。

複数の人格を生きることで、僕たちの生き方も大きく変わってくるはずです。そうなると、問われているのは、結局「あなたはどの自分を生きたいですか」ということなのかもしれません。

Part4

コミュニケーション：人をつなげる

ネットビジネスの進化構造

「小分けにしたものを遠くとつなげる」

Part1
権力：
つながりの場所を押さえる

1-1 ポータル：検索はなぜ権力の一等地なのか

1-3 イネーブラー：
次の主戦場は信用経済とスモールビジネス市場

1-2 ID/決済：
IDと決済を握ったものが覇者となるのはなぜか

Part2
コマース：
物や予約をつなげる

2-1 CtoCコマース：人から人へ物をつなげる

2-2 BtoCコマース：企業から人へ物をつなげる

2-3 BtoCサービスコマース：
企業から人へサービスをつなげる

Part3
コンテンツ：
情報をつなげる

3-1 CGM*：人から人へ情報をつなげる

3-2 プロコンテンツ：
情報をつなげてマネタイズする

3-3 ゲーム：情報をつなげて遊ぶ

Part4
コミュニケーション：
人をつなげる

4-1 コミュニティ：つながりがパワーになる

4-2 インフルエンサー：
個人がパワーをもつ時代

Part5
有限資産をつなげる

5-1 ブロックチェーン：有限資産をなめらかにつなげる

5-2 シェアリングエコノミー：
有限資産を小分けにしてみんなで使う

Part6
BtoB：仕事をつなげる

6-1 クラウド/AI：仕事とデータをつなげる

＊Consumer Generated Media

4-1 つながりがパワーになる
――SNSとブログ、メッセージングサービス

□i-モード□ツイッター□フェイスブック□インスタグラム□LINE□マイクロソフト

「1円メール」が余剰の交換を可能にした

Part3はコンテンツビジネスについて見てきました。Part4では、人と人とのコミュニケーションサービスや人が集まるコミュニティサービスを解説します。まずは、コミュニケーションの歴史から振り返ります。

インターネットにおける最初のコミュニケーションの発明といえば、ガラケー（ガラパゴスケータイの略。スマホ以前の携帯電話のこと）時代からあるSMS（ショートメッセージ

サービス）でしょう。当初、ＳＭＳは、短いメッセージを1通送るのに10円の通信料金がかかりました。ポケベル（ポケットベルの略。手のひらサイズの小型無線機）時代と同じ発想だったのです。

しかし、「おはよう」「おやすみ」といった短い挨拶を送るたびに、いちいち10円もかかっていたのでは割高で、なかなか利用する気になれません。情報伝達コストがまだ高すぎたのです。ところが、そんな割高な料金をものともしない層がいました。女子高生です。

ポケベルやＳＭＳは新しもの好きの女子高生のあいだで大流行しました。数字しか送れなかった時代でも、「１４１０６（アイシテル）」「０８３３（オヤスミ）」「４２８（シブヤ）」といった独特の暗号を生み出して、親友や恋人と盛んにコミュニケーションをとっていたのです。

通信コミュニケーションには、それだけ人を夢中にさせる何かがあったのでしょう。ＮＴＴドコモがガラケー向けの「ｉモード」を売り出したとき、数多くのサービスの中で最もユーザーの心に響いたのは、「1円メール」というキャリアメールサービスでした。

短いテキストメッセージを1通送るのに10円もかかった時代は、「今日の夕飯どうする？」「いらない」のような必要最小限のやりとりしかしないという人が多かったのですが、1円になったとたん、それほど値段を気にせず、「あんまりお腹減ってないんだよね」「調子悪いの?」「うん、会社でいろいろあってさ、実は……」のように、一見ムダなやりとりを延々と続ける人が増えました。しかし、いつも相手とつながり続けることで文脈（コンテクスト）が共有された結果、仲間内だけでしか通用しない「ハイコンテクスト」なコミュニケーションができるようになったという別の効果もありました。

コストが気にならなくなると新しいプレイヤーが出現する

このように、コストが気にならなくなると、使われ方がガラリと変わることを、僕は「10円コピー理論」と呼んでいます。

僕の学生時代に、コピー代が1枚50円くらいから10円まで一気に下がりました。1枚50円だったときは、本当に必要なページだけを選んでコピーしていたのが、10円になったとたんに、ノートを全部コピーするようになりました。コピーが大量に手に入るので、「いいノート」の価値が高まり、ノートを売買するハブになる人間が出てきたほどです。

このように、コストが高いから余剰の市場ができていない分野があったら、コストが劇的に下がったタイミングで、まったく新しいタイプのプレイヤーが登場します。

1円メールが誕生したことで、1日あたりのメッセージのやりとりが、送受信を合わせて一人平均10通以上に増えました。ＳＭＳ時代にはメッセージのやりとりが0通という日も少なくなかったので、10円から1円へと値下げした効果がそのままコミュニケーションの量の拡大へとつながったのです。

1円メールは人間のコミュニケーションのあり方を大きく変えました。つまり、女子高生以外の層にまで、通信で「対話」を楽しむ習慣が根づいていったのです。それによって、通信コミュニケーションはいよいよ「インタラクティブ（双方向）」の時代に突入します。

コミュニケーションを円滑にする「絵文字」と「スタンプ」

相手の顔が見えない、声も聞こえない通信コミュニケーションが増えるにしたがって、別の問題がクローズアップされてきます。「このメッセージに込めた意図が、ちゃんと相手に伝わるかな」という不安です。

送った側は冗談のつもりでも、相手にそのカジュアルさが伝わらなければ誤解を生み、場合によっては、相手を怒らせてしまうかもしれません。そんなとき、「ちなみに、これは冗談です」と書くのは野暮なので、そのかわりに「😁」というニコニコ笑った絵文字を最後に加えておくと、誤解されにくいわけです。

ｉモード発祥の絵文字や、後述するＬＩＮＥのスタンプは、言外に含んだニュアンスを伝えるツールとして、爆発的に普及しました。たとえば、ガラケー向けのデコメール（デコメ）素材の絵文字などの販売市場は２００９年に早くも２３０億円【※26】に達し、ＬＩＮＥスタンプの販売市場である「LINE Creators Market」の市場規模は、スタートからの５年間の累計で６９０億円を超えています。

このように、人はコミュニケーションにはお金を使うのです。ネットは無料だと思っている人も、例外ではありません。

絵文字やスタンプには、コミュニケーションを円滑にする役割があります。同性の友だちに「好きだよ」と直接言葉で伝えるのは重たいし、敬遠されてしまうかもしれませんが、「今日は楽しかった♡」とハートマークを入れることで、「また遊びたい」「ずっと友だちでいたい」というニュアンスを込めることができます。言葉にすると気恥ずかしいことでも、絵文字やスタンプなら、そこまで深刻にならずに気分を伝えられる。正確に伝えるとストレートになりすぎるメッセージをあいまいにぼかすことで、相手も受け取りやすくなるのです。

相手からメッセージを受け取ると、人間は早く返さなければいけないと思い込みがちですが、送られてきたのがスタンプだけなら、そこまでプレッシャーを感じることはないはずです。つまり、気軽にメッセージのやりとりを楽しむことができます。

一方、長いメッセージをもらうと、返すときもつい長いメッセージじゃないと失礼な気がして、かえって億劫になってしまう。何かをしてもらったときは、お返しをしないと居心地が悪くなることを、心理学用語で「返報性の原理」といいますが、これも度が過ぎると、コミュニケーションが停滞する要因になるのです。

「1対1」のメール、「1対Nクローズド」のSNS

クローズドなメッセージのやりとりが「1対1」、オープンに発信するブログが「1対Nオープン（またはパブリック）」だとしたら、この中間で、届けたい人にだけ届けるのは「1対Nクローズド（またはプライベート）」と呼ぶことができます。それを実現したのがSNSです。

SNSでよくいわれるのは、「遠くの外国の出来事よりも身近な知り合いの出来事のほうが興味がある」ということです。友だちが結婚したり、転職したり、赤ちゃんが生まれたり、旅行に行ったり、何かおいしいものを食べたりした記録のほうが、大統領選挙や国際紛争、株価の値動きよりもずっと気になるのが人間です。そうした身近な出来事を知りたい欲求と、知ってほしい（発信したい）欲求の、どちらも満たすのがSNSです。

つまり、ＳＮＳには、ゆるやかにつながる半ばクローズドな人たちに向けて、好きなときに好きなだけ語りかけられるというメリットがあります。それは特定の誰かに向けたメールや、不特定多数の知らない人に向けたブログにはない、独特な世界を生み出しました。

ほとんどストレスなく投稿できることがＳＮＳ普及の決め手

ＳＮＳやブログのように、ユーザーがたくさん書き込むことで盛り上がるようなメディアは、どれだけ簡単に投稿でき、いかに気軽に閲覧できるかが、普及するかどうかの試金石です。つまり、発信者向けの投稿画面と、見る人向けの閲覧画面の両方の使い勝手を向上することが何よりも大事でした。

たとえば、初期のブログの投稿画面はいまよりずっと複雑で、自分でＨＴＭＬ（ウェブページを記述するための言語）やＣＳＳ（各要素の「デザイン＝スタイル」を指定する言語）を記述しなければいけませんでした。そのため、プログラミングになじみのない人にはハードルが高く、初期のブログにはパソコンにくわしいマニアックな人たちが集まっていました。しかし、ブログシステムが改善され、好きなデザインを選ぶだけで見栄えのよいブログができて、画像や動画を直感的に配置できるようになると、ユーザーがどんどん広がっていきました。

そうした改善が積み重なった結果、いまのSNSでは、投稿するときにストレスを感じる人はほとんどいないはずです。たとえば、ツイッターのスマホアプリでは、新規投稿画面に入ったら、文字を入力するのも画像を添付するのも直感的にできるように工夫されています。写真共有SNSのインスタグラムも、写真や動画をその場で撮ったり、ライブラリから選んだりするだけですぐに投稿できます。

毎日使っているユーザーにとっては、SNSの投稿はもはや呼吸をするのと同じくらい、簡単な作業です。ブログやSNSの歴史は、投稿するための心理的コストを下げてきた歴史でもあるのです。

ツイッターがもたらした「ソーシャルフィルター機能」

誰もが情報発信できる環境を決定的にしたのが「ツイッター」です。140字までしか書けないという気軽さが逆に投稿のハードルを大きく下げ、スマホの普及期と重なって、誰もが「いま」を発信できるようになりました。

ツイッターでは、いま自分がしていることを友だちにシェアするだけでなく（初期のツイッターでは「〇〇なう」と書くのが流行りました)、気になったニュースやブログの記事をシェアする文化が生まれ、自分の関心(インタレスト)ベースで人とつながる新しい関係が生まれていったのです。

情報収集という面からツイッターを見ると、リアルの知り合いをフォローするよりも、自分が興味のある分野について積極的に発言をする人をフォローしたほうが、タイムラインに気になる情報が流れてくる確率が上がります。そこで、ツイッターでは、考え方や趣味嗜好が似ている人、お手本にしたい人、リスペクトしている人をフォローして、自分好みのタイムラインをつくるのが一般的になりました。その結果、ツイッターは自分が求める情報を取捨選択するためのフィルターとして機能するようになります。

アマゾンなどのECサイトは、ユーザーの購買履歴をもとに自動で(アルゴリズムによって)おすすめ商品をピックアップしてくれるレコメンド機能を発達させましたが、ツイッターは、ユーザーが自分で選んでフォローした人たちが、勝手に自分へのおすすめ情報をピックアップしてくれる「ソーシャルフィルター」としての機能を果たすようになったのです。

自分が気に入った別の人の投稿を自分のフォロワーにもシェアする「リツイート(RT)機能」は、ソーシャルフィルターとしてのツイッターの価値をさらに高めました。多くのRTを集めた投稿は、それだけ多くの人の目に触れる可能性があるわけで、「いまネットで話題のトピックはこれ」ということが一目瞭然です。さらに、フォロワー数が数十万、数百万人のツイッター有名人にリツイートされれば、またたくまに拡散され、ツイッターのトレンド入りすることもあります。

さらに、ツイッターには「ハッシュタグ」という便利な機能があります。ハッシュタグはもともとツイッターのユーザーが発明した機能でした。たとえば、サッカーの日本代表戦がある日にツイッターで「#daihyo」と検索すると、応援コメントがリアルタイムでどんどん更新されていきます。ハッシュタグが生まれたことで、ツイッターやインスタグラムのようなオープンポストのSNSでも、自分の知りたい情報にアクセスしやすくなったのです。

また、ツイッターには「ソーシャルアンプリファイアー（増幅器）」としての機能もあります。3・11東日本大震災が起きたとき、当時すでに日本有数のフォロワー数を誇っていた堀江貴文さんは、誰かがツイートした震災に役立つ情報をさかんにRTしていました。拡散力がない一般ユーザーがアップした情報も、拡散力のある堀江さんがRTすることで、より多くの人に行き渡ります。どんなに価値ある情報でも、必要な人に必要なタイミングで届かなければ、本来の役目を果たすことはできません。「必要な人に届いてほしい！」というみんなの思いを形にしたのが、ツイッターによる拡散でもあるのです。

ツイッターはソーシャルフィルターとソーシャルアンプリファイアーという二つの機能に

よって、情報収集ツールとして台頭しました。ネット上のトレンドは目まぐるしく変わるので、ユーザーは暇さえあればツイッターを開くようになったのです。

なぜ後発のフェイスブックが浸透できたのか

ツイッターは既存のSNSを凌駕する勢いで流行します。しかし、ツイッターがSNS市場を独占することはありませんでした。

ツイッター関連本がたくさん出版され、ブームの様相を呈したのが2010年のことです。しかし、人間関係がオープンで、心温まるいい話も罵詈雑言（ばりぞうごん）もあっというまに広まるツイッターがニガテという人が少なからずいました。そうした人たちに心休まる空間を提供したのが、実名主義の「フェイスブック」でした。

フェイスブックの登場で、万人向けのオープン（パブリック）ポストはツイッターに、親しい友だち限定のクローズド（プライベート）ポストはフェイスブックに、という使い分けができるようになりました。二つのSNSが共存できたのは、うまく役割分担できたからです。たまに、パブリック向けのツイッターに、友だち限定のいたずら画像や動画をアップして炎上する「バカッター祭り」が起きるのは、オープンなツイッターを、ついクローズドな感覚で使ってしまうことから起きたのだと思います。

フェイスブックはもともと学生同士がつながるためのSNSで、プロフィールページのみのシンプルなものでした。しかし、ツイッターのタイムラインのように、誰でも書き込めるウォールというスペースができたことで、親しい人とはより深く、そうでない人とはそれなりの距離感で人間関係を維持・構築するためのツールとして機能するようになりました。

もう何年も会っていない学生時代の友だちの近況を知っているのも、これから仕事で一緒になる相手の人となりを事前に知ることができるのも、ウォールに書き込まれた何気ない言動や、休日のリラックスした写真を見ているからです。

フェイスブックととくに相性がいいのが写真です。一緒に写っている人をタグづけすれば、写真をアップしたことは本人にも通知されます。これが人間関係を維持するのにも役立っています。

フェイスブックが幸運だったのは、スマホが普及するタイミングに間に合ったことです。フェイスブックはスマホ対応で遅れをとったものの、ポストや写真を友人とシェアするのはスマホと相性がよかったこともあり、スマホによって普及が加速されました。フェイスブックのクローズドな空間なら、それほど抵抗なく、赤ちゃんやペット、週末のバーベキュー、イベントの写真をアップできます。ガラケー時代には、写真をSNSに投稿するのは若い女性が中心でしたが、スマホとフェイスブックという組み合わせによって、男性も写真をアップするのが当たり前になりました。

ツールからプラットフォームに進化したインスタグラム

フェイスブックの盛り上がりによって、写真投稿文化はどんどんメジャーになっていきました。やがて、友だちに見せるだけでは飽き足らない人が出てきます。身内に見せるなら赤ちゃんの写真が喜ばれるけれど、近所にできたカフェのラテアートの写真とか、パリ旅行中に撮影した凱旋門の夜景とか、もっといろいろな人に自分の撮ったおしゃれな写真を見てほしい。そうしたニーズをうまくくみとったのが、「インスタグラム」です。

インスタグラムはもともと、フェイスブックなどにおしゃれな写真を投稿するための画像編集・共有機能に特化したツールとして登場しました。ユーザーはインスタアプリで自分で撮った写真にモノクロやセピア、フィルム調などのフィルターをかけ、きれいに加工して、それをフェイスブックに投稿していたのです。

ところが、フェイスブックにアップされるのは、写真だけではありません。日記のような書き込みもあれば、サムネイル画像つきのニュースもあります。すると、せっかくインスタで加工した写真が埋もれてしまうし、何より、ウォール全体で見たときに、ちっともおしゃれではないのです。

一方、インスタには、みんなが撮ったとっておきの1枚の画像がたまっていきます。その結果、「インスタの写真はインスタでまとめて見たほうがカッコいい！」という認識が広がり、やがてインスタはおしゃれな写真、クールな画像をみんなに見てもらうためのSNSとして、独り立ちしていくのです。

インスタには、仲間ウケのいい集合写真ではなく、ファッションコーデ（コーディネート）や、レストランで見つけた盛りつけの美しい一皿、旅先で気に入った景色など、まるでファッション雑誌のようなセンスのいい画像が並んでいます。そうした写真に刺激を受けて、「インスタ映え」を追求する若い人が続々と参入してきて盛り上がっています。

すると、知り合いのアカウントよりも、センスのいい人、マネしたい人、趣味が似た人のアカウントをフォローしたほうが、見ていて楽しめるようになります。雑誌のページをめくるように、暇なときに自分好みの写真をダラダラ眺めるツールとして、インスタは最適でした。

つまり、画像編集・共有からスタートしたインスタグラムは、フェイスブックのクローズドポスト路線ではなく、ツイッターと同じようなオープンポストのSNSへと脱皮していったわけです。

最初からプラットフォームを目指してもうまくいかない理由

このインスタの成功事例は、プラットフォームビジネスを構築するときのヒントになります。プラットフォームでは、発信者が受信者を呼び、受信者が発信者を呼ぶ「相互ネットワーク効果」（2‐1を参照）が働くかどうかが、成長できるかどうかの試金石になりますが、最初から狙って「相互ネットワーク効果」を起こすのはむずかしい。ある一定数のユーザーが使ってくれないと、相乗効果は生まれようがないからです。

では、後発のサービスが一定数を超えるために何をしたらいいのかといえば、最初は先発のプラットフォームにツールとして入るというやり方が効果的です。インスタは、容量が大きな画像をアップするのがまだたいへんだったころに登場して、容量を小さく抑えながら、そこそこきれいな画像を加工してアップできるツールとして人気を集めたわけです。

しかし、投稿数がある程度たまった段階で、インスタはおしゃれな写真を見るためのSNSとして認知されるようになります。そして、ユーザーが一定数を超えてからは、「相互ネットワーク効果」が働いて、プラットフォームとしての地位をより強固にしていったのです。

さらに、インスタグラムにとってラッキーだったのは、親サービスであるフェイスブックとは違う、オープン路線のSNSとして普及したことです。ここで差別化できていなければ、インスタはどこかの段階でフェイスブックの一機能として吸収されていたかもしれません。インスタが最初からプラットフォームだけを目指していたら、発信者が受信者を呼ぶティッピングポイントを超えなかったかもしれません。3－1で紹介した「食べログ」も、ユーザーが訪れたレストランをクリッピングするツールとして始まりました。それがプラットフォームになったのは、ユーザーが一定数を超えて「相互ネットワーク効果」が働くようになったからです。

さらにインスタグラムは、きれいな写真の受発信だけではなく、日常のコミュニケーションの場としても進化しました。コミュニケーションのプラットフォームには、「ネットワーク外部性」という別の原理が働きますが、それはのちほどLINEのところで説明します。

ネットにリアルな人間関係を持ち込みたくない人たち

ツイッターやインスタはオープンポストのSNSですが、「鍵アカ（フォロワー以外に見られないように鍵をかけたアカウント）」に閉じこもって活動している人も少なくありません。炎上を避けたいということもあるでしょうが、リアルな人間関係をＳＮＳにまで持ち込みたくないと考える人が一定数いるからです。

フェイスブックが普及して、誰でも利用するようになった結果、新たに浮上したのは、会社の上司や親戚に捕捉されたらどうするか、という問題でした。それまでは比較的仲のよい友だちや、（直接的な利害関係が希薄な）社外で出会った人たちとつながっていたところに、上司やあまり親しくない同僚、親や親戚から「友達リクエスト」がいきなり届けば、誰でも困惑するでしょう。

たとえば、それまで友だち関係だけでフェイスブックを楽しんでいたある保育士さんは、ある日、保護者の方から「〇〇先生、フェイスブックで友だちになりましょう」と誘われ、本当は見られたくないけど、断るに断れないという状況に陥りました。リクエストを承認すれば、保護者に見られても問題ないような無難な投稿をするしかなく、リクエストを無視すれば、リアルな人間関係にヒビが入るおそれがある。どちらにしても、いままでと同じではいられません。

これと同じようなジレンマが日本中で発生しました。その結果、フェイスブックアカウントは削除するか、放置しておいて、匿名のツイッターに戻ったり、鍵アカでインスタを始めたりする人が急増したのです。

図16　SNSの3つの軸

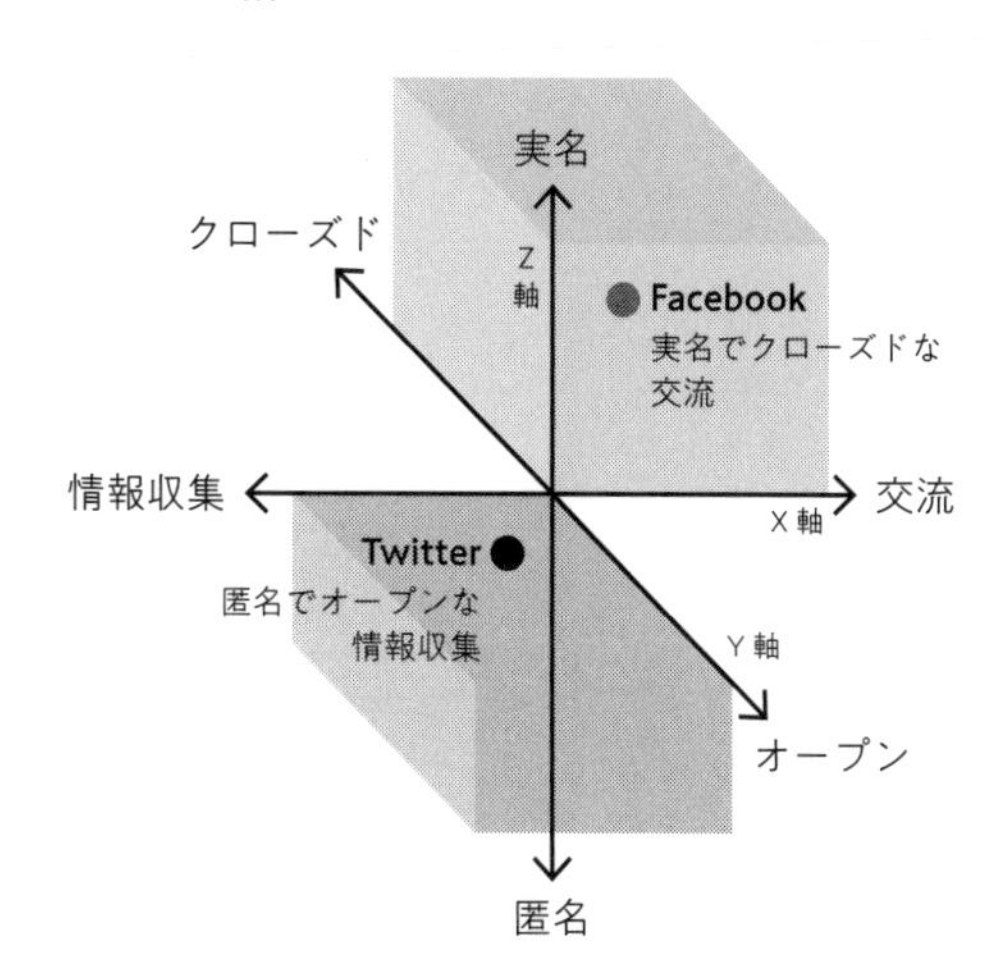

しかし、そうやって隠していても見つかるときは見つかります。「垢バレ（アカウントがリアルの知人にバレること）」したら、居心地が悪くなるので、「ピンタレスト」や「スナップチャット」のような、別のSNSに乗り換える人もいるはずです。SNSでは、こうした「民族移動」が何度も繰り返されてきました。

これまで見てきたように、SNSの歴史は、オープン（パブリック）かクローズド（プライベート）か、情報収集のためか交流のためかのあいだで、つねに揺れ動いてきています（図16）。この振り子をタイミングよくつかまえたサービスが軌道に乗って、世の中に広く受け入れられるのです。逆にいうと、どんなに精緻にサービスをつくり込んでも、世間の振り子とタイミングが合わなければ、浸透することはないでしょう。

災害時に威力を発揮するＳＮＳ

もう一つ、ＳＮＳの歴史として、避けては通れない話題があります。震災とＳＮＳの関係です。ツイッターが災害大国日本で広く受け入れられたのは、２０１１年の東日本大震災のときで、固定電話回線が切断され、携帯電話がアクセス集中でつながらないような状況でも、ツイッターは生きていたという事実によります。

ガラケーの時代は、家族と電話がつながるまで、何度でもかけ直す必要がありました。ツイッターができたことで、直接連絡がとれなくても、自分のアカウントに「私は無事です。○○の避難所にいます」と書き込んでおけば、いつか見てくれる。バッテリーさえ生きていれば、家族にメッセージを飛ばすこともできます。それによって、安否確認のための手間とコストが激減したのです。

また、被災地においては、各避難所の受け入れ状況や、炊き出し、飲料水、衣服や毛布の配付など、地元限定のローカルな情報にどれだけアクセスできるかが生命線になります。その点でも、ツイッターは威力を発揮しました。もともとリアルタイムの情報収集に強いツイッターは、「#○○地区」のようなローカルなハッシュタグと組み合わせて使うことで、限定されたエリア内の最新情報を入手する手段としても使えることがわかったのです。

3・11をきっかけに、ツイッターは災害時の連絡ツール兼情報収集ツールとして、電気・ガス・水道などと並ぶインフラの一つと考えられるようになりました。その結果、いまでは、地震や台風、豪雨などの災害が発生するたびに、テレビのキャスターが視聴者に「ツイッターで災害情報を収集しましょう」と呼びかけたりするようになっています。

最近のスマホは、カメラの性能が上がって、動画もきれいに撮れるようになったので、テレビのニュースで流れる映像も、テレビ局のカメラマンが撮影したものだけではなく、一般ユーザーがスマホで撮影し、ツイッターに投稿したものが多くなっています。ツイッターやスマホは、災害時の情報収集だけでなく、被災状況を発信するツールとしても、進化してきているということです。

最強原理「ネットワーク外部性」の本質は「仲間はずれになりたくない」

メッセージアプリの「LINE」は、世の中がガラケーからスマホに切り替わったタイミングで、それまで使われていたキャリアメール、キャリアメッセージにかわって使われるようになりました。

ＬＩＮＥの新たな発明は、ガラケー時代のメールにはなかったグループ機能です。同じグループに登録されたユーザーは、そのグループ内だけでチャットを楽しめます。似たようなことはキャリアメールでもできたのですが、ＬＩＮＥのほうが圧倒的に使いやすかった。そして、このグループ機能が学校のクラスの連絡網や、ＰＴＡの連絡網のかわりに使われるようになったことで、ＬＩＮＥの立場は強固になりました。本人の意思とは関係なく、全員ＬＩＮＥを使わざるをえなくなったからです。

２－１のヤフオク！のところで、売り手が買い手を呼び、買い手が売り手を呼ぶ「相互ネットワーク効果」について説明しましたが、ＬＩＮＥのネットワーク効果はさらに強力で、「ネットワーク外部性」と呼ばれます。つまり、ＬＩＮＥを使っていないと仲間はずれにされ、一度使ったら簡単にはやめられない。それぐらい強い縛りがかかっています（図17）。

ネットワーク外部性が効くサービスは、1位になったものが圧倒的に強くなります。しかし、ＬＩＮＥはまさにその典型で、日本だけではなく、台湾とタイで1位になりました。しかし、それ以外の国ではあまり使われていません。中国なら「ウィチャット」、韓国なら「カカオトーク」、フィリピンなら「バイバー」がトップで、欧米ではフェイスブック傘下の「ワッツアップ」が人気を集めています。これはつまり、1位になるまでの道のりは長いけれど、い

図17　ネットワーク外部性

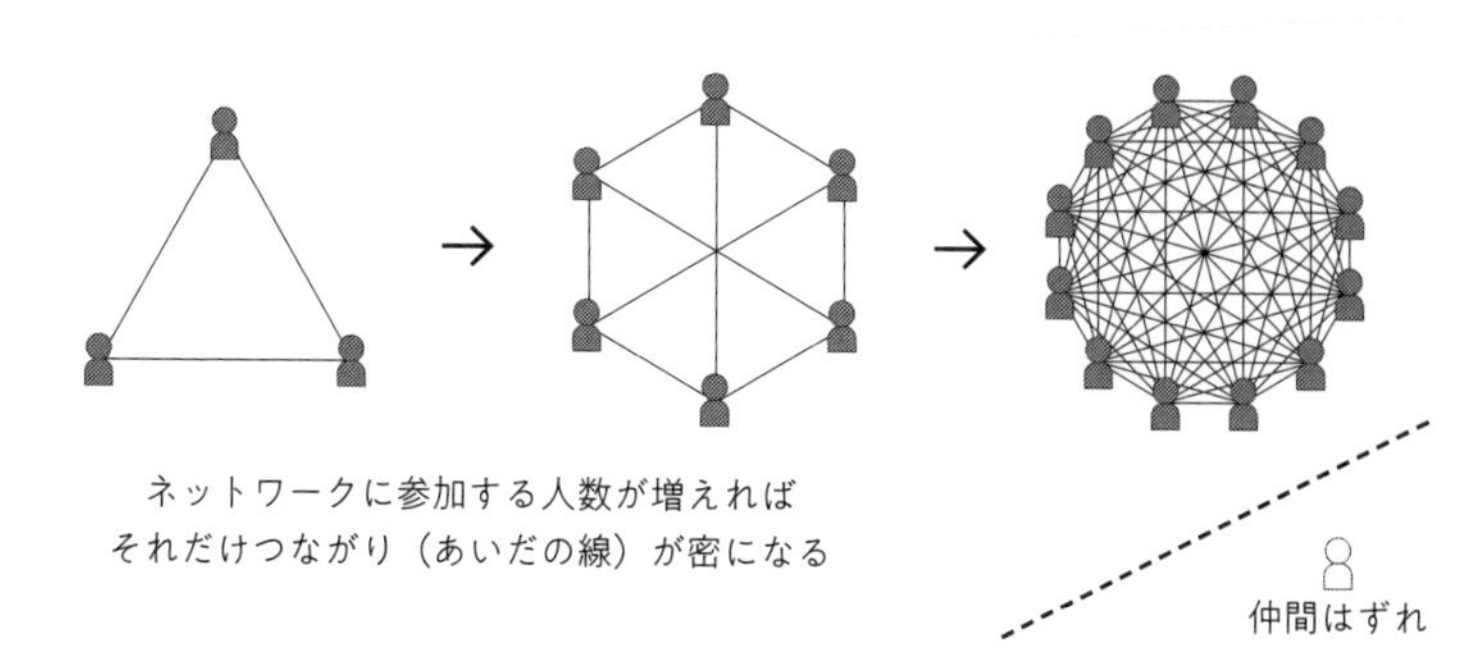

仲間はずれになりたくなければ抜けられない

ったん1位になってしまえば簡単にはその座は奪われないということです。

これらのメッセージアプリの成長過程には共通のパターンがあります。まず、サービスを開始した当初は無料通話を売りにします。iモードのときは「1円メール」が武器になったという話をしましたが、LINEが登場したころは、すでに「パケット定額制」が一般化されていたので、データ通信料だけで通話できるサービスなら、ほぼ無料で提供できます。すると、友だち同士や家族のあいだで、「このアプリを入れるとタダで話せるらしいから、入れて」というやりとりが発生して、だんだん広がっていきます。さらに、グループ機能が使われるようになると、学校の先生から「連絡網で使うのでアプリを入れてください」というお願いがあったりして、一気に利用者が広がるわけです。

1-1
1-2
1-3
2-1
2-2
2-3
3-1
3-2
3-3
4-1
4-2
5-1
5-2
6-1

既読マークの中毒性と、それを緩和させるスタンプ

ＬＩＮＥがユーザーを増やすうえで効果的だったもう一つのポイントは、スマホ内の電話帳をアプリに登録しておくと、自動的に友だちが増える仕組みを採用していたことです。キャリアメールの時代は、いちいち相手のメアドを聞かないとメールを送れなかったわけですが、ＬＩＮＥはアプリを入れた瞬間に、電話帳に登録済みの電話番号によって自動的に友だちとつながることができるので、すぐに使い始めることができます。このあたりは、投稿コストを下げたＳＮＳほど普及する原則と一致します。

さらにその勢いを加速させたのが「既読マーク」でした。相手がメッセージを読んでくれたかどうかがわかるのは便利ですが、一度気になり出すと、既読マークがつくかどうかばかりが気になって、何度もＬＩＮＥを見てしまう。好きな相手なら、なおさらです。

もっと大事なのは、既読マークがもたらす無言の圧力です。既読マークによって、自分が見たことが相手に伝わってしまうので、「ちゃんと返事しなくちゃ！」という気持ちになります。だから、メールなら放置しておくようなメッセージでも、ＬＩＮＥだとついつい返信してしまう。その結果、ユーザーはますますＬＩＮＥから離れられなくなるのです。

しかし、この既読マークは、「何かコメントしないと」「反応しなくちゃ」というプレッシャーになってしまうおそれがあります。そこで、「返事しなくちゃ」というプレッシャーから解放してくれるのが、前にも触れた「スタンプ」なのです。

ＬＩＮＥでチャットをしていると、どうしても既読圧力にさらされます。「そろそろ寝たいな」「仕事に戻らなきゃ」と思っても、なかなか切り出せないときに、最後にポンッとスタンプを送れば、相手の気持ちを害することなく、話を切り上げることができます。

つまり、既読マークによって中毒性を高めつつも、あまりやりすぎるとユーザーが「ＬＩＮＥ疲れ」を起こして使われなくなってしまうから、スタンプで中和させるのです。このバランス設計が優れていたので、ＬＩＮＥはキャリアメールよりもシェアを拡大することができたのです。

マイクロソフトとネットワーク外部性

ネットワーク外部性の話が出たので、もう一つ、きわめて強力な事例を紹介しましょう。みなさんは「マイクロソフト」のことをパソコンのＯＳの会社だと思っているかもしれませんが、じつは、職場のコミュニケーションを握るための手段の一つとしてＯＳを提供している会社だと思ったほうが実態に近いのです。

企業において、ＬＩＮＥの役割を果たしているのは何かと聞くと、たいていの人がメールをあげます。しかし、メールというのはオープンです。会社のメール以外にも、Ｇメールは誰でも無料で利用できます。そこにＬＩＮＥのような囲い込み効果はありません。ビジネスパーソンなら誰でも使っている三種の神器といえば、ワード（文書作成）、エクセル（表計算）、パワーポイント（プレゼンテーション）の「オフィス製品群」です。これら３つのソフトを使いこなせなければ、まともな仕事はできません。

グーグルにも、ブラウザ上ですべて無料で利用できるドキュメント（文書作成）、スプレッドシート（表計算）、スライド（プレゼン）というソフトがあります。アップルも、ページズ（文書作成）、ナンバーズ（表計算）、キーノート（プレゼン）という3点セットをユーザーに無料で提供しています。にもかかわらず、ワード・エクセル・パワポを利用せざるをえないのは、それがビジネスパーソンの共通言語になっているからです。

もちろん、ほかのソフトでエクセルやパワポのデータを読み込むことはできます。しかし、他人から受け取ったエクセルデータを別のソフトで開くと、表組みが崩れてしまったり、マクロが使えなかったりして、調整するのが面倒です。そのため、ふだんはグーグルのスプレッドシートで仕事をしている人も、「とりあえずエクセルだけは入れておくか」ということ

1-1
1-2
1-3
2-1
2-2
2-3
3-1
3-2
3-3
4-1
4-2
5-1
5-2
6-1

になるのです。

結局、仲間はずれにされないためには、お金を払ってオフィス製品を使うしかないわけで、それこそがマイクロソフトの強みです。

さらに、マイクロソフトはサティア・ナデラCEO体制になってから、仲間づくりの礎（いしずえ）になる領域を伸ばしています。ビジネスSNSの「リンクトイン」と、ソフトウェア開発プラットフォームの「ギットハブ」を立て続けに買収したのです。海外では、企業で働くなら、自分のキャリアを可視化してくれるリンクトインがコミュニケーションの礎となっています。し、エンジニアなら、自分の貢献度を可視化してくれるギットハブは、自分に合ったプロジェクトに参加するためのステップとなっています。ナデラがすばらしいのは、囲い込むのではなく、礎として支える組織文化とセットでこれらを行っていることです。マイクロソフトは、オフィス製品によってホワイトカラーのコミュニケーションの礎からスタートして、リンクトインですべてのビジネスパーソンの、ギットハブですべてのエンジニアの礎として、愛されながら「なくてはならない存在」になるように進化しているのです。

ネットワーク外部性の威力をこれ以上ないほど引き出しているのが、マイクロソフトという会社の本質です。

なぜフェイスブックは企業買収を続けるのか？

では、ネットワーク外部性の強さは永続的なのでしょうか。そんなことはありません。二つの脅威にさらされます。「テクノロジー」と「世代差」です。

「テクノロジー」の進化はコミュニケーションの可能性を引き出します。コミュニケーションは楽しさのためにやっているので、いつかは「飽き」がきます。みんな新しいものが大好きなのです。フェイスブックがスマホの台頭で優位な地位を築いたように、新しいテクノロジーが人々を夢中にさせるとき、コミュニケーションプラットフォームが大きく入れ替わる可能性があります。

直近で起きたのが「ライブ」と「ＡＲ（拡張現実）」です。

通信速度が速くなり、モバイルデータが安くなったことで、「いま」を動画で発信したり、複数でコラボする「ライブ配信」が可能になりました。同じ時間を共有する「共時性」が熱狂を生み、「自分もあの場に参加した」という「レア感」がコミュニケーションを加速させます。

ポケモンＧＯで身近になった「ＡＲ」は、リアルな世界とバーチャルな世界を融合することで、物理的・能力的に「ありえない自分」になることができるし、それをシェアするのも簡単なので、他人がやっているのを見ると自分もやりたくなります。「感染力」が強いため、そこに新たなコミュニケーションが生まれる可能性が高いのです。

もう一つ大事な要素が「世代差」です。自分たちが安心して過ごせる「居場所（コミュニティ）」には、価値観の合わない年長者やダサイ人に入ってきてほしくありません。そうした人が増えて、居心地が悪くなると、とくに若い人たちは新しいソーシャルに活動場所を移していきます。

こうした問題に対処するために生まれた機能が「揮発性」で、「スナップチャット」は、あえて24時間で投稿を消すことで、自分の「黒歴史（若いときの誰にも見せられないような恥ずかしい思い出）」が残ることを気にせずに投稿できる気軽さと、毎日アクセスしないと、あの人の「いま」を見逃すことになるというユーザー心理をうまく突いて、中毒性を生みました。

このように、「テクノロジー」と「世代差」によって、つねに新しいソーシャルが生まれます。それに対抗するには、既存プレイヤーは新興サービスを買収するか、機能をまるごとパクるかを選択し続けるしかありません。

フェイスブックは２０１２年にインスタグラムを、まだ社員13名で売上ゼロだったにもかかわらず、10億ドルで買収しました。スナップチャットに対しても30億ドルで買収を持ちかけたものの拒否され、同様の機能をインスタグラムに搭載していきます。結果として、2019年のインスタの広告収入は200億ドルといわれており、ネットワーク外部性が効き始める前に取り込んでおくことがいかに大事かがわかります。

この考えをさらに敷衍（ふえん）していくと、フェイスブックがVR（仮想現実）プラットフォームの「オキュラス」を20億ドルで買収したことは、ある意味、当然だとわかります。VRは新たなコミュニケーションの大地に十分なりえるからです。さらに、フェイスブックがなぜ仮想通貨のリブラを立ち上げようとしているのかも、同じ視点から読み解くことができるはずです（5－1で説明します）。

これほどまでに、主流になったときに力をもつのがソーシャルです。マイクロソフトが企業のコミュニケーションで主流となったように、どのインフラ、どの世代、どの価値観にコミュニティを埋め込んでいくのか。これからも、いろいろなバリエーションが出てくるでしょう。

4-2 個人がパワーをもつ時代
――インフルエンサーとコミュニティビジネス

□○○映え□ゆうこす□SHOWROOM□オンラインサロン□アップル

情報爆発によって誰でも気軽に情報をアップできるように

ここまでは、プラットフォーム側から見たネットビジネスを紹介してきました。しかし、3－1のCGMや3－3のゲームを見るという市場、4－1のSNSを通じて、突出した個性が続々と誕生しています。そこでこの章では、プラットフォームの中から出てきた個人にスポットライトを当てます。個人が企業よりもパワーをもち、人々の消費行動に影響を与える「インフルエンサー」の時代がやってきたのです。

しかし、その前に、なぜ個人がそれだけの影響力をもつことができたのか。その背景を探ります。

インターネットによって情報爆発が起きました。どれくらいの規模かというと、１９９５年にネット上でやりとりされる情報量（インターネットトラフィック）は世界中を合わせても月間１８０テラバイトしかありませんでした。テラバイトはギガバイトの一つ上の単位で、10^{12}バイトです。いまパソコンを買うと2テラバイトくらいの容量があります。アマゾンでハードディスクを買うと、1テラバイトが６０００円くらいです。ということは、いまの価格で１００万円も出せば、１９９５年時点のネット上のやりとりはすべてハードディスクに収めることができるわけです。

それが２０１９年には月間２０１エクサバイトに達し、２０２２年には月間３９６エクサバイトになると予測されています（図18）。エクサバイトは、テラバイト、ペタバイトに続く単位で、10^{18}バイトです。まさに幾何級数的な伸びで、想像を絶する膨大な情報量がネット上を行き来していることになります。

なぜ、それだけの情報量がやりとりされているのでしょうか。通信システムもどんどん高速になっているからです。1秒あたりに送れる情報量（bps）は、アナログ方式の1Ｇ（第1世代）から話題の５Ｇ（第5世代移動通信システム）に至るまでの40年間で１００万倍に

1-1
1-2
1-3
2-1
2-2
2-3
3-1
3-2
3-3
4-1
4-2
5-1
5-2
6-1

図18　インターネットトラフィックの予測【※27】

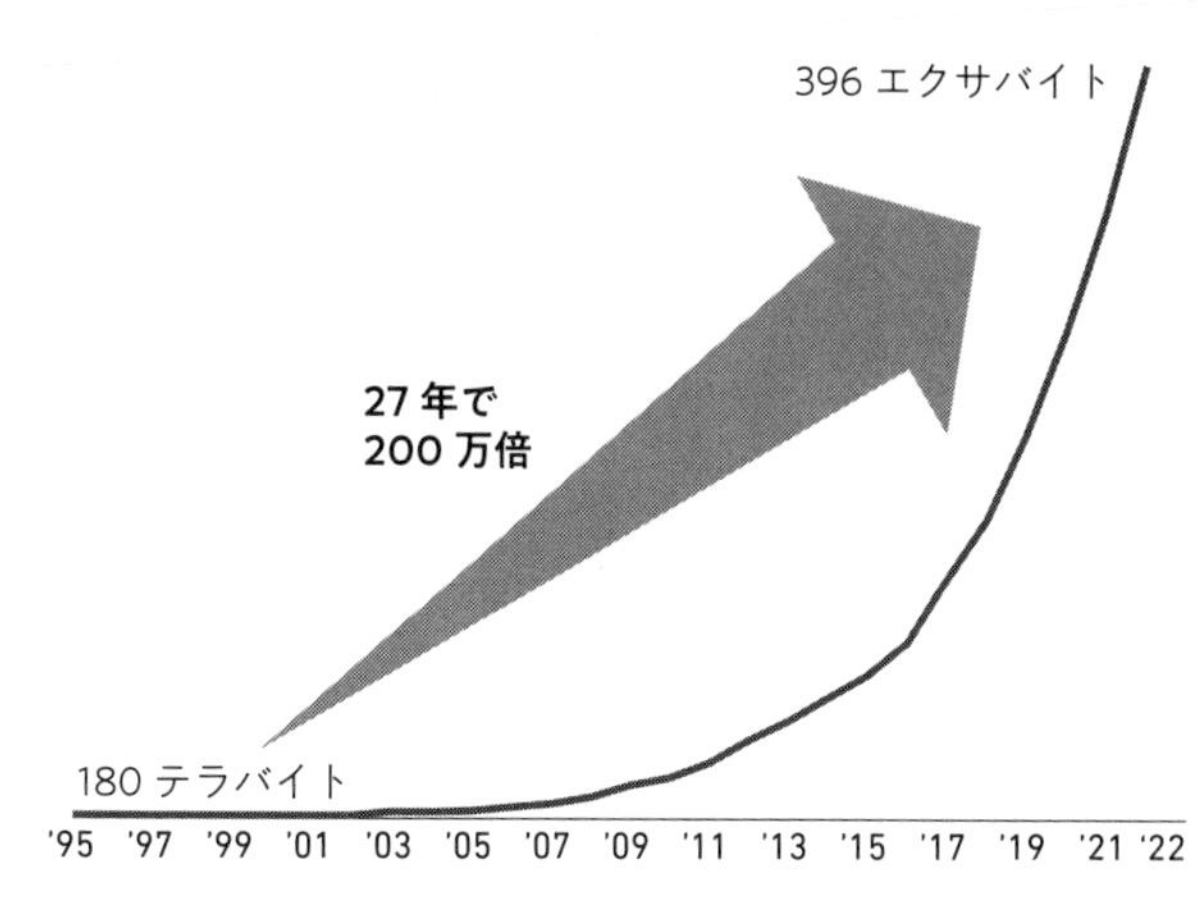

Cisco Visual Networking Index（VNI）：予想トレンド2017～2022年などをもとに作成

なりました。それによってやりとりする情報の質も変わります。2Gのときはまだ音声電話が中心で、せいぜいテキストのショートメールくらいしか送れませんでした。それが3Gになって写真が送れるようになり、4Gになって動画が送れるようになる。5Gになると、立体動画、360度動画のようなリッチなデータもアップロードできるようになります（図19）。

もっと大事なのは、通信速度が速くなったことで、誰でも気軽にアップロードできるようになったということです。

たとえば、世界初のウェブカメラは、ケンブリッジ大学コンピュータサイエンス学部の研究室の外の廊下に置かれていたコーヒーポットに、コーヒーが残っているかを確認する

図19　移動通信システムの進化（第１世代～第５世代）

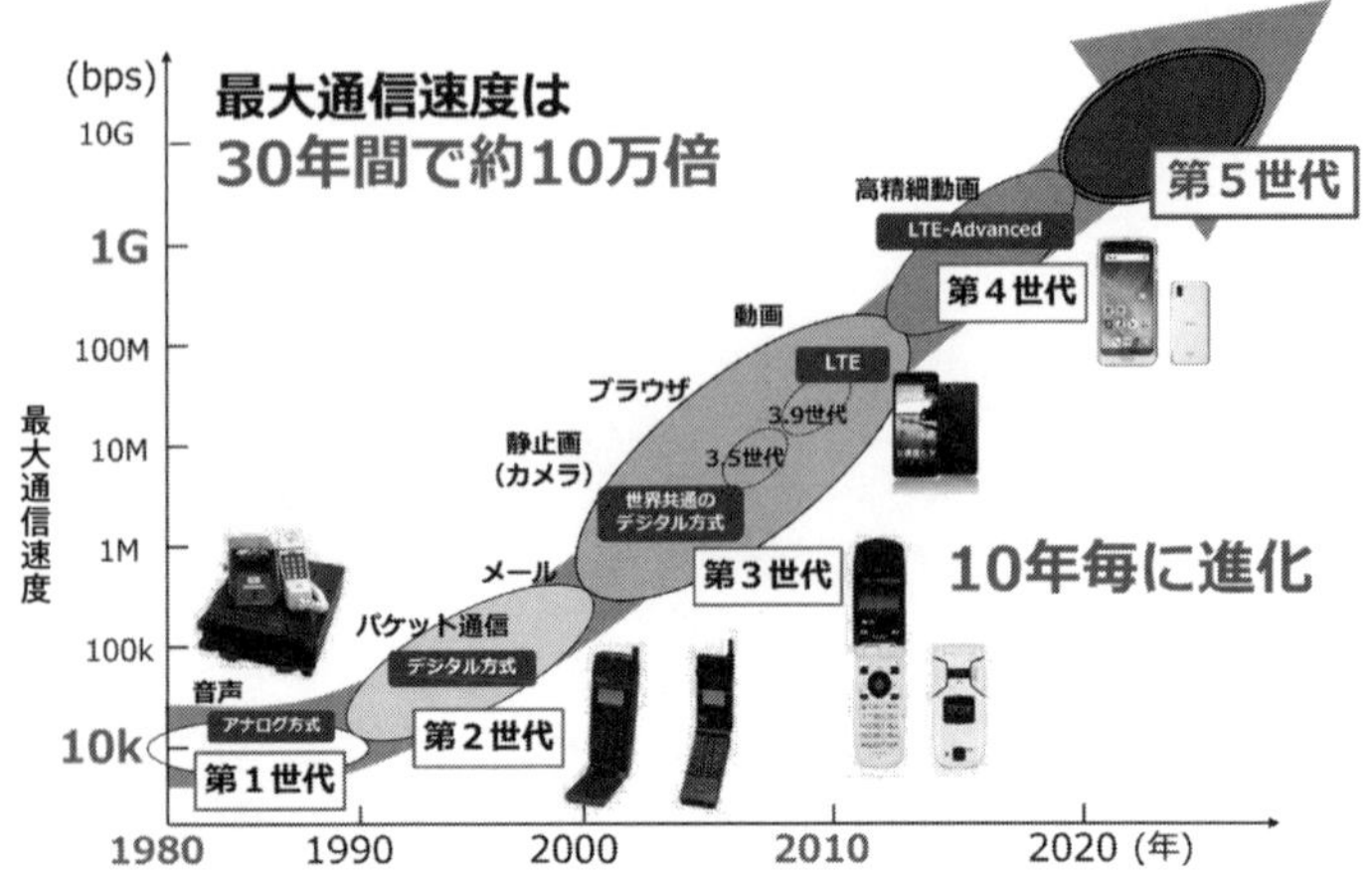

総務省作成の図を引用

ためのものでした。いちいち部屋の外まで行って確認するのが面倒なので、学生たちがコーヒーポットを撮影していたものを、画質の粗いグレースケール（モノクロ）の画像でインターネットに配信したのが１９９３年のことです。いったんネットで公開されれば、日本からでもブラジルからでも、リアルタイムでコーヒーの残量がわかります。それがわかったからといって何かあるわけではないのですが、そういうことが楽しかったのです。

結局、インターネットは、誰でも、どんなにくだらないものでも情報発信できるところがすばらしいのです。とくにパソコンの世界からスマホの世界へと移り変わったときの圧倒的な違いは、「よっこらしょ」感がないことです。

1-2のキャッシュレス決済のところでも触れましたが、何かをするときにフリクション(摩擦)がない状態だと、人はどんどん発信するようになります。「よっこらしょ」の壁がなくなることで、くだらないことでもアップできるという楽しみを得たわけです。

ハズレがなくなった「総食べログ3・5社会」

通信速度が上がったことで大量の情報がアップされると、情報がありすぎて選べなくなってきます。さらに、ややこしいことに、この20年で情報の選択基準が変わってきました。かつては、情報を選ぶうえで大事だったのは、ハズレを引かないことでした。しかし、この20年で何が起きたかというと、典型的なハズレがなくなってきたのです。

たとえば、以前ならハズレのお店を引かないために「食べログ」をチェックしていましたが、いまでは「Google マップ」で現在地に近い店を選ぶようになってきました。食べログの評価では、ほとんどのお店が3・5前後で区別がつかなくなってきたからです。

情報化社会の発達によって、誰でもそこそこおいしい料理のレシピが手に入るようになり、食材産業の発達によって、どの店もそこそこおいしく、そこそこ満足のいくサービスを提供してくれるようになりました。つまり、明らかにハズレのお店がなくなってきたわけで、そ

図20　マズローの欲求5段階説

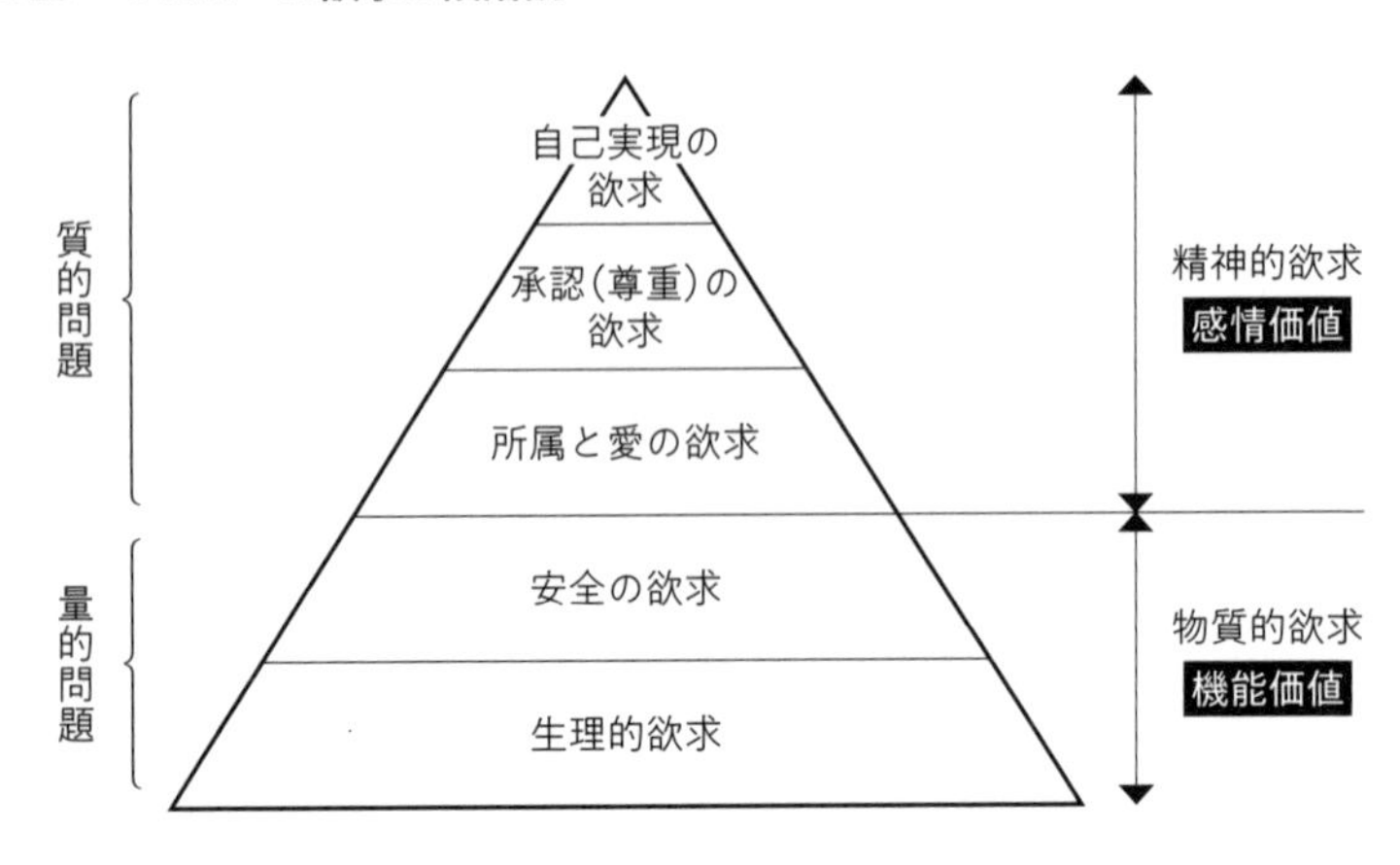

れを僕は「総食べログ3・5社会」と呼んでいます。

ハズレがなくなってきたことで、役に立つかどうかという「機能価値」で差別化できなくなってくると、人は自分にとって意味があるかという「感情価値」で選ぶようになります（アマゾンの機能価値と楽天の感情価値の比較については、2－2を見てください）。

これを別の角度から説明すると、マズローの欲求5段階説にあるように、すでに「生理的欲求」や「安全」という機能面の不足はほぼ解消され、「所属」や「承認」や「自己実現」という感情価値に情報選択の主軸が移ってきているということです（図20）。つまり、マイナス面を解消するよりも、プラス面を追求するのが目的になるわけです。

「集合知」から個人のインフルエンサーへ

ハズレを引かないためには、「あれはダメ」というみんなの評価を集めて足せばいいだけなので、「集合知（ウィズダム・オブ・クラウド）」によるスコアが役に立ちました。食べログで3・0点付近の評価のお店には行かない、という人も多いはずです。「たくさんの人の意見はそれほどはずれない」という集合知は、ハズレを見分けるには有効ですが、プラスを追求するときはあまり参考になりません。何をいいと思うかは人によって違うからです。人の好みは千差万別で、みんながほめていても自分は好きではないという経験は、みなさんにもあるはずです。

さらに、誰かに「これがいい」「この店がいい」とおすすめすると、実際に物が売れたり、お店に行ったりするわけで、そこにはお金がからむ余地があります。ECサイトがあなたへのおすすめ商品をレコメンドしてくるのはまさにそれで、「いいものを推す」というのは、結局、商業主義との戦いなのです。

お金を払って雇った「サクラ」に、自社製品をほめる書き込みを大量にやらせたり、他社製品の悪口を書き込んで評価を下げさせたりするケースがあとを絶たないのは、それをやれば儲かるとわかっているからです。しかし、出品業者によるクチコミ操作の実態が知れ渡ると、そのサイトではもう買わないという人も出てきます。「運営側がランキングやスコアをいじっている」「ランキングの上位に表示されるにはお金を払う必要がある」というウワサが立っただけで、そのサイトは信用できないと感じる人は多いはずです。

それなら、いっそのこと、自分が信頼している人の情報のほうがいいよね、というのがいまの流れです。さらに、自分と好みが似ている人のおすすめなら間違いないし、自分の好きな人、憧れの人と同じ物を持ち、同じ体験をしているという「感情価値」が加わります。そうして個人にスポットライトが当たった結果、「インフルエンサー」と呼ばれる人たちが力をもってきたのです。

インフルエンサーが高額を得るのは、重要な販売チャネルだから

インフルエンサーのおすすめにしたがう人が増えてきたのは、自分で決めるよりも、誰かに決めてもらったほうが楽という人や、好きな人の意見を聞いたほうが楽しいという人が多いからです。

「今シーズンの流行りはこれ」「これがおしゃれ」という情報を発信していたのは、かつて

はファッション雑誌やブランドでした。それがインフルエンサーに置き換わったということは、インフルエンサーが単なるプロモーションの手段ではなく、販売チャネルの役割も担うようになってきたということです。

その結果、中国では、数%のアフィリエイト（成果報酬型広告）の報酬を支払うといった次元を超えて、インフルエンサーに売上の20%、25%をレベニューシェアする（収益を分配する）といったことが起きています。中国の著名なインフルエンサーは、フォロワー数が1000万人を超える人も珍しくないので、収入もケタ違いです。それは、おすすめした物を継続的に買ってくれるファンがいてはじめて入ってくるお金なので、ファンの信頼を裏切ることはできません。

人がインフルエンサーに何を求めるかで収入の形が変わる

SNSを通じてインフルエンサーとつながり、日常的にインフルエンサーが発信する情報と接するようになると、情報選択の基準だけではなく、そこに「居場所」や「承認」を求める人も増えてきます。

インフルエンサーに「居場所」（マズローの言葉では「所属」）を求める人にとっては、

インフルエンサーと同じ「場」にいること自体に価値があります。しかも、オープンで誰でも参加できるSNSよりも、入場制限があるクローズドなコミュニティのほうが、インフルエンサーの本音が聞けるとあって、そうしたコミュニティに一定の需要があります。インフルエンサーによる有料オンラインサロンや、有料ライブ配信が成り立つのは、そのためです。

いつでも参加できる、いつでも戻ってこられる「居場所」なら、1回ごとに利用料を払う都度課金よりも、月額固定のサブスクリプションモデルのほうが安心です。

一方、インフルエンサーに「承認」を求める人にとっては、手の届かないところにいるインフルエンサーに振り向いてもらうためなら、多少の出費は厭(いと)いません。「お金を払ってでも自分の存在を認めてほしい」という心理は、アイドルの握手券ほしさに同じCDを何枚も買うファンと同じです。その他大勢のファンの中に埋没するだけでは飽き足らず、少しでも目立って相手に認知してもらうために、自分にお金をかけて着飾ったり、相手に直接「お布施」や「投げ銭」を払ったりします。

この違いをわかりやすく説明すると、大衆演劇の世界で、入場料を払って「下町の玉三郎」こと梅沢富美男さんの舞台を毎回見に来るのは「居場所」を求める人、前列に陣取って派手なポップをつくって「こっちを見て！」と騒ぐ人や、お札で花輪をつくって梅沢さんの首にかける人は「承認」を求める人、ということができます。要するに、同じインフルエンサーに対しても、人によってどんな欲求を満たしてもらいたいかが違っていて、それに応じてお金の支払い方も変わってくるということです。

「ステルスマーケティング」では長期的な関係を築けない

では、個人の意見なら何でも信用できるかというと、そこには別の問題が生じます。SNSで大勢のフォロワーを抱えたインフルエンサーの中にも、企業からお金をもらっていることを隠したまま、愛用者のフリをして「私も○○を使っています」と発信する人が出てきたのです。それが「ステルスマーケティング」で、PR表記のない「ステマ」は、ユーザーをダマす「やらせ行為」として問題視されています。

しかし、ユーザーをダマしてお金をもらえば、短期的には儲かるかもしれませんが、ステマしていたことがバレれば、一気に信用を失います。フォロワーを失ってしまえば、影響力を行使することもできないわけで、自分のフォロワーに対してウソをつかず、誠実でいたほうが、長い目で見れば儲かるということが認知されてきました。

フォロワーの多いインフルエンサーは、ただでさえ多くの人の目に触れるので、ふだんの言動とは明らかに違って、急に話題の商品をおすすめしたりすれば、疑いの目で見られます。

1-1
1-2
1-3
2-1
2-2
2-3
3-1
3-2
3-3
4-1
4-2
5-1
5-2
6-1

「やらせ」や「仕込み」がすぐにバレる時代なので、フォロワーを裏切らないことにインセンティブが働きます。そうすると、本当に自分がいいと思うものだけを推すようになり、結果として、ファンにもっと信頼されることになるのです。

ウソをつくことが本人にとってマイナスになるなら、インフルエンサーはお金儲けのために無理にウソをつく必要がなくなるので、ファンとよりよい関係が築けます。それを怠った人たちは、やがて信用を失い、淘汰されていく運命です。自分を変に飾ったり、相手をダマしたりしない自己一致性がインフルエンサーに求められる時代なのです。

「〇〇映え」の因数分解

機能価値ではもう差別化できないから、感情価値のほうが大事になる。それによって出てきたのが、「インスタ映え」をはじめとする「〇〇映え」文化です。「〇〇映え」が意味するのは、ただの見た目のよさだけではありません。そこには、流行に敏感な自分を見てほしい、自分のこだわりを認めてほしいという「承認欲求」が込められていることもあれば、他人の目線よりも自分にとってどう映るか、自分らしさを追求して輝いている自分が好きという「自己実現欲求」が隠されていることもあります。

そのことを端的に表したのが、ドワンゴCEOの夏野剛さんがNTTドコモでiモードの立ち上げをしていたときに語っていた「Tシャツ理論」です。Tシャツは、汗をよく吸うとか、すぐに破れないといった機能価値だけで見たら、ユニクロの1000円の無地シャツでいいわけです。しかし、僕たちは、そこに「インスタ映え」を求めたり、コミュニケーション価値を認めたりして、数千～1万円以上のお金を支払っています。

ローリング・ストーンズの有名な「ベロマーク（リップス&タン）」のTシャツを着ていれば、ストリートで「ストーンズ、好きなの？」と声をかけられることもあるはずです。それは、ロックな生き方をするグループに「所属」したい、仲間だと認められたいという欲求かもしれないし、世間に反旗を翻す自分を肯定してほしい、自分の個性を「承認」してほしいという欲求かもしれないし、ミック・ジャガーのようにカッコよく、我を通して生きたいと自分に語り続けるためにTシャツを着ているという「自己実現」の欲求かもしれません。そうした欲求を満たすために、人は機能価値以上のたくさんのお金を出しているのです。

機能というのはコピー可能で、すぐにマネされてしまいますが、感情というのは人それぞれで、コピーできません。だから、相手が何を求めているのか。所属欲求なのか、承認欲求なのか、自己実現欲求なのか。同じ「○○映え」でも、解像度を上げて因数分解していくことで、ビジネスの打ち手はいろいろ変わってくるわけです。

1-1
1-2
1-3
2-1
2-2
2-3
3-1
3-2
3-3
4-1
4-2
5-1
5-2
6-1

「ゆうこす」というプロダクトにお金を払う

もう一つ、大事なのは、インフルエンサーは感情価値を増幅する装置として、ものすごく役に立つということです。

中国では、特定のジャンルの専門家でもあるインフルエンサーは、ＫＯＬ（キー・オピニオン・リーダー）と呼ばれていて、ＫＯＬマーケティングが盛んに行われています。そこでは、前述のように20％を超えるアフィリエイト報酬が支払われたりしているわけですが、インフルエンサーが力をもつと、さらにその先の世界が拓けてきます。それを象徴する存在として、一人の日本人を紹介します。

ツイッターのフォロワーが35万人、インスタのフォロワーが47万人以上いるモテクリエイターの「ゆうこす」こと菅本裕子さんは、まずユーザーにとって役に立つ「かわいいメイク法」の情報を提供することによってフォロワーを集めました。すると、今度は企業から声がかかってイベントに呼ばれたり、一般人ではなかなか会えないような人と対談したりするようになりました。そのことでさらに注目が集まり、情報が次々と入ってくるようになって、本人の吸収力や対応力も鍛えられ、おもしろい人たちとのコラボレーションが加速度的に増えていきます。

しかし、ゆうこすがすごいのは、ここからです。彼女は「youange（ユアンジュ）」というスキンケアブランドを立ち上げて、美容液や化粧水などを販売しています。モテクリエイターでファッションリーダーのゆうこすなら、もっと「〇〇映え」するファッションブランドのほうが合っている気がするかもしれませんが、彼女が注目したのは、女性たちが毎日鏡に向かって美容液をペタペタする十数分間でした。この時間にはモテがない。だから、ゆうこすのユーチューブを見ながら、あるいは見なくてもみんながモテに変わるために努力していると想像しながら、一緒にペタペタやると、毎日がんばっている自分も共感できる。そのための時間を売っているのです。

ここまでくると、ゆうこすはただの販売チャネルではありません。もはやプロダクトそのものです。そうなれば、ゆうこすが仮に売上の5割をとったとしても（実際には、ユーザー思いのゆうこすは、少しでも安く提供するために、ビックリするくらいとっていません！）、十分商売として成り立つはずです。むしろ、ユーザーにしてみれば、ゆうこすがそういう時間、そういうストーリーを売ってくれるから買っているわけで、もし似たような成分の美容液が半額で売られていたとしても、ゆうこすの美容液のかわりにはならないのです。

がんばっている人を応援すると元気になる

仮想ライブ空間の「SHOWROOM」は、ネット上でアーティストやアイドルが生配信して、それに感動したり共感したりした視聴者が「投げ銭システム」でアイテムを演者に渡したり、演者が販売するアバターを購入して、みんなでおそろいのアバターを着て応援したりできるサービスです。演者の中には、年収1000万円を超える人もいます。

このサービスも、誰かのストーリーを共有することでお金を払いたくなる仕組みで、とくに演者の「成長物語」が報酬を生みます。すでに完成されたプロのパフォーマンスもいいけれど、未完成でも、それに向かって努力している人を見ると、人は応援したくなるものです。がんばっている人を応援すると、自分まで元気になってくるし、応援している人同士で連帯感や仲間意識が生まれます。

つまり、SHOWROOMは、高校生が額に汗してがんばる夏の甲子園や、昨年は2位だったアイドルが1位をつかむ姿を見守るAKB総選挙と同じく、「成長物語」を応援したいという思いによってつくられ、盛り上がるインターネット空間なのです。だから、僕はSHOWROOMのことを「甲子園2・0」と呼んでいます。

「○○推し」の所属欲求を満たすSHOWROOM

特定のアイドルを応援する人を「○○推し」といいますが、「推しメン（いち推しのメンバー）」とファンによるコミュニティは、強い「帰属意識（所属欲求）」をもたらします。自分の母校が甲子園で活躍すると、つい熱くなってしまうのは、母校への帰属意識が刺激され、センチメンタルな気持ちが生まれるからです。

じつは、この帰属意識（所属欲求）は、いまの日本では満たされにくくなっています。「日本はもうダメだ」「アベノミクスは失敗だ」「日本はもはや先進国ではない」という否定的な言葉ばかりがあふれ、日本という国に対する帰属意識はどんどん希薄になっています。「地元」離れが進み、一人世帯が増えて「家族」さえもバラバラです。かつては一回就職したら一生面倒を見てくれた「会社」も、もう僕たちを守ってくれません。終身雇用が支えた愛社精神はすでに過去のものとなり、若い人ほど、会社とは一定の距離を保って付き合うのが当たり前になっています。

そうした世の中では、かつて地域社会や家族や会社が担保してくれていた所属欲求は、なかなか満たされません。しかし、人間は一人では生きていけない生き物ですから、どこかに所属して安心したい、という欲求を抱えた人が増えました。

インフルエンサーは、そうした気持ちをうまくすくい上げて人気者になったのです。「推しメン」とファンによるコミュニティは、自分の「好き」という気持ちを介したつながりなので、所属欲求を満たしやすいというわけです。

3－3で紹介した「アバター文化」は、所属と承認の欲求を満たすことで発達しました。自分のアバターを着飾って承認欲求を満たすのか、それとも、アバターとして参加したバーチャルなコミュニティの中で、所属と承認を求めていくのか。いいかえると、自分が別の人格（分人）になって新しい人生を生きるのが楽しいのか、それとも、誰か別の人の人生を応援しながら一緒に生きていくのが楽しいのか、という違いです。3－3で解説したのは前者で、「投げ銭」や「甲子園2・0」に代表されるのは後者です。

高級鉄板ステーキよりもみんなでバーベキューすることに価値がある時代

長時間勤務が当たり前のブラック企業で自殺者が出たことの反省から、働き方改革で、定時退社を求められる職場も増えました。「18時を過ぎたら退社してください」といわれても、マイペースでコツコツ仕事をするのが好きな人もいます。そういう人たちは、突然与えられた自由時間を持て余して、右往左往してしまいがちです。つまり、「生きがい迷子」になってしまうのです。

そうなると、今度は余った力を分散させるために、生きがいを与えてくれる場所を求めるようになります。生きがい迷子の人たちを受け止める「居場所」として発達したのが、オンラインサロンです。やや皮肉っぽい言い方になりますが、昔は会社が給料と生きがいを与えてくれていたのが、いまはユーザーが毎月お金を払って生きがいを提供してもらっているわけです。

「西野亮廣（あきひろ）エンタメ研究所」や、「堀江貴文イノベーション大学校」が人気を集めていますが、情報が多すぎて選べない人、情報の移り変わりが速すぎてキャッチアップできない人にとっては、「ここにいると、他人が知らない情報が手に入る」「世の中で流行っているものの一歩先を知ることができる」こと自体がステータスになります。著名なインフルエンサーや業界のインサイダーの近くにいれば、それだけ情報のめぐりもよくなるし、彼らの刺激的な日常を間近で体感できます。

オンラインサロンが人気を集めている理由は、それだけではありません。

「総食べログ3・5社会」になって、どこでもそこそこおいしいごはんが食べられるようになると、みんなで集まってワイワイ食べたほうがおいしく感じるようになります。高級鉄板ステーキよりも、安い肉でもみんなでバーベキューしたほうが楽しいし、思い出にもなり、SNSでシェアするのにも向いています。

機能価値より感情価値が重視される時代には、みんなで一緒に物語をつくっていくバーベキュー型のほうが、ビジネスとしての伸びしろがあるのです。そして、バーベキュー型をたくさん提供できるサロンオーナーには、力が宿ります。

オンラインサロンで「みんな」をハックする

ユーチューブのチャンネル登録者100万人の鴨頭嘉人（かもがしらよしひと）さんは、一見「せ〜の、いいね！」が合言葉の自己肯定宗教のように見えるかもしれませんが、じつは、意図的にそうしているといいます。なぜオンラインサロンをつくったかというと、「みんな一緒」が好きな日本人が、「みんな一緒に生まれ変わる」場として、サロンが向いているからだとおっしゃっていました。

みんな一緒でないと不安な人ほど、まわりに合わせすぎて自分らしさを失い、自己肯定感が低くなりがちです。学校や会社など、日常的な利害関係の中にいると、保守的な同調圧力が働いて、新しいことにチャレンジできないという人も多いはずです。しかし、オンラインサロンという閉じた空間の中では、同じ価値観をもった人たちが集まるので、「いまの生活を変えたい」「生まれ変わりたい」という人がみんな（＝多数派）になります。クラスや職場にいるみんなではなく、価値観を共有しているみんなと一緒にいれば、むしろ、同調圧力というみんなの力を借りて一緒に成長できます。「みんなをハックする」のがネットのコミュニティのおもしろさでもあるのです。

同じゴールを見ているみんなと一緒に「なりたい自分になれる場所」。そういう場所に参加することで、成長したい、自分を変えたいというのは、本人にとってはチャレンジであり、自己投資でもあります。「信者ビジネス」「生きがい搾取」と揶揄する声もありますが、こうした表現は、信じるに溺れて奪われるリスクを心配した言葉なのだと思います。月額数千円で、自分の会社、地域の「みんな」から離れて、いまの自分の趣味を肯定する「みんな」や、未来の自分への冒険を一緒にできる「みんな」、懐かしさに気持ちが安らぐ「みんな」と、いろいろな種類の「みんな」にバランス投資することで、「みんな」の中で培われる自分をハックできるのです。

あなたの「信念」が問われている

情報選択の基準を誰かに委ねたいという人が増えているのは、それだけ情報を選ぶのがむずかしくなってきたからでもあります。情報量が多すぎて選べないというだけでなく、変化のスピードが速すぎて、ついていくだけでもたいへんです。求められている答えは一つではないし、その答えも刻々と変化していく。そのような時代にあって、僕たちは何を基準に情報を選択し、どのように決断していけばいいのでしょうか。

自分はどう生きるべきかといった生き方を指南するのは、かつては宗教の役目でした。終身雇用が長かった日本では、その役割を会社が果たしてきました。しかし、多神教のおおらかな世界で育った日本人は、もともと信仰心がうすく、会社が一生面倒を見てくれるわけではないことがわかってからは、自分のことは自分で決めるしかなくなってしまいました。

自分はどう生きたいか、世界とどう対峙して、どういう切り口で切り取るかというのは、結局、何を信じるかという信念（ビリーフ）の問題です。誰が何といおうと、自分はこういう信念に基づいて決断し、このように行動する。それを前面に打ち出したのが企業のビジョンであり、ビジョンを強烈にアピールした企業は、それ自体がブランドになります。

「なりたい自分」がアップルの時価総額の源泉

「アップル」創業者のスティーブ・ジョブズは、ナイキを例にあげて、機能面だけを見ればコモディティ化（汎用品化、陳腐化）せざるをえないスニーカーに対して、みんなが喜んでお金を払うのは、ナイキという会社が、人間がみんなアスリートのように鍛えられた肉体を手に入れたら世界は変わるということを本気で信じていて、それを口にしているからだといっています。

そのビジョンに共感した人たちが「なりたい自分」を手に入れるためにお金を払っているのです。それがブランドであって、アップルも同じです。

「We believe people with passion can change the world for the better.（情熱をもった人たちが世界をよりよく変えることができると信じている）」のがアップルであり、その信念から生まれたのが、有名な「Think different」のＣＭです。アインシュタインやキング牧師、ジョン・レノン、エジソン、モハメド・アリなど、クレイジーな奴らが世の中を変えてきたというメッセージにしびれた人たちが「アップル信者」となって、アップル製品を買い支えていくのです。

アップルがブランドを前面に打ち出して、「なりたい自分になる」という自己実現欲求を強烈に刺激する会社なのに対して、グーグルのビジョンは「To provide access to the world's information in one click.（1クリックで世界の情報へアクセス可能にする）」です。つまり、アップルが感情価値に訴えかけているのに対して、グーグルは機能価値が中心なわけです。

だから、スマホOSの世界シェアで、アップルのiOSは25%、グーグルのAndroidは74%【※28】と、3倍もの差があるにもかかわらず、時価総額を比べると、アップルのほうが大きかったりするのです。ブランド力が強いアップルは、競合よりも高い値段でも売れるからです。

「システム1」をハックした人が勝つ

プロスペクト理論でノーベル経済学賞を受賞したダニエル・カーネマンの『ファスト&スロー』（上下巻、早川書房、2012年）によると、人間の脳は、それまでの経験や記憶の蓄積によって瞬時に、直感的に判断する「システム1」と、論理に基づいてじっくり考える「システム2」に分かれています。たとえば、ちょっと見ただけでパッと判断するときは「システム1」が作動していますが、そこをグッととらえて、時間をかけて「システム2」で考えると、違った判断ができるようになるわけです。

ところが、情報爆発で処理しきれないほどの大量のフロー情報が洪水のように押し寄せる現代は、「システム2」が機能しなくなってきています。もともと選択肢が多すぎるのに、変化するのが速すぎて、じっくり考える余裕がない。そうなると、「システム1」をハックした人間が力をもつようになります。つまり、相手にじっくり考える時間を与えず、バーンと強いメッセージを打ち出したほうが勝ちということです。

「システム2」が機能しているときは、さまざまな物事を評価（エバリュエーション）し、優先順位をつけて判断しています。しかし、目の前を膨大な量の情報が流れていくと、もはやいちいち評価（価値判断）することはできません。そうなったときに、何をもって判断するかというと、信念（ビリーフ）です。理屈抜きに100％それが正しいと信じて、「システム1」で処理するしかないのです。

尾田栄一郎さんのマンガ『ONE PIECE』（集英社）で、主人公ルフィが「海賊王におれはなる！」と叫ぶとき、そこにあるのは一点の曇りもない信念です。「なる」といったら「なる」しかない。だから、みんな『ONE PIECE』に惹きつけられるのです。強くてワクワクするような信念には、人を惹きつける力があります。

インフルエンサーのまわりに集まってくる人たちは、「〇〇さんなら、こういうとき、どうしますか?」という質問の答えを聞きたがっています。「そんなの、こうに決まってるじゃん!」といってもらえば安心する。その人の信念に基づいて判断してもらいたいわけです。自分では評価（エバリュエーション）できないから、誰かの信念（ビリーフ）に依存したい。どんなことでも瞬時に決断できる「ものさし」をもっている人に、たくさんの人たちが引き寄せられています。

退屈がユーチューバー向けの大きな市場、ゲーム実況が流行る理由

この章のタイトルにあるように、個人がパワーをもつ時代というと、人気ユーチューバーを思い浮かべる人が多いかもしれません。しかし、3－1のCGMのところでも説明したように、ユーチューブは圧倒的に暇つぶしに適したメディアです。現代人にとっては「退屈」がいちばんの敵なので、日々の退屈を埋めるために、ダラダラ見るのに向いていたのがユーチューブでした。とくに、長時間ゲームをすることすらしんどい子どもにとっては、大量の時間を消費してくれる「ゲーム実況」は、まさにうってつけのメディアだったのです。

日々動画をアップし続けないといけないユーチューバーにとっても、ゲーム実況は、テレ

ビ番組のように毎回企画を練らなくても気軽にできる「おもしろコンテンツ」として重宝されました。ゲームにはもともとクリアしなければいけないハードルがたくさんあるので、ゲーム自体が起こしてくれるトラブルに、ユーチューバーの個性が合わさると、そこにドラマが生まれます。プレイしながら実況するだけで自然と起伏のある物語ができるので、簡単に毎日コンテンツをアップするための装置として、ゲーム実況が人気を集めたのです。

暇つぶしという意味では、ユーチューブはテレビの代替品にすぎないので、そこで活躍するユーチューバーはテレビタレントのかわりです。だから、以前ならダウンタウンになりたかった小学生が、いまはヒカキンやはじめしゃちょーを目指しています。

子どもたちにとって、ユーチューバーは日々の暇つぶしに付き合ってくれる近所の兄ちゃんみたいな存在です。毎日数百万人の子どもたちがヒカキンやはじめしゃちょーの動画を見ているので、仮に1本あたり0・1円程度の収入だとしても、1本動画をアップするだけで数十万円単位のお金が入ってくる仕組みです。小さな力をたくさん集めるインターネットならではのビジネスです（小さな力をたくさん集めるインターネットの特徴については、Part5でくわしく説明します）。

個人が力をもつと「小さな経済圏」がたくさん生まれる

ヒカキンは「HikakinTV」「HikakinGames」などを合わせて1500万人もの膨大なチャンネル登録者を抱えていますが、いわゆるインフルエンサーは、ツイッターやインスタグラムなどのフォロワーを合わせても数十万人という人が珍しくありません。それでも商売が成り立つのは、仮にフォロワーの10％がおすすめした物を買ってくれるだけで、数万単位で売れることになるからです。

ユーチューブにも「Super Chat」や「Super Stickers」という投げ銭システムがあるので、ニッチなジャンルでも収益化できるチャンスが広がっています。たとえば、ひたすらアクアリウム（熱帯魚などを飼育するための環境を水槽内に人工的に創り出すこと）のつくり方をアップする人に100万単位の登録者がつくとは考えにくいですが、たとえ数万人が相手でも、同じ趣味をもつ人にとって価値ある情報をアップし続ければ、投げ銭してくれる人がいるはずです。あるいは、そこで紹介されたアクアリウムのアイテムを購入してくれる人がいれば、そのアフィリエイト報酬で、「小さな経済圏」を築くことができます。

一方、子どもに人気のユーチューバーは、相手が子どもなだけに、何かをおすすめしてもすぐに買ってくれる可能性は低いし、投げ銭してくれる人も限られています。だから、インフルエンサーと人気ユーチューバーは分けて考えたほうがいいのです。

個人がパワーをもつという意味では、インフルエンサーがチャネルになり、人々の「所属」「承認」「自己実現」欲求を満たす存在になることのほうが重要です。こだわりのライフスタイルや、世の中にそれほど愛好者はいなくても、めちゃくちゃ濃い趣味があるという人は、ＳＮＳや動画サイトで「小さな経済圏」を築くと、生きていけます。

しかも、そのライフスタイルや趣味は、必ずしも完成されている必要はないのです。「甲子園２・０」と同じで、完成されていなくても、それに向かってがんばっていると、まわりの人が応援したくなる。成長のプロセスをオープンにすることで、そうした応援の声を味方につけることもできます。

多様な個人の多様な生き方が、たくさんの「小さな経済圏」となって、お金が回る世の中になってきたのです。

Part5
有限資産をつなげる

ネットビジネスの進化構造

「小分けにしたものを遠くとつなげる」

Part1
権力：つながりの場所を押さえる

1-1 ポータル：検索はなぜ権力の一等地なのか

1-3 イネーブラー：次の主戦場は信用経済とスモールビジネス市場

1-2 ID/決済：IDと決済を握ったものが覇者となるのはなぜか

Part2
コマース：物や予約をつなげる

2-1 CtoCコマース：人から人へ物をつなげる

2-2 BtoCコマース：企業から人へ物をつなげる

2-3 BtoCサービスコマース：企業から人へサービスをつなげる

Part3
コンテンツ：情報をつなげる

3-1 CGM*：人から人へ情報をつなげる

3-2 プロコンテンツ：情報をつなげてマネタイズする

3-3 ゲーム：情報をつなげて遊ぶ

Part4
コミュニケーション：人をつなげる

4-1 コミュニティ：つながりがパワーになる

4-2 インフルエンサー：個人がパワーをもつ時代

Part5
有限資産をつなげる

5-1 ブロックチェーン：有限資産をなめらかにつなげる

5-2 シェアリングエコノミー：有限資産を小分けにしてみんなで使う

Part6
BtoB：仕事をつなげる

6-1 クラウド/AI：仕事とデータをつなげる

＊Consumer Generated Media

5-1 有限資産をなめらかにつなげる

――ブロックチェーンとクラウドファンディング

□スマートコントラクト□仮想通貨□ICO□キックスターター□リブラ

コピー可能な「情報」と、コピーできない「資産」

これまでのインターネットは、コピー可能な「情報」をベースに発達してきました（図21）。テキストやエクセルファイル、パワーポイントのスライド、ウェブサイトなどはもとより、画像や動画、音声、ソフトウェアのプログラムもデジタルデータである限りコピーできます。コピー可能だから、何度もコピーをしていくと、新しくコピーされる1個あたりのコストがどんどん小さくなって、やがてゼロに近づいていく。つまり、「情報」はコピーすればする

図21 コピー可能なデジタルデータ

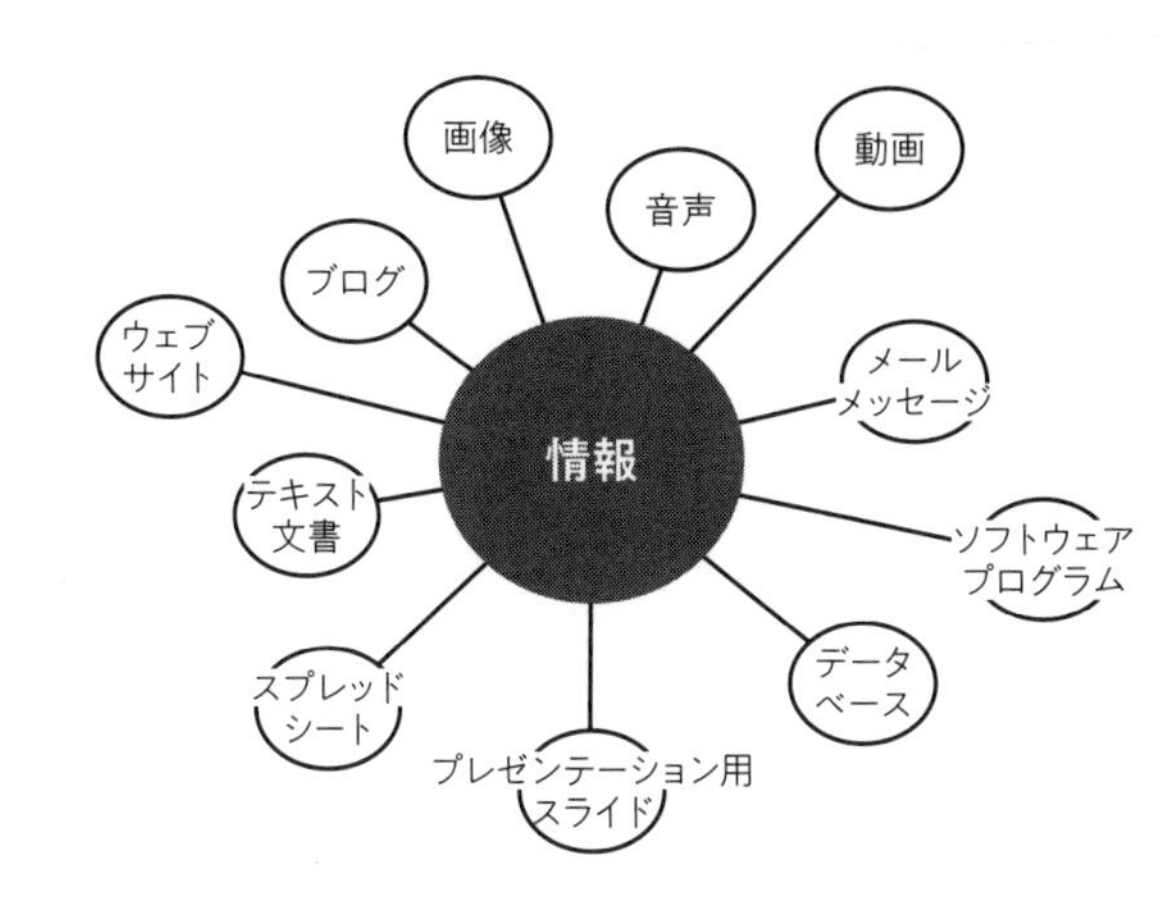

ほど得なのです。ジェレミー・リフキンが『限界費用ゼロ社会』（NHK出版、2015年）で描き出した世界です（追加1単位あたりのコストを「限界費用」といいます）。

一方、世の中には、勝手にコピーしてはいけないものがたくさんあります（図22）。典型的なのが「お金」で、1万円札をコピーすると、偽札づくりで捕まります。現金と違って銀行預金はデジタルデータにすぎないので、コピーする気になればできるはずですが、もし預金がコピーできたらたいへんです。みんなが競って銀行預金をコピーして、世の中はあっというまにハイパーインフレに陥ります。お金の量が増えすぎて価値が暴落すると、1万円札はただの紙切れになる。だから、お金をコピーしてはいけないのです。

お金のようにコピーしてはいけないものを「有

図22　コピーできない「価値」

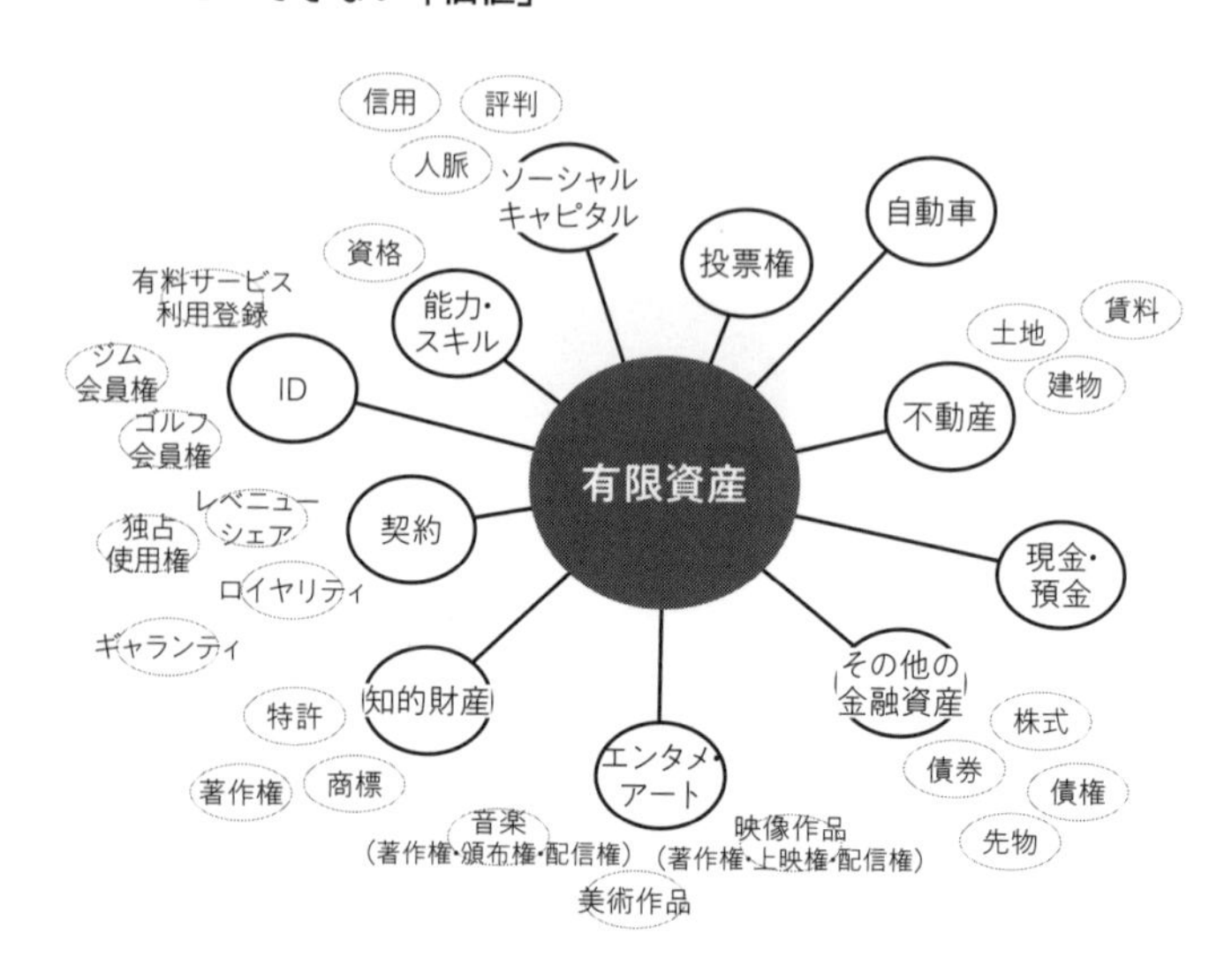

限資産」と呼びます。コピーしても価値が変わらない「情報」とは違って、「有限資産」は分けると価値が減ってしまう。100円を2分割すれば50円分の価値しかありません。価値に限りが有るから有限というわけです。

資産というと、一般には、株や債券などの「金融資産」や、土地や建物などの「不動産」を思い浮かべる人が多いかもしれませんが、資産をコピーしてはいけないものととらえ直すと、「契約」「知的財産」「投票権」「ＩＤ」「ソーシャルキャピタル」なども視野に入ってきます。一部の人が二重投票すれば「一人一票の原則」が崩れて不公平だし、別の人が自分になりすまして有料の会員サービスを無料で利用したり、自分の評判を悪用したりしたら大問題です。

本物かどうかを確認するためのコスト

これらの資産が問題となるのは、たいていAからBへ価値を移転するときです。世の中には、一つしかないものを複数の人に売ったことにして代金をちょろまかしたり、他人名義の土地を勝手に売り払ったりして、不正に儲けようとする人がいます。そうしたことを防ぐために、コピーできない資産を誰かに渡したり、別の資産と交換したりするときは、煩雑な手続きが必要だったのです。

たとえば、AさんがBさんに1万円を送る場合、直接1万円札を手渡しすれば、確認作業は不要です。しかし、預金口座から振り込むときは、送金先のBさんが間違いなくBさんであると確認しなければいけないし、Bさんの口座に1万円が書き加えられたのと同時に、Aさんの口座から1万円が消えなければいけません。それができないと、そもそもオンラインで送金することができないわけです。

国内の銀行間の送金ならそこまで煩雑ではないかもしれませんが、これが国をまたいだ国際送金となると、ものすごくたいへんです。日本にいるAさんが、外国にいるBさんに送金しようと思ったら、あいだに外国為替取引を行っている日本のメガバンク、金融の中心地であるニューヨークの銀行、送金先の大手銀行、地元のローカル銀行などが入ってきて、それぞれが確認作業を行うため、時間もかかるし、コストもかかります。1万円を送りたいだけなのに、手数料が数千円もかかるというバカらしいことが起きてしまうわけです。

しかし、よく考えてみると、あいだに入っている銀行は、バケツリレーで水を運んでいるだけです。にもかかわらず、数％の手数料をとるということがまかり通っています。土地の売買に伴う移転登記に至っては、数万〜十数万円も手数料がとられます。

このコストをなんとか下げることはできないか。そこで登場するのが、２００８年にサトシ・ナカモトと名乗る謎の人物の論文から生まれた「ブロックチェーン」という新しい技術です。

有限資産の流動性がものすごく上がる

ブロックチェーンというのは、過去のすべての取引の履歴が記載された台帳です。しかも、その台帳は暗号で守られ、あとから改ざんすることはできません。そのため、誰かが勝手にコピーしたり、いったん売った事実をなかったことにして別の人に売ったり、過去にさかのぼって不正な取引を紛れ込ませたりすることもできません。

さらに、その台帳は、1か所にまとめて保管してあるのではなく、同じものがあちこちに分散されて置いてあり、その中身は誰でも見ることができます。そのため、もし万が一、台帳の一つがハッカーの攻撃を受けて書き換えられたとしても、その取引はその他大勢の人がもつ台帳によって否定されます。ブロックチェーンのことを「分散型台帳技術」と呼ぶのはそのためです。

この技術がもつ革新的な意味を理解するために、有限資産の一つであるアート作品を例に考えてみます。

アート作品は、コピーには価値がありません。本物だけに価値がある。そのため、アート作品を売買するときは、「これはニセモノ（コピー商品）ではないよね？」「本物だよね？」といったことを確認する必要があります。間違いなく本物だと保証する「鑑定書」をつくるコストがバカにならなかったわけです。

ところが、ブロックチェーンなら、その作品の作者が誰で、まず誰の手に渡り、その後誰と誰の手を経てあなたのもとにたどり着いた、という移転の記録がすべて残っています。しかも、そのログは改ざんできない。だから、一瞬で確認が終わるのです。

同じことは、有価証券や不動産、知的財産、所有権などの移転手続きすべてに当てはまり

1-1
1-2
1-3
2-1
2-2
2-3
3-1
3-2
3-3
4-1
4-2
5-1
5-2
6-1

ます。過去の取引履歴がすべて記録として残っているので、その「証券」「権利書」「契約書」が本物かどうか、いちいちチェックする必要がありません。

ブロックチェーンを使えば、「お金の移転＝送金」も一瞬で終わります。あいだに銀行を介在させることなく、直接AさんからBさんに送金できるので、手数料もほとんどかかりません。いままで人手をかけてやっていた確認作業が、あっというまに終わるようになれば、所有権の移転や交換が簡単になります。ブロックチェーンの記録はコピーも改ざんもできないから、いろいろな資産の流動性がものすごく上がるはずです。

つまり、いままではさまざまな制約があって、インターネット上では扱いにくかった有限資産が、ブロックチェーンの登場で、時間と場所の制約を超えて、簡単にやりとりできるようになるのです。有限資産の価値の移転をなめらかにできるようにするのが、ブロックチェーンの本質です。

契約を自動化する「スマートコントラクト」

契約にまつわるさまざまな手続きを自動化するのが「スマートコントラクト」です。文字通り「スマートな契約」という意味で、ブロックチェーンの一つである「イーサリアム」がスマートコントラクトのプラットフォームとして期待されています（イーサリアム内で通用する仮想通貨がイーサで、通貨記号はETH）。

たとえば、A社がB社にシステム開発を発注した契約では、B社はできあがったシステムをA社に納品して、同じものを無関係なC社に勝手に売ったら、契約違反です。間違いなくA社しか使えないということが保証されているから、その対価として報酬が支払われるわけです。

ところが、B社が納品してから2週間で不具合が生じて、契約通りに動作しなかったとしたら、A社としてはすぐにプログラムを修正してもらいたいし、最悪、支払った代金を返してもらいたい。保証期間内だから無料で直してほしいといっても、B社が応じなかった場合、スマートコントラクトなら、支払った代金（ブロックチェーン上でやりとりされる仮想通貨）を強制的に使えなくすることもできます。

あるいは、逆に、当初の約定通りのシステムを納品したのに、A社からこんな機能を追加してほしいという要請があったとします。B社としては、「新たに機能を追加するなら別料金をください」というのが筋ですが、もしA社が追加の支払いをしぶった場合、もめるくらいなら、納品したプログラムを強制的に使えなくしますよ、ということができます。

ブロックチェーンによって価値の移転をデジタル化すると、言った言わないという水かけ論がなくなるだけでなく、何か問題が発生したときに、移転した価値の制御が可能になります。その結果、機能を止めたり、追加で料金をもらったりできるというのが、ブロックチェーン技術を使ったスマートコントラクトなのです。

ブロックチェーンは事実上改ざんできない

ここで、ブロックチェーンの仕組みを簡単に振り返っておきましょう。

すでに述べたように、ブロックチェーンは過去のすべての取引記録をまとめた台帳です。世界中のどこで誰と誰が取引しようが、例外なく、その記録は台帳に書き込まれます。ただし、1回1回の取引ごとに追加するのはたいへんなので、一定時間（たとえば10分）ごとに区切って、その間に行われた取引をひとまとめのブロックにして、最後のブロックの後ろにつなげます。ブロックがチェーンのように連なっているから、ブロックチェーンというわけです。

それぞれのブロックは暗号化されています。それを解読するのは、現代のコンピュータの処理能力では膨大な時間がかかり、事実上不可能です。しかも、たとえそのうちの一つのブロックが解読されたとしても、ブロックの中の取引記録に手を加えれば、前後のブロックと

1-1 1-2 1-3 2-1 2-2 2-3 3-1 3-2 3-3 4-1 4-2 5-1 5-2 6-1

の整合性がとれなくなり、異変はすぐにキャッチされます。

さらに、ブロックチェーンは、1か所で集中管理する中央集権型のシステムではなく、ネットワークに参加するプレイヤーがそれぞれ同じ台帳を保有し、みんなで承認することで成り立っているシステムです。そのため、仮にそのうちの1か所が悪意ある攻撃を受けたとしても、ビクともしません。世界中に散らばったすべての台帳を書き換えない限り、その取引は認められない仕組みになっているので、その意味でも、ブロックチェーンのセキュリティはきわめて強固です。

それだけ安全性が高いシステムなので、「有限資産」の価値の移転も、ブロックチェーンを通じて行うことができるのです。

ビットコインは送金をなめらかにする

ブロックチェーンは、仮想通貨「ビットコイン（通貨記号はＢＴＣ）」の登場とともに始まった技術です。そのため「ビットコイン≒ブロックチェーン」「仮想通貨≒ブロックチェーン」と思い込んでいる人が多いですが、ビットコインは、「価値の移転をなめらかにする」というブロックチェーンの機能のうち、お金を移転する送金部分だけに特化した技術にすぎません。

たまたまビットコインが先に有名になり、ものすごい勢いで価格が上昇したので、「ビットコインは儲かる」「投資のために仮想通貨を買う」という人が増えてしまいましたが、本来、ビットコインやその他の仮想通貨の最大の価値は、どんなに距離が離れていても、国籍が違っても、AさんからBさんへ瞬時に、ほとんどコストをかけずに送金できるということです。

コピー可能な情報をつなげるインターネットから、コピーできないものも運べるインターネットに変わる。その意味で、ブロックチェーンは、有限資産をなめらかにつなげる技術といえるわけです。

ちなみに、2018年に仮想通貨取引所の「コインチェック」から580億円もの仮想通貨「ネム（通貨記号はXEM）」が不正に流出した事件が起きたことで、ブロックチェーンのセキュリティは大丈夫なのかと心配になる人もいるかもしれませんが、この事件では、ブロックチェーンのシステムそのものが破られたわけではありません。実際は、長期間にわたってコインチェックの社員に取り入った犯人が、社内システムの不備を突いて勝手に送金したにすぎないとされていて、その意味では、ふつうの銀行でも起きる可能性のある事件だったといえます。

売買が簡単になると商品の回転数が上がってシェアに近づく

ブロックチェーンによって、所有権の移転、つまり売買や譲渡が簡単になると、どんなことが起きるでしょうか。

売買にまつわる面倒な手続きがなくなり、ネットを通じて一瞬で価値が移転できるようになると、たとえば、デジタルアート作品を1週間の期間限定で売って、1週間後には使えなくするといったことが可能になります。つまり、はじめの1週間はAさんの持ち物だけど、次の週はBさんの所有物で、その次の週はCさんの所有物……といった取引が簡単にできるようになるのです。

これは、もはや売買というよりシェアに近い。有限資産を小分けにしてみんなで使う「シェアリングエコノミー」については、次の章でくわしく解説しますが、自分が使いたいだけ使ったら、すぐに「メルカリ」で売るのが当たり前の世代にとっては、メルカリは売買の場というよりも、みんなで一つのものをシェアする感覚に近いわけです。

たとえば、ゴルフクラブを選ぶときは、自分にフィットするかどうかがわからないので、できれば試し打ちをしたい。レンタルだと傷をつけないかと心配ですが、いったん買って、試し打ちして気に入らなければ、すぐにメルカリで売れるとなったら、気が楽です。実際に負担するのは、買った金額と売った金額の差額なので、レンタル代とそれほど変わりません。それを何度か繰り返して、自分にフィットするものが見つかったら、そのクラブを長く愛用すればいいのです。

ゴルフクラブの場合はメルカリで売ればいいのですが、これが自宅やアート作品ならどうでしょうか。自宅やアート作品を売ろうと思っても、煩雑な手続きと高額な手数料がネックになって、気軽に売ることはできません。その煩雑さやコストを取り除いてくれるのが、ブロックチェーンなのです。ブロックチェーンによってすぐに自宅を取り替えられるようになったとしたら……。おそらく、試しに住んでみて、気に入らなければすぐに売って、次の家に引っ越すという賃貸のようなライフスタイルが出てくるはずです。

アート作品の場合は、過去に誰が所有していたという履歴がブロックチェーンに残るので、むしろ、そこに価値が生じるかもしれません。自分の好きなセレブが所有していた絵画なら、高くても買いたいという人もいるでしょう。

そうやって、新しいビジネスが生まれてくるのです。

未来の権利を買う「ＩＣＯ」

売買が簡単になると、「未来の権利」を買うことも簡単になります。たとえば、この会社は将来これくらいの収益を生む可能性がある。だから、その収益の一部を受け取る権利を、いま買っておく。「未来の収益を受け取る権利」も、コピーされたら困る「有限資産」の一つです。だから、「未来の権利」を先取りして買うための仕組みとして、ブロックチェーン技術を使った「ＩＣＯ（イニシャル・コイン・オファリング）」が注目を集めました。

ＩＣＯは、株式新規公開を意味する「ＩＰＯ（イニシャル・パブリック・オファリング）」と似ていることからわかるように、事業拡大のため、企業が「トークン」と呼ばれるバーチャルなコインを発行して、広く一般の投資家から資金を集めます。ＩＰＯと違うのは、株式市場に株を公開（上場）するには、投資家保護の観点から、さまざまな条件を満たして審査をクリアする必要があるのに対して、ＩＣＯが出てきたときは、そうした制約が一切なかったということです。

ＩＣＯが扱うのは未来の権利なだけに、希少性が上がって価値が上がるのか、コモディティになって価値が下がるのか、役に立たなくなって価値がなくなるのか、ある程度の変動幅

（ボラティリティ）が生じるのはしかたのないことで、そこに投機性が入り込む余地があります。

２０１８年にコインチェック事件が起きる直前の２０１７年末には、「１ＢＴＣ＝２２０万円」に達して、空前のビットコインブームが起きていました。それもあって、ブロックチェーン技術を使ったＩＣＯは儲かりそうだということで、みんなが群がり、価値が暴騰しました。その結果、事業を成功させるよりも、価値が暴騰したコインを売り払ったほうが儲かることになってしまったのが、ＩＣＯの不幸です。

誰も事業をまじめにやらずに、儲けだけを狙ったＩＣＯが乱立した結果、「ＩＣＯ＝怪しげな未上場株」というイメージがついて、ゆがんでしまったわけです。そのため、現在では、ＩＣＯに対して各国がさまざまな規制をしていて、ＳＴＯ（セキュリティ・トークン・オファリング）のように有価証券に適用される法律に準拠するものが現れたり、ＩＥＯ（イニシャル・エクスチェンジ・オファリング）のように仮想通貨取引所が発行主体となるタイプが登場するなど、進化のバランスを模索している最中です。

しかし、本来ＩＣＯというのは、うまく使えば、社会貢献のための資金源ともなりえます。たとえば、残念ながら実現しなかったものの、地雷撤去のための資金を集めるＩＣＯがありました。地雷を撤去したら、その街に安心して住めるようになって、街の価値が上がる。そうすれば、土地の値段も上がり、土地を使ったビジネスの収益も上がるはず。その収益を配分する権利を売るわけです。

ＮＰＯに対する寄付と違って、世の中の役に立つだけでなく、未来に対する投資でもある。みなさんがお金を出せば、未来がより輝くので、その輝いた未来の収益の一部をみなさんに還元します、というのが本来のＩＣＯなのです。

ほかにも、ゲームを開発するための資金をＩＣＯで集めて、将来ゲームが生むはずの収益の一部を還元するとか、あるアーティストがＩＣＯで集めたお金で世界ツアーを実施して、人気が高まれば、さらに儲かるようになるから、その収益の一部を還元するといった取り組みが知られています。

ＩＣＯはお金以外の貢献価値と交換することもできる

このＩＣＯの考え方は、株式投資と基本的に同じです。

最初の株式会社は、大航海時代に船で東洋まで貿易に行けば、圧倒的に儲かるけれど、航海技術や造船技術がまだそこまで安定していなかったので、７回に１回くらいは船が壊れて、乗組員が全員死ぬかもしれないし、積荷も持って帰れないかもしれない。しかし、７回に１

回船が沈んだとしても、全体としてみれば、それ以上に儲かるから、お金を出して船を出したい。とはいえ、一人で全額負担するのはリスクが高すぎるので、船旅と取引にかかるコストを小分けにして、大勢で分担する仕組みが登場します。それが株式の始まりです。

船旅の場合は、毎回戻ってきたら精算して、それぞれ分け前をもらえばいいので、わかりやすかったのですが、どうせ毎回投資するなら、1回ごとに精算するのではなく、1年ごとに期限を切って利益を分配したほうがいいということになって、現在の株式会社の形になりました（1回ごとに精算せずに、ずっと続けることが前提なので「継続企業＝ゴーイングコンサーン」と呼びます）。

ＩＣＯも「未来の収益を受け取る権利」を先取りして買うことになるので、基本原理は株式投資と同じです。ブロックチェーンなら、未来の収益を可視化するのは得意だし、スマートコントラクトで、ウソやごまかしがあったら、投資したお金を使えなくすることもできるので、株式よりもいい面があります。

さらに、株式と違って、必ずしもお金を払って未来の権利を買うだけではないというところが、ＩＣＯの新しさです。

たとえば、お金は出せないけれど、プログラムの開発で貢献できるから、その分コインをくださいとか、ゲームコミュニティの中で、ほかのプレイヤーにたくさん貢献しているので、その貢献度に応じてコインの配分を多くしてほしいといったように、お金ではない貢献価値と権利を交換することもできます。

いままでは、お金がすべての価値を測定する指標でした。価値判断の尺度がお金の額だったから、物を買うときの対価はお金だったわけです。しかし、価値と価値が直接結びつくインターネットの世界では、自分がインフルエンサーとして世の中に広めたことや、実際に汗をかいて貢献したことが自動的に可視化されるので、それに基づいて、有限資産の配分を受け取ることもできるのです。これが、ブロックチェーンがもたらすもう一つの大事なポイントです。

予約購買型の「キックスターター」

ＩＣＯと似たような仕組みに、「クラウドファンディング」があります。クラウドファンディングの「クラウド（crowd）」は「群衆」という意味で、「雲」を表す「クラウド（cloud）」とは違います（雲のほうのクラウドは、６－１で解説します）。

どちらも、一つひとつは小さいかもしれないけれど、みんなの力を一つに合わせれば、大きなムーブメントを起こすことができるという仕組みです。お金を集める企業からすれば、何か大きいことをしたいときに、いきなりベンチャーキャピタルから資金調達するのはむずかしくても、大勢の人から小さなお金を集めれば、同じことができるということでもあります。

初期のクラウドファンディングを代表するのは、「キックスターター」です。「未来の権利」を買う投資とは違って、まだできていない商品を先に買いたいだけという予約購買型のサービスでした。

そもそもキックスターターが誕生したのは、世界中の工場（ガレージ）がインターネットでつながり、３Ｄプリンターが登場して、誰でも簡単に製品をつくれるようになった「メイカーズムーブメント」がきっかけです。

つまり、誰でも簡単に商品をつくれるようになったのはいいけれど、個人や小さな会社には資金がない。それに、商品を買ってくれる人がどれくらいいるかもわからないし、大企業みたいに事前にマーケティング調査をできるわけでもない。そこで、資金集めのためのツールとして登場したのがキックスターターだったのです。

商品見本やアイデアを披露して、その商品を買いたいという人から先にお金を集めることで、商品をつくるリスクが減った結果、新しい折り畳みの自転車やゲーム機など、さまざまなアイデアが形になりました。

ところが、アイデア段階でお金を集めていた人にとっては、致命的な問題が発生します。キックスターターでアイデアを見た別の人が、先にそれを商品化して売りに出すケースが続出したのです。とくに中国の深圳には、ハードウェアスタートアップが集積していて、コピー商品だろうが何だろうが、あっというまに商品化してしまう旺盛な開発力がありました。これがキックスターターの悲劇で、予約購買型のクラウドファンディングが廃れる原因ともなりました。

クラウドファンディングで冒険チケットを手に入れる

クラウドファンディングには、予約購買型だけではなく、応援したいから寄付でいいという「ファン型」もあります。どこかに自分の名前が載るだけで思い出になるし、承認欲求が満たされるから、返礼品（リターン）はいらないという人もいるのです。

たとえば、２０１６年公開の映画「この世界の片隅に」（片渕須直監督）は、１万円以上の支援ならエンドロールに名前が載るという条件で、クラウドファンディングサイトの「マクアケ」で製作資金を募集し、最終的に４０００万円近くを集めることに成功しました。その結果、映画は無事完成して、大ヒットとなったのは記憶に新しいところです。

ユーザーは、必ずしもリターンほしさにお金を出しているわけではないということです。ユーザーが求めていたのは、誰かの夢の実現を応援することで、自分もその物語の一部になり、完成するまでのワクワクやドキドキを共有したいということだったのです。日常とは違う「冒険」に参加するためのチケット代だと考えれば、数千円の出費は痛くないわけです。

さらに、物語が完結したあかつきには、「自分は○○の成功にひと役買った人間です」と周囲にアピールすることができるし、満足感に浸ることもできるでしょう。それは、お金を払って物語に参加した人だけが味わえる特別な感情です。

銀行口座をもたない人たちにもモバイル口座を

ブロックチェーンの話題の締めくくりに、2019年にフェイスブックが発表して注目を集めた仮想通貨「リブラ」について解説します。

1－2でも述べましたが、世界には銀行口座をもたない人が17億人もいるので、この人たちにモバイル口座をもたせることで、経済活動に参加できるようにしようというのが、リブラのもともとの目的です。

銀行口座をもたない人たちをターゲットにした試みは、古くからあります。たとえば、バングラデシュの「グラミン銀行」は、1983年に「マイクロクレジット」を導入して、それまで銀行融資が受けられなかった貧しい農村部の女性を対象に、少額の無担保融資を開始します。女性たちは、そのお金を元手に仕事を始め、自立したら、儲けの一部をグラミン銀行に返済します。

借用書のような契約書はなく、信頼に基づいてお金を貸す仕組みにもかかわらず、貸し倒れ率はわずか2％。5人組のような互助グループをつくって、お互いに励まし合いながら返済する仕組みを導入したこともあって、グラミン銀行は大成功し、創業者のムハマド・ユヌスはのちにノーベル平和賞を受賞しました。

また、インドには3億人以上のユーザーを抱えるモバイル決済アプリ「ペイティーエム」があり、アフリカにはケニア発のモバイル決済アプリ「エムペサ」があって、銀行口座をもたない人たちの送金や決済ニーズに応えています。モバイル口座をもてば、自分で商売を始めることもできるので、市場経済の普及にこれらのアプリがひと役買っているということもできます。

その意味で、リブラというのは、日本でいえば、PayPayやLINE pay（いずれも1-2を参照）のようなキャッシュレス決済の文脈にあるサービスです。では、なぜブロックチェーン技術を使うかというと、送金コストが安いというのが理由の一つです。もう一つは、賄(わい)

賂や二重帳簿のような不正が横行する国では、取引記録がすべて残ってチェックできるブロックチェーンのほうが安心だからです。

フェイスブックの本当の狙いはどこにある？

仮想通貨はもともと、過去の取引履歴をすべて記載したブロックチェーンの台帳の中から、預金通帳の機能だけを取り出したようなものです。リブラを導入すれば、スマホの中にモバイル口座を開いたのと同じになるので、フェイスブックはそこをとりに行っているわけです。しかし、フェイスブック単独で始めると、ＳＮＳだけではなく、モバイル決済まで独占するつもりかと批判されるので、いろいろな会社と手を組んで非営利団体のリブラ協会を立ち上げて、運営するのは協会だという建て付けにしたのです。

とはいえ、フェイスブックは、インドやアフリカで浸透するための布石を打ってきたというのが個人的な印象です。このまま放っておけば、モバイル口座からスタートしたペイティーエムやエムペサが第二のフェイスブックとなる可能性があり、そうなってからでは市場に入り込むのは至難の業なので、その前にリブラをぶつけて潰しにきたというわけです。

ネットの世界からバーチャルリアリティ（ＶＲ）の世界に人間同士のコミュニケーション

の場が移るリスクがあるから、VRヘッドセットの「オキュラス」を20億ドルという破格の金額で買収したのと同じで、資金が潤沢なフェイスブックならではのパワープレイだというのが、僕の見立てです。

リブラの対抗馬は中国？

では、リブラの対抗馬が出てくるとしたらどこかというと、中国ではないかといわれています。中国は、新型コロナウイルス騒動で経済成長がストップする前は、国家主導でブロックチェーン技術を使った通貨をつくるという姿勢を、盛んにアピールしていました。したたかな中国は、中国マネーを餌にして、スペインやイタリア、アフリカ、マレーシアなどに触手を伸ばして、国家戦略として拠点づくりを進めています。

さらに、「アリペイ」の運営会社であるアント・フィナンシャルは、アリババの株主でもあるソフトバンクとともに、インドのペイティーエムにも出資し、インドネシアでもウォレットアプリの「ダナ」を展開しています。つまり、中国、インド、インドネシアというアジアの人口大国三つを押さえているわけで、アリペイ経済圏はもはやアメリカやEUをはるかに超える規模まで膨らんでいるといえそうです。

強すぎるフェイスブックがリブラを運営することに対して、強い懸念を示しているアメリカの政治家も、中国の仮想通貨が本格稼働すれば、リブラに対する姿勢を改めるかもしれません。

5-2 有限資産を小分けにしてみんなで使う
――シェアリングエコノミー

□エアビーアンドビー□ウーバー□ディディ□クラウドソーシング□モバイク□エニプレイス

空いた部屋をシェアする「エアビーアンドビー」

前章で紹介したブロックチェーンは、コピーできない有限資産をなめらかにつなげる技術でした。この章では、コピーできない有限資産を小分けにしてみんなで使うシェアリングエコノミーを解説します。

有限資産を小分けにしてみんなで使うと、もともと使い切れていなかったものを使い切れるようになります。貸し手からすると、余っていたものを貸すことになるので、安く提供してもかまわない。借りて使う側からすると、安く使えるのでうれしい。お互いにハッピーになるのが、シェアリングエコノミーのいいところです。

シェアする有限資産は、「部屋」のときもあれば、「自動車」のときもあり、何か特定のスキルをもつ人の「時間」のときもあります。有限資産にも、いろいろな形があるのです（前章の図22をもう一度見てください）。

自宅に空いている部屋があるから、せっかくなのでそこを貸し出そうというのが、民泊サイトの「エアビーアンドビー」です。余っている部屋を貸したい人と、宿泊先を借りたい人をつなげたことで大人気となり、いまや、全世界で600万件【※29】を超える部屋数が登録されています。

世界最大のホテルチェーン、マリオットインターナショナルの客室数が130万室【※30】といわれているので、エアビーは、ある意味、世界一の部屋数を誇る疑似ホテルチェーンとみなすこともできます。

乗っていない車をシェアするウーバー

一方、自家用車をもっているけれど、1週間の大半は駐車場に置きっぱなしだから、空いた時間に車を出して、タクシーがわりに提供しようというのが、ライドシェア&配車アプリの「ウーバー」です。

ウーバーのように、移動手段をみんなでシェアすることを「ウーバーライゼーション（ウーバー化）」といいますが、北米では競合サービスの「リフト」が台頭し、中国の「ディディ（滴滴出行）」や東南アジアの「グラブ」、インドの「オラ」など、地域ごとに強力なライバル企業が出現してナンバーワンの座を争っています。

日本ではタクシー会社の力が強くて、なかなか普及しないライドシェアサービスですが、とくに人口減少が進む地方では、もともとタクシーの台数が足りないうえに、高齢ドライバーの事故防止の観点からも、通院や買い物など、必要なときだけ呼んで来てもらうライドシェアに対する潜在的なニーズはかなりあるはずです。

日本では、自家用車で通勤する人はそこまで多くないため、ほとんどが週末ドライバーです。それと比べると、タクシーの稼働率は高いのですが、それでも「余った資産を使い切る」という視点からすると、まだ改善の余地があります。

たとえば、タクシーの車両には、ドライバーを除くと3、4人乗ることができますが、実際に乗っているのは1人のことが多く、平均しても2人未満です。大量のガソリンを消費して、二酸化炭素を排出する機械を動かしているにもかかわらず、運んでいるのは1人だけと

1-1
1-2
1-3
2-1
2-2
2-3
3-1
3-2
3-3
4-1
4-2
5-1
5-2
6-1

いうことになると、コスト効率がいいとはいえません。

相乗りすれば、空いた席までシェアできる

そこで登場するのが「相乗り」です。1人ではなく、同じ方向に行く2、3人と相乗りすることで料金は安くなるし、ドライバーも同じ道を行ったり来たりする回数が減って運転しやすくなり、さらに一人あたりのガソリン消費量や二酸化炭素排出量が減って、環境にもいいとなれば、いうことなしです。

これまでは、同じ方向に行く人を同じタイミングでつかまえることが困難でした。しかし、ウーバーの利用者が増え、AIによるマッチングの精度が向上すると、同じ方向に行きたいという人を途中でピックアップして、最短ルートで目的地に運ぶことができるようになります。

たとえば、朝6時に起きて、10時までに出社すればいいという人が、9時50分に会社近くの駐車場に到着するように設定すると、運転している最中に、ウーバーから「○○に行きたいというお客さんが△△で待っている」という情報が飛んできます。そこでお客さんを拾って、ウーバーが選択したルートに沿って運転していると、また別のお客さんの情報が入りま

す。そうやって何人かのお客さんをピックアップして目的地に送り届けても、ちゃんと時間通りに会社に着けるというわけです。

車で通勤するという、ふだん自分がやっている行為の延長線上で、空いた席にお客さんを乗せて運ぶだけなので、そこまで負担も大きくないし、それで稼げるなら願ったりかなったりという人も多いはずです。

空いている席を活用する相乗りが一般的になれば、それだけ稼働する自動車の数が少なくて済みます。100台の車で100人しか運ばない社会と、25台の車で100人を運ぶ社会では、後者のほうが渋滞も起きにくいし、環境に対する負荷も確実に減ります。

自動車の稼働時間や空いている座席を小分けにして、みんなで使えば効率的だし、いったん小分けにしたものを、目的地やタイミングごとに束ねれば、さらに効率的になる。シェアリングエコノミーという発明は、シェアする人にとっても、それを利用する人にとっても、さらに社会や環境にとっても、いいことばかりなのです。

相互レビューで「信用」を可視化

シェアリングエコノミーは、知らない人の車に乗る、知らない人の部屋に泊まることによ

1-1
1-2
1-3
2-1
2-2
2-3
3-1
3-2
3-3
4-1
4-2
5-1
5-2
6-1

って成り立ちます。借りる側が身の危険を感じたり、貸す側が見知らぬ人に貸す不安を抱えたままだと、こうしたサービスは広がりません。

そのため、普及するには、信用の可視化と、長期にわたって安定的な収入があるという期待がセットになっている必要がありました。

信用を可視化するために導入されたのが、レビュー評価です。わかりやすいのはウーバーで、毎日何人ものお客さんを乗せているから、その乗客たちがドライバーを評価する。すると、運転が荒かったり、車内が汚かったり、お客さんに対して暴言を吐いたりするようなダメなドライバーは、すぐにあぶり出されます。逆に、ていねいな接客で、シートも清潔に保ち、安全運転で目的地までスムーズに運んでくれるようないいドライバーには、いい評価がどんどんたまります。

メルカリやヤフオク!を使ったことのある人ならわかると思いますが、評価の低い出品者から買うのは勇気がいります。ダマされるのではないかという心配が消えないからです。それに対して、評価の高い売り手なら、すでにメルカリやヤフオク!で一定の収入を得ている人だから、ここで自分をダマして小銭をせしめるよりも、正直に商売して、この評価を維持したほうが得だよね、という想像が働きます。知らない人の車に乗ったり、知らない人の部屋に泊まったりできるのも同じで、ユーザーレビューによる信用スコアがたまっているからです。

一方、借りる側も、じつは、貸し手からレビュー評価されています。何かとクレームをつけて値切ろうとしたり、部屋をめちゃめちゃにしたりすれば、悪い評価がたまります。そうして、ある日突然、サービスを利用できなくなるわけです。

信用スコアがドライバーの質を向上させる

中国のディディはさらに一歩進んで、乗客としていい評価がたまっている人には、スコアの高いドライバーが運転する車が優先的に割り当てられます。いい乗客に、わざわざサービスの質が劣るドライバーをあてがって、機嫌を損ねることはないわけで、せっかくの上客に別のサービスに乗り換えられないためにも、いい乗客といいドライバーのマッチングは理にかなっています。

一方、ドライバーになりたてで、まだレビューがついていなかったり、これまでのスコアが低かったドライバーに回される乗客は玉石混淆(ぎょくせきこんこう)です。相手がはじめての利用者だったり、過去にトラブルを起こした人だったりすると、余計な気苦労が発生します。しかも、評価の低いドライバーの取り分は、優良ドライバーより低いので、ドライバーはお客さんから少しでもいい評価をしてもらおうと、運転技術やサービスの向上に励みます。

サービスをはじめて利用する人は、信用スコアがたまっていないので、配車されるのは初心者に近いドライバーです。そこからスタートして、お互いにレビューの回数を重ね、時間をかけてスコアを上げていく仕組みです。

信用スコアは、短期間で一気に上がる性質のものではありません。地道にサービスの質を上げる努力をした人が報われるシステムです。時間がかかるからこそ、何か月もかけて上げてきたスコアを、たった1回の過ちでゼロにしてしまうのはもったいない。だから、ドライバーはわざわざ乗客をダマしたり、暴言を吐いたりしなくなるのです。そんなことをして損するのは自分だからです。

いくらシェアリングエコノミーがAIを活用しているからといって、最初から完璧なサービスというものはありません。治安の面で不安のあるアジアの中には、たくさんレビューのたまった優良ドライバーしか案内しないという有料オプションがあるサービスもあります。心配なユーザーは、そういったオプションを選ぶこともできます。

そうやって、貸し手と借り手がお互いに高め合いながら、信用を可視化していけるというのが、シェアリングエコノミーのいいところでもあります。

優良ドライバーになるために、ていねいな接客を心がけていたら、お客さんから「ありがとう」といってもらえる。いったん「ありがとう」という言葉の気持ちよさに目覚めたら、もっと「ありがとう」といってもらえるようにがんばるし、自分も「ありがとう」といえる人になる。ディディのドライバーの中には、それまでケチばかりつけていた奥さんに「ありがとう」といえるようになって夫婦仲がよくなった人もいるそうです。

「時間」や「処理能力」もシェアの対象に

有限資産なら、基本的には何でも小分けにして貸し出すことができるので、たとえば、個人のスキルや能力もシェアリングエコノミーの対象になります。

翻訳や文章の校正、エントリーシートの添削、スピーチのコーチ、あるいはヨガのインストラクターなど、自分がもつスキルを生かして、空いた時間に仕事を受けるのが「クラウドソーシング」です。日本では「ランサーズ」や「クラウドワークス」が知られています。

プロの時間を小さく切り分けて、30分だけ貸してもらう。本格的な仕事として頼むと料金が高くて払えないという人でも、小分けにされた時間報酬くらいなら払えるという人も多いはず。自分のスキルを提供する側もスキマ時間を有効活用して、それが小遣い稼ぎになるならうれしいわけです。

コンピュータの処理能力も立派な有限資産です。パソコンのＣＰＵ（中央処理装置）を常時使い切っている人はまれなので、余っている処理能力をネットを通じて提供し、世界中から集められた処理能力を一つに束ねて大きな計算をする「分散コンピューティング」という手法も、シェアリングエコノミーの一種とみなすことができます。

ヒト・モノ・カネ・情報などの経営資源のことを「リソース」と呼びますが、会社に余剰リソースがあれば、それを貸し出すことで、シェアリングエコノミーに参加することができます。

たとえば、会議室の予約システムがある会社なら、その時間に空いている会議室を、外部の人に貸し出すこともできるはずです。会議室の入り口がスマートロックになっていて、スマホで解錠できるなら、そのキーを貸し出すことで、シェアオフィスのできあがりです。それ以外の会議室や執務室には、そのキーでは入れないようにしておけばいいだけなので、いまあるシステムに少し手を入れるだけで始められるはずです。

効率を追求するか、交流を楽しむか

ひと口にシェアリングエコノミーといっても、そのあり方はさまざまです。ここでは、二つの軸に分けて考えます。

まずは、「効率型」のシェアリングエコノミーと、「共感・交流型」のシェアリングエコノミーという軸です。同じエアビーアンドビーでも、完全オートロックで誰とも会わずに借りられる部屋もあれば、ホームステイのように宿主との交流が楽しめる部屋もある、ということです。

前者では、スマホで部屋の鍵の開け締めができるスマートロックにしてあるケースも多く、借りる人は誰にも会わずに自分で鍵を開けて部屋に入り、そこに泊まって、出ていくことができます。支払いはアプリ内で完結するので、貸し手と借り手がお互いに効率を追求すれば、自然とこういう形になるはずです。

一方、チェックイン・チェックアウトのときだけではなく、ホストファミリーと一緒に朝ごはんを食べたりして、交流することに価値を感じる人は、そういう宿に泊まります。借り手は現地の人たちと交流し、その土地の暮らしを満喫できるし、貸し手もいろいろな国の人たちとの交流を楽しむことができます。

エアビーが求めていたのは、もともと後者でした。「現地に住むように旅をすれば、旅はもっと豊かになるに違いない」というのが彼らのミッションです。

無味乾燥な部屋に泊まって、どこに行っても代わり映えしない料理を食べ、有名な観光スポットを回るだけが旅ではないのです。そこに暮らす人たちと交流し、地元の人たちと一緒に食事を楽しめば、表面をさらりとなぞっただけの旅よりも、もっと豊かな体験を味わうことができる。こうした考え方は、4－2で紹介した、「機能価値」から「感情価値」へと情報の選択基準が移り変わってきたという文脈とも一致します。

ところが、シェアリングエコノミーが便利さを追求した結果、残念ながら、効率型のほうがメインになってしまったというのが、これまでの実態でした。

多様な人材の受け皿に

しかし、効率を追求することが必ずしも悪いわけではありません。

たとえば、効率を追求して機能面が充実するほど、ドライバーになるためのハードルは下がります。その結果、現地の言葉をほとんど話せない移民でも、来たばかりで現地の地理がまだよくわかっていない人でも、ウーバーなら、すぐにドライバーになることができます。

それまでは、行き先を告げたり、料金を受け取ったりするときに、言葉が通じないドライバーが相手だとむずかしかった。でも、行き先の指定も支払いもアプリで完結するようになったので、その街に来たばかりで収入がなくて困っている移民の人でも、すぐに稼ぐための手段が得られるようになったのです。

移民に限らず、言葉が不自由な人が地元で職を得るのは、なかなかたいへんです。得られたとしても、低賃金の肉体労働が中心で、しかも、言葉が話せないために、賃金をごまかされたり、不利な立場に追い込まれたりすることが多かった。しかし、ウーバーなら、しっかり安全運転をして、評価をためていけば、話せなくても収入を上げていくことができます。

行き先の指定と料金の支払いが「フリクションレス（摩擦なし）」になると、言葉がつたない人同士でも、安心して会話できるという効果もあります。海外でタクシーに乗った人ならわかると思いますが、この二つが通じないと、とてもストレスを感じるものです。でも、この二つの問題がクリアされたとたん、急に気が楽になって、会話を楽しむ余裕が出てきます。

たとえば、相手の見た目や話しぶりから「もしかしてインド出身？」とでも聞けば、会話も弾むはずです。「いつこっちに来たの？」「3か月前。ウーバーのおかげで毎日コツコツ仕事ができてハッピーだよ」「サンフランシスコなんてよく住めるね（家賃が高いことで有名）」「車で4時間くらいのところに住んでるよ。月曜日にサンフランシスコに来て、車の中で寝泊まりして、月曜日から金曜日まで稼いで、週末は家に帰るんだ」といった会話で盛り上がるかもしれません。

そうなると、効率を追求していたはずのウーバーで、共感・交流型のドライバーが育つことになるわけで、効率型と共感・交流型のあいだを行ったり来たりすることになります。

ウーバーのドライバーは移民だけではなく、ミュージシャンや役者、アーティストが多いのも特徴です。好きな音楽や芝居だけで生きていければ、それがいちばんいいのですが、世の中それほど甘くない。一生日の目を見ない人もたくさんいます。その人たちは、もともとバーやレストランなどで働いていたのですが、ライブや芝居があるたびに、休みがとれるとは限りません。「個展があるから2週間休ませてください」とでもいおうものなら、クビになってもおかしくない。だから、そのたびに仕事をリセットして、ゼロからやり直さなければいけませんでした。当然、給料は上がりません。

ところが、ウーバーなら、自分の働きたいときだけ働けるので、逆に、自分のライフワークに集中できるのです。スコアも毎回リセットされることなく、積み上げていけます。もともと余った時間を切り売りすることで始まったシェアリングエコノミーは、やりたいことが別にある人にとっても、最適な働き方を提供してくれるのです。

信用がたまれば、経済的に成功するチャンスも増える

職を変えるたびにそれまでの実績がリセットされることなく、積み上げていけるようにな

ると、ドライバーにはもっと大きな恩恵がもたらされます。たとえば、東南アジアの「グラブ」で何年もドライバーを続けてきた人は、いいドライバーという信用が積み上がっているので、新しい車に買い換えるときに、ローンを安く組むことができます。その人が事故を起こさないこと、安定した収入があることは過去の実績を見れば明らかなので、有利な条件でお金を借りることができるわけです。

長期にわたって信用をためることができるというのは、職を転々とせざるをえなかった人たちにとっては、朗報です。有利な条件でお金を借りられるなら、たとえば、フードトラックを買って、移動販売にチャレンジするという手があるかもしれない。安定してお金を稼ぎ、信用を積み上げて、より大きなチャンスを手にする。それまで、そうしたチャンスに恵まれなかった人にとって、ライドシェアサービスは、まじめに経済活動に参加するための事実上のチケットとなっているのです。

こうしてたまった信用スコアが、国境を越えればどうなるか。前に述べたように、アプリですべて完結するライドシェアサービスなら、その国の言葉が話せなくても、現地の地理を知らなくても、車さえあれば、すぐにドライバーを始めることができます。すると、たとえば、ベトナムで信用スコアをためた人が日本に来て、その日から、優良ドライバーとして営業できるような未来が実現するかもしれません。日本でドライバーをして稼ぎながら、だんだん日本語を覚えていって、ためたお金でベトナム料理のフードトラックを始めてもいいし、ベトナム料理店を開いてもいい。時間やスキルを切り売りするシェアリングエコノミーは、人の移動もなめらかにすることができるのです。

余ったものを活用するか、それ専用に保有しているものを貸し出すか

シェアリングエコノミーのもう一つの軸は、使っていないもの、余ったものをユーザー同士で融通し合う「P2P（ピア・トゥ・ピア）型」か、貸し手がそれ専用に保有しているものを借り手の要望に応じて貸し出す「オンデマンド型」かという違いです。

シェアリングエコノミーは本来、余った資産を寝かしたままにしておくのはもったいないから、使いたい人に使ってもらおうという発想からスタートしています。ところが、シェアリングエコノミーが盛り上がり、お金になることが知れ渡ると、それを専業にする人が増えてきます。当初は、ほかに仕事をもっている人が空いた時間に自家用車を運転すれば、人助けになって小遣い稼ぎもできるという触れ込みで始まったウーバーも、いつのまにか、専業ドライバーだらけになってしまいました。

この「オンデマンド型」の究極の形が、一時は中国で飛ぶ鳥を落とす勢いだった「シェア

ライド自転車」です。誰かの自転車を借りるのではなく、サービス開始当初から、乱立したプラットフォームが自転車を用意して、街なかには、各社色とりどりのシェア自転車があふれました。しかし、過当競争で潰れるサービスが急増して大量の自転車が廃棄され、社会問題になりました。

シェアライド自転車は失敗に終わったと日本ではとらえられがちですが、じつは、意図的な結果だと僕は分析しています。ネットがリアルに染み出すビジネスでは、自分が使う範囲の中に選択肢（競合サービス）がいくつあるか、エリアごとのシェアが重要になってきます。限られた範囲でいくつもの競合サービスが乱立すると、過当競争でどの会社も利益が出なくなるので、なるべく一つの会社に集約したほうがいいという考え方を「範囲の経済」といいますが、範囲の経済を実現するには、大手が資金力にものをいわせて物量を大量に投下し、ライバルを殲滅（せんめつ）する焦土戦が有効です。シェアライド自転車市場には、一時30社以上が参入しましたが、「モバイク」はテンセントの出資比率も高い「メイタン（美団点評）」に買収され、アリババの出資を受けた「オフォ」は倒産、同じアリババ系の「ハローチューシン（哈囉出行）」という二強の系列だけが生き残る形になりました。

競争によって健全化が進むライドシェア業界

シェアライド自転車は大量の廃棄自転車を生む壮絶な決着のつけ方となりましたが、ライドシェア業界の効率化の波はとどまるところを知りません。

しかし、最初からウーバー専用車としてローンで自動車を購入し、呼ばれたらいつでも駆けつける専業ドライバーというだけなら、必要なときに必要なだけ呼び出して使うタクシーと何も変わりません（タクシーにはない相乗り機能などは別）。実際、専業ドライバーが主流になると、タクシー会社なら当たり前に負担している雇用保険や損害保険などのコストをウーバーなどが負担せず、ドライバーまかせにしているから安く提供できているだけではないかという疑念が、当のドライバーからも提起されています。

とはいえ、ライドシェア市場では各国で激しい競争が繰り広げられていて、いいドライバーを確保するためには健全な支払いをしないとダメだし、保険などのサービスも充実する必要があるということがわかってきたので、状況は日々改善されてきています。

そもそも、タクシーの稼働時間はたしかに長いのですが、お客さんを乗せずに空車のまま走っている時間が半分以上あります。走行キロのうち、お客さんを乗せている距離の割合を

「実車率」といいますが、日本の大都市圏で45％前後、全国平均では40％前後です。

さらに、お客さんからいただいた料金のうち、どれくらいをドライバーに還元しているのかという「歩合率」は、大手タクシー会社で６割程度で、残りの４割をタクシー会社がとっています。

一方、ウーバーは運賃が割安とはいえ、ウーバーがとる手数料は運賃の25％です。残りの75％がドライバーの取り分になります。また、ＡＩのおかげでお客さんの近くにいるドライバーにすぐに通知が届くため、空車のまま走る時間も減る傾向にあります。さらに、車の台数に限りがあった東南アジアや中国では、もともと相乗り文化があるので、１回の走行で運ぶ人数は一人ではなく、何人ものお客さんを運ぶことになります。

結局、タクシードライバーの収入は、「一回あたりの運賃×乗車回数×(手数料を引いた)歩合率」で、ライドシェアドライバーの収入は「一人あたりの運賃×乗車人数×歩合率」で決まるし、その仕事のコスパは「走行キロに対する実車率」で決まるわけです。だから、一人あたりの運賃が減っても、運ぶ人数と歩合率が増えれば、トータルの稼ぎも増えるはずです。究極的には、実車率をできるだけ１００％に近づけて、全部の座席がつねに埋まっている状態を目指しています。サービスの利用者がもっと増え、ＡＩによるマッチングの精度が高まれば、そこに近づくことができるはずです。

現状でも、ディディのドライバーはタクシーのドライバーより収入が20％上がった、という調査結果もあるようです。タクシードライバーの収入は、国や地域によってバラツキが大きいので、一概にはいえませんが、必ずしも、プラットフォームが一方的にドライバーを搾取しているわけではありません。そんなことをすれば、ライバルサービスに優良ドライバーが移ってしまって、結局、損をするのは自分たちだからです。

貸す日数に上限があれば、儲けすぎ体質をやわらげることも

エアビーも、空いた部屋を貸し出す「P2P型」から始まったものの、それで儲かるとなれば、投資用不動産を買って最初からエアビー専用にして、ホテルのように「オンデマンド型」で貸し出したほうが、何かと効率がいいわけです。だから、どうしても専業者が出てきてしまう。これは避けられません。

しかし、1か月同じ人に貸して毎月家賃をもらうよりも、エアビーで運用したほうが儲かるようになると、従来の賃貸住宅のオーナーの中にも、エアビーに切り替える人が増えてきます。すると、月払いの賃貸住宅が減って、家賃相場が上がる。パリの中でもとくにひどかったのは、海外からの移民の人たちが住むような賃料の安いエリアでした。

その結果、パリでは、エアビーが浸透したエリアで家賃が3割も上がってしまったのです。それまで住んでいた貧しい人たちが、家賃を払えなくなって部屋を追い出され、ホームレスになってしまう。専業者が増えたことの弊害です。

そこで、政府とエアビーや民泊業者のあいだで話し合いがもたれ、いまでは、専業者であっても、1年間のうち貸し出せる日数の上限が決められ、その日数を超えて貸し出せない仕組みになっています。上限は国によって違いますが、上限が120日のエリアでは、120日貸したら、もうそのアカウントで宿泊予約をとることができません。そうした施策によって、パリの家賃相場も落ち着きを取り戻しつつあるようです。

新しい市場が立ち上がったときは、どうしても便利なもの、効率的なほうに引っ張られてしまうので、一時的にゆがみが生じるのは避けられません。しかし、ゆがんだからといって、直ちにサービス全体を否定するのではなく、どうすればそのゆがみを解消して、持続可能なサービスにできるのか、プラットフォーム企業と政府が話し合って、落としどころを決めていく。あるいは、プラットフォーム企業同士が健全に競争し合えば、自然と淘汰圧がかかって、持続可能なサービスでないと生き残れないということになるはずです。

国による規制も、事業者同士の競争も、サービスの質向上のために貢献できるということです。日本人は100点満点か、さもなくば0点か、という見方をしがちですが、たとえ50

点から始まったサービスでも、企業がさまざまな領域で切磋琢磨し、国も新しい産業を育てるという観点に立って適切に誘導していけば、70点、80点のサービスに育てていくことができるはずです。

シェアリングエコノミーが真価を発揮するのはこれから

ここまで見てきた「効率型」と「共感・交流型」、「P2P型」と「オンデマンド型」という二つの軸を組み合わせると、図23のような四象限マトリクスが描けます。

このうち、現在は右上の「効率型／オンデマンド型」が主流になっているわけです。しかし、シェアリングエコノミーは本来、左下の「共感・交流型／P2P型」を目指していました。助け合いの精神で始めたことでも、ビジネスになるとわかった瞬間、効率化と儲けを最大化する右上の方向にものすごい勢いで引っ張られてしまったのです。

一方、左下の理想の領域でも、部屋に盗撮用のカメラを仕掛けたり、女性を乗せたドライバーが乗客の女性に乱暴を加えたりするなど、犯罪が発生しました。あるいは逆に、部屋を借りた人が大騒ぎして周辺住民から苦情が出たり、備え付けの器物を破損するなどの被害が出ました。そこで、貸し手と借り手がお互いにレビュー評価して、スコアが何点以下の人に

図23 シェアリングエコノミーの2軸

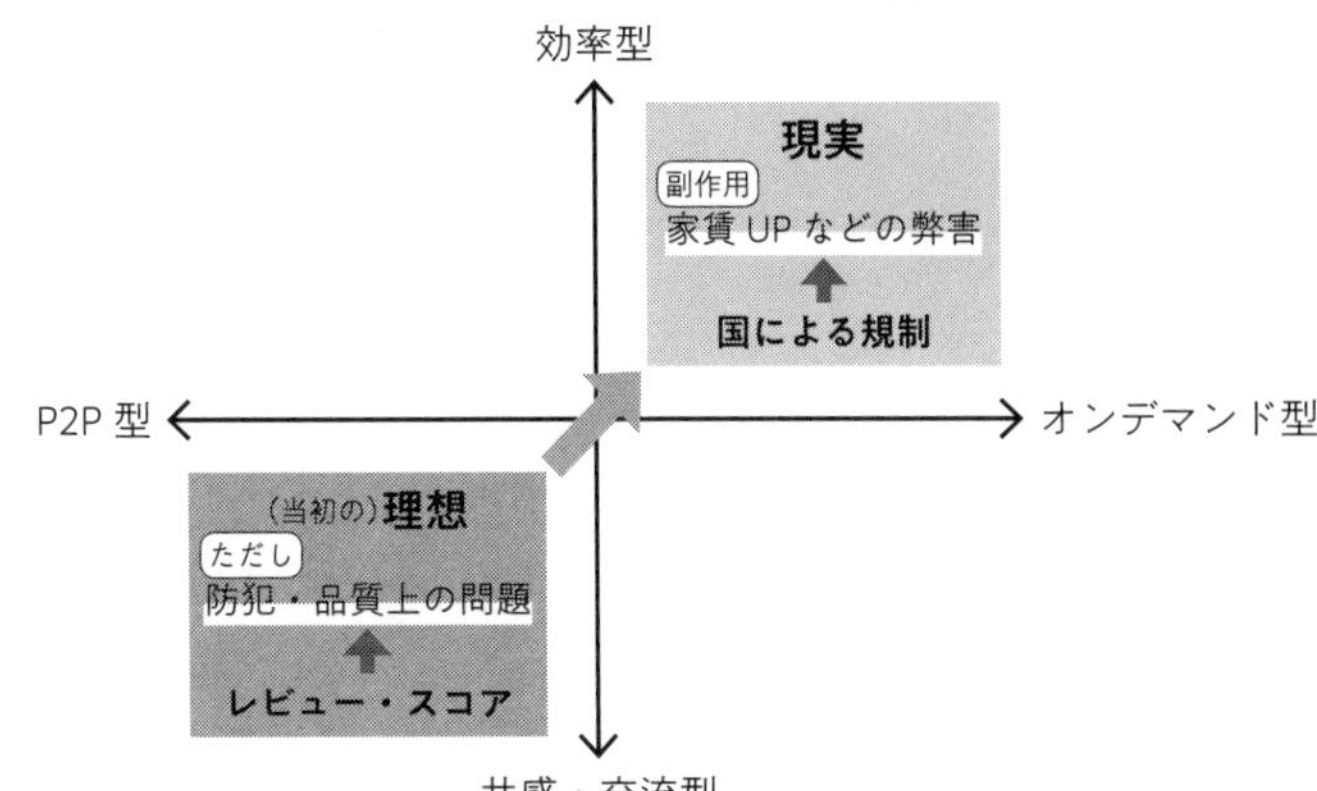

は、運転させない、利用させないといった仕組みが発達しました。レビュー評価と信用スコアが抑止力になって、悪意をもったユーザーが徐々に排除されていきました。

日本にいると、シェアリングエコノミーは右上の領域ばかりだと思いがちですが、現在は、右上で過度に荒っぽく稼ぐのは抑えつつ、左下を安全に増やしていく方向で、各国がシェアリングエコノミーの会社と話し合いを進めています。

エアビーの創業は2008年、ウーバーの創業は2009年です。シェアリングエコノミーが登場して10年以上が経って、ようやく右上だけではなく、左下やそれ以外の領域でも、事業が成り立つようになってきたところです。

余剰が富を生む

ここまでの話をおさらいします。

有限資産の売買を簡単にして流動性を高めるのが、前章で解説したブロックチェーンでした。一方、シェアリングエコノミーは、売買ではなく小分けにすることで、資産を使い切ろう、資産の回転速度を上げようという発想です。資産の流動性が高くなると、世界が大きく変わります。

たとえば、エアビーをうまく使えば、自宅と別荘の2拠点生活も夢ではありません。平日は早朝サーフィンができる海辺に住み、週末だけは買い物を楽しむために都市部に住む。あるいは逆に、平日は都心のマンションから通勤して、休日になれば、高原の別荘に拠点を移してアウトドアライフを満喫する。平日と休日で、空いているほうをエアビーで貸し出せば、二つの拠点をもちながら、家賃は一つ分で済むかもしれません。余剰が富を生むシェアリングエコノミーならではのぜいたくです。

あるいは、ふだんは1か所で暮らしながら、夏や正月の長期休暇シーズンになったら、毎回違う国に行ってエアビーを利用し、その間、自宅もエアビーで貸し出して、旅行代金の一部を補塡するといった使い方もできます。

リアル世界のＡＰＩ化がもたらす未来

さらに、シェアリングエコノミーが発達すると、小分けにした有限資産を使いたいときだけ使うようになるから、「リアル世界のＡＰＩ（アプリケーション・プログラミング・インターフェース）化」とでも呼ぶべき現象が起きてきます。

アプリをつくるときには、すべて自前で開発するのではなく、すでにある便利な機能やツールを呼び出して必要な機能を補っています。ＡＰＩは、ごく簡単にいうと、その呼び出すときの手順をまとめたものです。

つまり、これまでソフトウェアの中だけで実現していた「すでにある機能を組み合わせるだけで新しいサービスをつくれる」という世界が、リアル世界でも現実のものになってきたのです。

どういうことなのか、具体的に説明します。たとえば、インドネシアの楽天にあたる「トコペディア」というオンラインマーケットプレイスで商品を買うと、配送の第一選択が宅配便ではなく、「グラブ」というシェアリングバイクサービスになります。アマゾンのように

1か所の物流センターから商品を送るのではなく、ジャカルタにあるどこかのお店から、ジャカルタにいる誰かのところへ運ぶのですが、それならいちいち宅配業者に荷物をまとめて取りに来てもらって、その業者が一軒一軒回って届けるより、発注したお店の近くにいるバイクライダーに「いま10分空いているなら、この荷物を届けてよ」という通知を自動で飛ばし、それでOKなら、すぐに持っていってもらったほうが、圧倒的に速いし、効率的です。

しかも、このやりとりに一切人が介在していないところがミソです。プログラムが、店舗の近くにいる空いているライダーを選び出して、本人がOKすれば、「どの店で何をピックアップすればいいか」「その荷物をどこに届ければいいか」という指示は全部自動です。人が介在しないので、リアル世界での物の移動まで、インターネットのリンクみたいになってきているわけです。

既存の機能を組み合わせるだけで新しいサービスが生まれる

そうすると、もっと便利な世界が実現します。たとえば、ベトナムにある人工透析患者向けのベンチャーは、透析器と看護師を患者の自宅まで送り届けるサービスを展開しています。しかし、透析器と看護師は「グラブ」を利用して運ぶので、自前で用意しているわけではありません。

透析管理アプリから「Aさんの予約がこの時間に入っています」という通知がくるので、看護師はＯＫボタンを押すだけです。時間になると、グラブが勝手に迎えに来て、患者のもとに運んでくれます。透析治療中は看護師が患者のそばにいるのがルールなので、看護師を派遣する必要がありますが、医者とのやりとりはリモートです。

透析患者は食事にも制限があります。このベンチャーがすごいのは、患者の近所のレストランに透析患者向けのメニューを用意してほしいと、レシピを教えに行くことです。といっても、そのベンチャーは、透析管理アプリから透析患者向けの料理の注文ができるようにしているだけで、それを運ぶのは、やはりグラブのライダーです。

つまり、看護師を運ぶのも、フードデリバリーも、ＡＰＩのように機能を呼び出して使っているだけで、透析管理アプリの提供者が用意したわけではありません。それでも、透析患者にとっては、同じアプリで治療のオーダーも制限食のオーダーもできるので、とても便利です。

このように、シェアリングエコノミーによって小分けにされた機能を呼び出すだけで、まったく新しいサービスをつくれるわけです。すべてのリソースは、使いたいときだけ使えるようになる。ユーザーにとってみると、何のフリクションもありません。これが「リアル世界のＡＰＩ化」の正体です。

出張先のホテル専用アプリの圧倒的な便利さ

このＡＰＩ化によって、アメリカでは、じつは、ホテルやモーテルの価値が見直されてきています。アメリカでも一時はエアビーのほうが便利になっていたのですが、「エニプレイス」という会社は逆張りしていて、安いホテルやモーテルを少しだけリニューアルして、スマートロックをつけて低価格で貸し出すというサービスを展開しています。

宿泊客のＩＤには、近所のジムの会員ＩＤがひもづいているから、ジムを使うことができるし、アプリの操作だけで、毎日クリーニングをとりに来てくれたり、フードデリバリーやマッサージを頼むこともできます。寝る部屋にこだわらない人にとっては、下手にハイアットホテルに泊まるよりも、こちらのほうがずっと安くて便利なわけです。

しかも、このサービスの恐ろしいところは、エニプレイスはジム運営のコストをかけたり、クリーニング専用のスタッフを雇ったりする必要はなく、ＡＰＩのように必要な機能を呼び出しているだけということです。それで、高級ホテルと同等か、それ以上のサービスを実現してしまうわけです。

その意味では、一つのアプリがさまざまなサービスの入り口になる「スーパーアプリ戦略」の一種ともいえますが、アリババやテンセントが巨額の資金を投じて買収を繰り返すことで、スーパーアプリのポジションを手に入れたのとは違って、透析管理アプリやエニプレイスのアプリでは、ほとんどの機能は借り物です。にもかかわらず、ユーザーが高頻度で利用する接点をもっているだけで、疑似スーパーアプリとなっているところがすごいのです。

「拠点」とひもづいたサービスはスーパーアプリ向き

週3回、必ず人工透析を受けなければいけない患者にとって、いちばんつらくて、絶対に逃れられない悩みの中心点は「人工透析」です。だからこそ、透析管理アプリで治療の予約から制限食のデリバリーまでできれば、そのアプリから離れられなくなるわけです。

1か月、サンフランシスコに長期出張している人にとっては、悩みの中心点は毎日寝る「ホテル」です。出張先のホテルというのがミソで、1週間とか1か月しか滞在しない土地でのサービスを、いちいちスマホで登録して利用するのは面倒です。だからこそ、ホテルアプリの中から、ジムの予約や部屋の掃除、フードデリバリー、マッサージ、クリーニングなどのメニューを選べれば、そのアプリを使わざるをえないのです。

そう考えると、ＡＰＩのように機能を組み合わせてつくる疑似スーパーアプリは、期間限定の「拠点」や、定期的に利用する「拠点」と相性がいいといえます。リゾートホテルや、定期的に通っている日帰り温泉・スーパー銭湯などは、その候補となります。

実際、東京の「大江戸温泉」では、それに近いことが実現しています。入浴客は受け取ったリストバンドで、すべての館内サービスを受けられます。浴衣をアップグレードするのも、レストランで食事をするのも、マッサージを頼むのも、リストバンドを提示するだけでＯＫです。あとでまとめて精算します。この支払いの部分までアプリ内で完結すれば、機能的には、ホテルアプリとそれほど変わりません。

スキーやダイビングなどが盛んな土地なら、街ぐるみで一つのアプリをつくると、さらに効果的かもしれません。スキー用具やウェアを借りたり、リフト券を買ったり、ゲレンデのレストランで食事をしたり、近場の温泉でくつろいだり、ゲームセンターでゲームしたり、カラオケで盛り上がったり、ホテルに泊まったり、といったことが全部一つのアプリで完結する。それぞれバラバラのアプリをダウンロードして使ってもらうのはムリでも、一つにまとまっていれば、きっと使ってもらえます。

しかも、それらの機能を新たに開発する必要はありません。すでにあるものを、ＡＰＩのように呼び出してあげればいいだけです。これが、リアル世界のＡＰＩ化がもたらす未来です。

さまざまなサービスを組み合わせる「オーケストレーション」

ユーザーの立場から見ても、いままでは自分でいちいちアプリを選ばなければいけなかったものが、自分が移動した先で用意されているアプリから、好きなメニューを選ぶだけでよくなるので、すごく便利になるはずです。

東南アジアはフードデリバリーが発達しているので、すでに、リアル世界のAPI化が実現しています。たとえば、ホームパーティを開催するときも、エアビーでひと晩だけ大きめの部屋を借り、そこにみんなで集まります。フードデリバリーも、5つのレストランから、コーヒーはここ、デザートはここ、メインディッシュはここ、といった感じで、取り寄せるのが当たり前になっています。さらに、スキルシェアサービスで、手品師を呼んだり、カラオケの指導をしてくれる人を呼んだりして楽しんでいます。

このように、さまざまなサービスを組み合わせて利用することを「オーケストレーション」といいます。オーケストレーションは、いままでは手間暇がかかりすぎていたので、みんなしかたなく、全部をパッケージで提供してくれるレストランやホテルの宴会場、結婚式場などを使っていたわけです。

しかし、アプリで操作するだけでオーケストレーションができるなら、むしろ、毎回違う組み合わせでやってみたほうが楽しいということに、みんな気づいたのです。結婚式は人生に何度もないかもしれませんが、ホームパーティなら気が向いたときに何度でも開くことができます。料金はみんなで割ればいいから、いつでも気軽に利用できるのです。

Part6

BtoB:
仕事をつなげる

ネットビジネスの
進化構造

「小分けにしたものを
遠くとつなげる」

Part1
権力:
つながりの場所を
押さえる

- **1-1** ポータル:検索はなぜ権力の一等地なのか
- **1-3** イネーブラー:
次の主戦場は信用経済とスモールビジネス市場
- **1-2** ID/決済:
IDと決済を握ったものが覇者となるのはなぜか

Part2
コマース:
物や予約を
つなげる

- **2-1** CtoCコマース:
人から人へ物をつなげる
- **2-2** BtoCコマース:
企業から人へ物をつなげる
- **2-3** BtoCサービスコマース:
企業から人へサービスをつなげる

Part3
コンテンツ:
情報をつなげる

- **3-1** CGM*:人から人へ情報をつなげる
- **3-2** プロコンテンツ:情報をつなげて
マネタイズする
- **3-3** ゲーム:情報をつなげて遊ぶ

Part4
コミュニケーション:
人をつなげる

- **4-1** コミュニティ:つながりがパワーになる
- **4-2** インフルエンサー:
個人がパワーをもつ時代

Part5
有限資産を
つなげる

- **5-1** ブロックチェーン:有限資産をなめらかにつなげる
- **5-2** シェアリングエコノミー:
有限資産を小分けにしてみんなで使う

Part6
BtoB:
仕事をつなげる

- **6-1** **クラウド/AI:仕事とデータをつなげる**

＊Consumer Generated Media

6-1 仕事とデータをつなげる
――クラウド、ビッグデータ、SaaS、AI

□AWS□アジュール□グーグルクラウド□セールスフォース□バリュースライシング

コピーできない物理サーバーを1か所にまとめる

インターネットには、大きなものを小分けにしてみんなで使う、あるいは逆に、小さな力を一つに集めて大きな力に変える、という特徴が備わっています。

前者を代表するのが5－2に出てきたシェアリングエコノミーや、この章で解説するクラウドコンピューティングであり、後者を代表するのが5－1に出てきたブロックチェーンやクラウドファンディング、大勢のプログラマーが参加して開発するオープンソースプロジェクトです。

5-1で、インターネットはコピー可能な「情報」をベースとして発展してきたと述べました。この「情報」には、パソコンやスマホのOSや、その上で動くアプリケーション（いわゆるアプリ）などのソフトウェアも含まれます。物理的なハードウェアはコピーできない「有限資産」ですが、デジタルデータのソフトウェアはコピー可能な「情報」の一つというわけです。

もともとソフトはいくらでもコピー可能だから、コピーするほど、コストが下がってゼロに近づきます。5-1で紹介した限界費用ゼロの世界です。しかし、ソフトはコピーできても、プログラムを動かすサーバーはハードウェアなので、簡単にコピーできません。そこで、サーバーを1か所にまとめて効率的に運用しようという発想で出てきたのが、「クラウド」です。

上位5社で5割を占めるクラウド市場

インターネットが登場したばかりのころは、プログラムやデータを格納するためのサーバーは、自分で場所を確保して、自分で設定する必要がありました。電気代もかかるし、熱が

図24　2018年の世界クラウドサービス市場【※31】

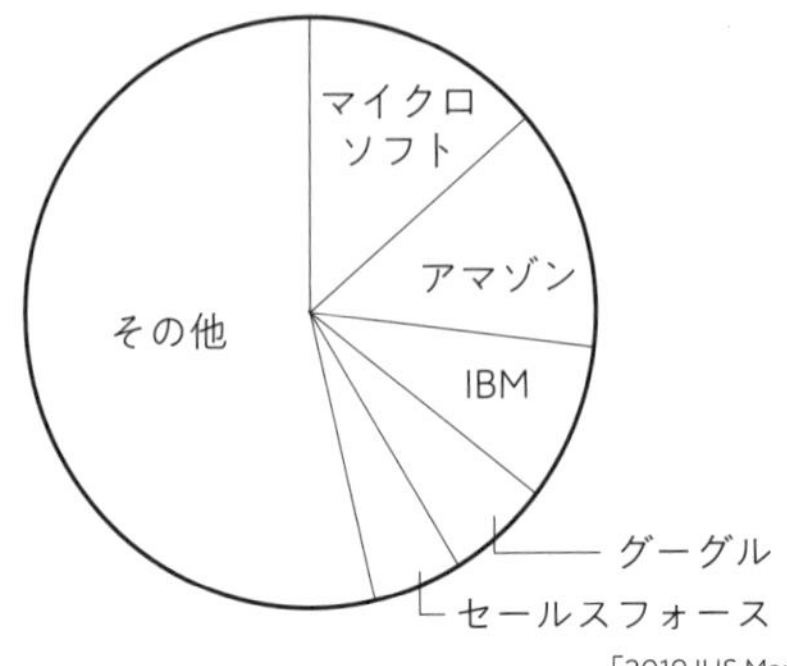

「2019 IHS Markit」をもとに作成

こもるから冷やさなければいけなかったりして、たいへんでした。やがて通信速度が速くなり（通信速度アップについては、4－2の図19を参照）、自宅にあるコンピュータと同じくらいの感覚で、地球の裏側にあるサーバーにもつながるようになると、ウェブサイトをもつ人がそれぞれ自前のサーバーを用意するよりも、サーバーを1か所にまとめたほうがいいということがわかってきます。

サーバーを集中管理すれば、導入のための初期コストもかからないし、運用もメンテナンスもまとめて行ったほうが効率的です。蛇口をひねれば出てくる水のように、いつでもどこでもサービスを利用できる。グーグルの元CEOエリック・シュミットが、「雲（Cloud）」のような巨大なインターネットにアクセスすれば、どこにいても、どんなデバイスからでも恵みの雨を受けられる、といったことで、「クラウド」と呼ばれるようになりました。

ソフトをクラウド上でまとめて管理することで、ユーザーは、ネット環境さえあれば、いつでもどこでも利用できるようになりました。また、ユーザーが個別にソフトのアップデートをしなくても、クラウド側で自動でアップデートしてくれるので、いつでも最新バージョンのソフトが使えます。

幅広いユーザーに開放されたパブリッククラウドは、IHS Markitによると、2018年の売上ベースで2000億ドル近くに達する巨大な市場です。マイクロソフト、アマゾン、IBM、グーグル、セールスフォースの上位5社で、全体の半分近くを占めています（図24）。

データセンター運用の最適化

アマゾンがクラウドサービスの「AWS（アマゾン ウェブ サービス）」を始めたのは、もともと自社サービスのために膨大なサーバーを運用していたから、そこで培った技術やノウハウの延長線上で、社外にもサーバーとその運用をセットで提供すれば役に立つということに気づいていたからです。

自社のために開発したシステムでも、世の中の役に立つなら開放して、インフラとしてみんなに使ってもらったほうが、結果的に儲かるし、自社の技術も向上する。他社とのつながりが強化され、アマゾンなしでは事業が成り立たないというくらい依存度を高めさせれば、自社の立場がますます強固になる。アマゾンが自社のために構築した物流倉庫のシステムを、FBA（2-2を参照）で他社にも開放したのとまったく同じ構図です。

一方で、クラウドサービスは、世界各地に建設された大規模なデータセンターで運用されますが、この電気代がバカになりません。そこで、最初から電気代が安いエリアに建設したり、温度が低い地下の炭鉱跡、水を大量に利用できる湖の近くなどに建設して、熱がこもりがちなサーバーをいかに効率的に冷やすか、各社が工夫を凝らしています。

また、大量の電力を消費するため、処理を各地のデータセンターに分散して、電力供給にゆとりがある深夜の時間帯に集中的に処理させるなどの取り組みが行われています。サーバーという物理資産はコピー不可ですが、プログラムのコピーは一瞬なので、地球の自転に合わせて稼働時間をずらしていって、どこのサーバーも深夜の時間帯に集中的に稼働するように調整したりしているのです。たとえば、グーグルでは、どの時間帯にどのデータセンターで処理するのがいちばん効率的なのか、ＡＩを使ってリアルタイムで最適化して節電に努めています。

結果として、ユーザーは、いまクラウド上で自分が動かしているプログラムやデータが実際にはどこに置いてあるのか、うかがい知ることはできません。しかし、すべては雲の中でやっていることだからユーザーが気にする必要はない、というのがクラウドのよさでもあります。

国家機密情報を扱えるレベルのセキュリティ

クラウドはもはや、世界中のネットビジネスに不可欠なインフラなので、地震や洪水、森林火災などの自然災害、戦争やテロ、暴動などの人災によって、電力供給がストップしたり、物理的に破壊されたりしても、滞りなく稼働することが強く求められます。一部のデータセンターがダウンしたからといって、クラウドサービスまで止まってしまうと、世界は大混乱に陥ります。だからこそ、複数のデータセンターによるバックアップ体制が不可欠です。

データはコピーが簡単なので、同じデータは必ず複数のデータセンターにコピーされています。だから、もし一つのデータセンターが攻撃を受けたとしても、ユーザーは、途切れることなくずっと使い続けることができます。

しかも、使っている本人さえ、自分のデータがどこにあるかわからないくらいですから、悪意をもった人がそのデータを破壊しようとしても、場所を特定するのがきわめてむずかしい。それこそ雲をつかむような話で、どこにアタックをかければいいかわからなければ、攻撃しようがないわけです。

実際、世間を騒がせているデータ流出事件も、クラウドに対するハッキングではなく、従業員を買収したり、偽メールを送ってウイルスプログラムを仕込んだりして、IDやパスワードを盗むことで、アクセス権を手に入れるという「ソーシャルハッキング」が大半です。クラウドそのもののセキュリティが破られているわけではないのです。

マイクロソフトがアメリカ国防総省のクラウド契約を獲得して話題になりましたが、国防のような機密情報を扱えるほど、いまやクラウドサービスのセキュリティは強固だということの証明にもなっています。

企業がクラウドを利用する三つのメリット

では、企業が自社サーバーではなく、クラウドを利用するメリットは何でしょうか。

一つは、クラウドを使うことで、自前でサーバーを用意するための初期コストがかからなくなり、サーバー関連のコストが固定費から変動費扱いになるということです。

しかも、自社サーバーならあらかじめ容量を決めて、計画通りに増やしていく必要がありますが、クラウドなら必要な分だけ料金を払って使えばいいので、サービスが急成長する局面でも、サーバー増設が追いつかないといった心配はありません。

二つ目のメリットは、あとで述べるようにクラウド上で使えるさまざまなサービスが提供されていて、一般的な開発なら、それらを組み合わせるだけでかなりのことができるため、開発期間が短縮できるということです。

たとえば、ＡＩ（人工知能）の開発では、一般のパソコンのＣＰＵにあたるＧＰＵ（画像処理装置）の処理能力をいかにムダなく使い切るかというチューニングが面倒だったのですが、すでにチューニング済みのものがパッケージとして提供されているので、ＡＩ開発がすごく楽になりました。

三つ目のメリットは、ピークコントロールが容易になったということです。たとえば、マーケティング施策でキャンペーンを展開したり、あるいは、テレビで急に取り上げられたりしたとき、以前なら慌ててレンタルサーバーを借りて容量を増やして対応したものですが、アクセス数の見積もりが甘くてサーバーがダウン、といったことも珍しくありませんでした。

クラウドなら、事前に「一時的にアクセスが集中するから」と伝えておくだけで対応してくれるし、たかだか1時間程度のアクセスのために、レンタルサーバー代を1週間分払わなければいけないといったムダもありません。また、不祥事から一気に「炎上」が広がったときも、サーバーダウンで対応が後手に回り、さらに燃料を投下してしまうような心配もありません。

こうしたメリットがあるからこそ、スタートアップは果敢にチャレンジができるし、ネットビジネスを始めるためのハードルが劇的に下がったのです。

SaaSの支払い形態として登場した「サブスク」

サーバー機能を提供するところから始まったクラウドですが、次第にその応用範囲が広がり、やがてクラウド上にシステムを載せて、そのシステムを使った分だけ利用料をいただく、という「ＳａａＳ（Software as a Service）」のプレイヤーが登場します。

ＳａａＳは、直訳すると「サービスとしてのソフトウェア」で、ユーザーのコンピュータにソフトをインストールして使うのではなく、クラウド上でソフトを動かすという仕組みです。データベースの「オラクル」や、営業管理の「セールスフォース」が代表的なプレイヤーです。

たとえば、成長期のスタートアップがＳａａＳを利用すると、従業員が増えた分だけ追加で支払えばいいので、たいへん合理的です。自前でシステムを構築した場合、成長のスピードに追いつかずキャパシティオーバーになるか、キャパを見越して先行投資をする必要があって、どちらもムダが多い。自社の成長スピードに合わせて柔軟に対応できるＳａａＳは、それもあって、新興のベンチャーから利用が広まっていきました。

ＳａａＳが普及するにつれて、料金についても、使った分だけ後払い、という従来方式よりも、決められた範囲内の利用なら、月額固定料金のほうが割安で、使い勝手もいいという認識が広がりました。そうして登場したのが、定額払いで使い放題の「サブスクリプションモデル」、略して「サブスク」です。

常連さんを大事にする老舗商売への回帰

サブスクは、新しいタイプの課金モデルだと思われているかもしれませんが、じつは、昔からある老舗商売に立ち返ることを意味しています。

商品を売ったら売りっぱなしの「売り切りモデル」（買い手から見れば「買い切りモデル」）では、お客さんとは基本的に1回限りの付き合いとなるので、お金さえ払ってもらえれば、あとは知らないという冷めた関係になりがちです。

ところが、老舗商売では常連さんとの付き合いが何よりも大事で、長期的な付き合いが前提です。売り切りモデルは一見さん（新規顧客）をどう獲得するかが大事ですが、老舗商売では常連さん（既存顧客）をいかにつなぎ止めるかが肝になるわけです。

サービスを使うユーザーからすると「毎月これくらい使うのはわかっているから、安くしてくれるなら、月払いのほうがいいや」というのがサブスクです。サービスを提供する企業からすると、「毎回使っていただけるのはありがたいけど、1回ごとに買い切りだとライバルサービスに浮気されるかもしれないから、月払いにしてくれれば、少しお安く提供しますよ」というのがサブスクなのです。

サブスクの秘伝のタレ「スリーピングビューティ」

ＳａａＳから始まったサブスクの波は、コンテンツビジネスにまで広がっていきます。月額１０００円前後で音楽が聞き放題になる「スポティファイ」や、動画が見放題になる「ネットフリックス」の存在は、それまでの音楽体験、映像体験を大きく変えるものでした。

しかし、中には、ＣＤやＤＶＤなら１枚だけで１０００円以上するのに、なぜ配信だとこんなに安くなるのか、疑問に思う人がいるかもしれません。その理由の一つは、じつは、容量いっぱいまで使わない人がほとんどだからです。

たとえば、ジムは会員がいっぺんにやってきたら、満杯になって使えません。会費を払ってもあまり熱心に通わない「スリーピングビューティ（眠れる森の美女）」がいるから成り立つ商売です。もし毎日全員がやってくるようなら、いまの会費では運営が追いつきません。倍以上の値段にして、会員数を絞り込まないと、ジムは維持できないでしょう。

ガラケー時代にあった着メロ（着信メロディ）サービスは、月額３００円で10曲までダウンロードできるようになっていましたが、実際には、平均で２曲くらいしかダウンロードされませんでした。月に10回ダウンロードするということは、３日に１回着メロを変えるということなので、冷静に考えれば、そこまで頻繁に変える人はそれほど多くないとわかるはずです。中には、累計で１００曲以上ダウンロードするような猛者（もさ）もいましたが、平均すると月２曲。それなら３００円で十分元がとれるわけです。

逆にいうと、サービスを使い切らないスリーピングビューティがいるから、みなさんはいまの値段でサービスを享受できているのです。だから、スリーピングビューティの存在を加味しながら、みなさんが使いやすい価格設定をするのが、サブスクモデルの成功の秘訣になります。

図25　月額1,000円のサブスクモデルで顧客獲得に
6,000円かけたときのユニットエコノミクス

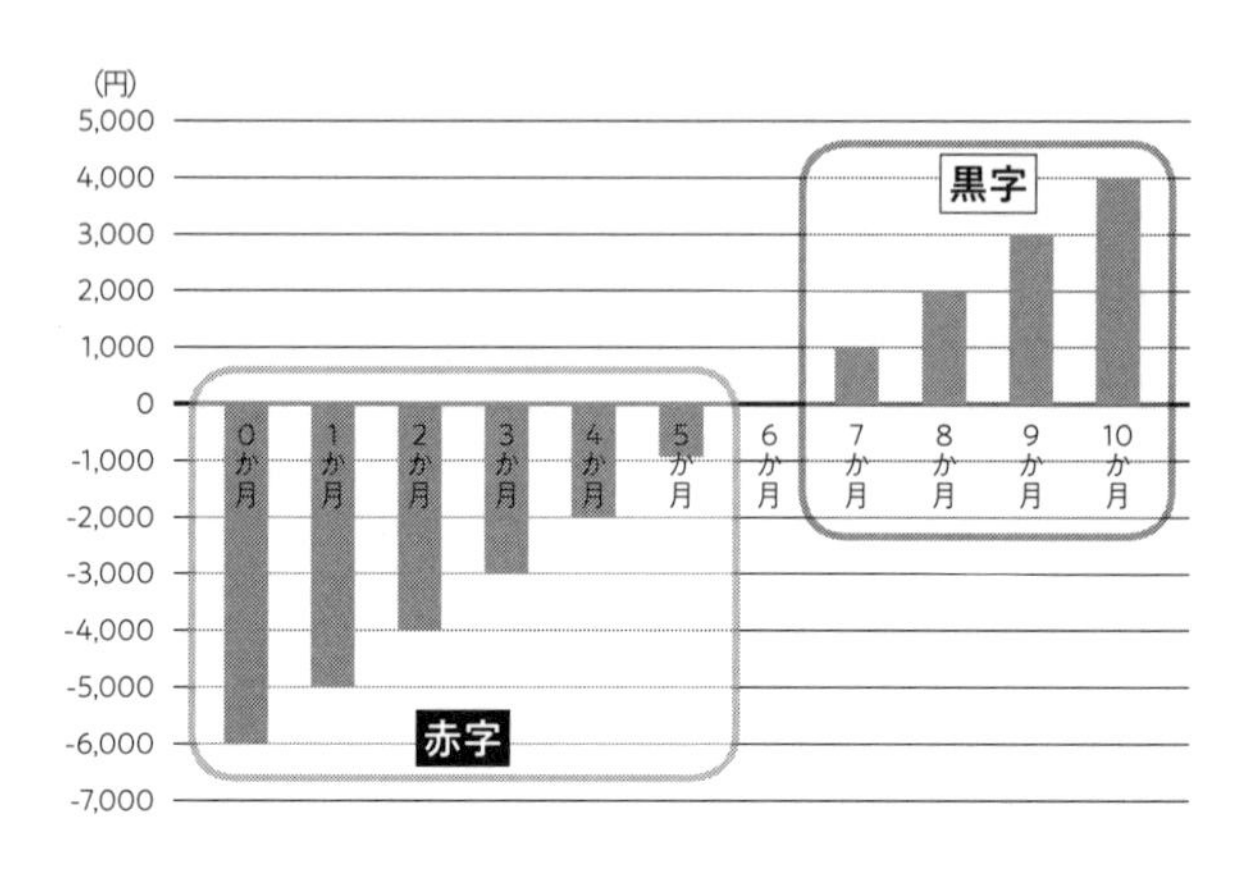

トータルで黒字になるか、赤字になるか

定額使い放題のサブスクモデルは、いかにユーザーに長く使ってもらえるかが勝敗を分けます。その意味で、1回限りの売り切りモデルとは、ビジネスモデルの設計のしかたが根本から違います。そこで重要になってくるのが、「ユニットエコノミクス」という考え方です。

売り切りモデルと違って、ユーザーが継続的に利用料を支払うタイプのビジネスでは、一人のユーザーがそのサービスにトータルでいくら支払ってくれるかという「ライフタイムバリュー（LTV）」が重要になります。たとえば、月額利用料金が1000円のサービスを平均で10か月使うなら、一人あたりのライフタイムバ

リューは平均1万円です。その場合、一人のユーザーを獲得するためにかけられる「顧客獲得コスト（CAC）」は最大1万円で、それを超えたら全体として赤字です。

そこで、最初に6000円かけてユーザーを獲得したとすると、最初の5か月は赤字で、6か月目（累計6000円の収入）でようやくトントンになり、7か月目から黒字に転換して、それ以降は黒字が積み上がっていきます（図25）。ライフタイムバリューを顧客獲得コストで割ったものを「ユニットエコノミクス」といいますが、それがプラスになった状態です。

逆に、最低でも7か月使ってもらうはずだったところを、それ以前に解約されてしまうと、計算が狂います。6000円かけて獲得したユーザーに3か月で解約されてしまえば、3000円の赤字です。そうならないために、契約してもらったからといって気を抜かず、少しでも長く契約してもらうために、さまざまな仕掛けを用意する必要があるわけです。

「損して得取れ」のユニットエコノミクス

ユーザー一人あたりのライフタイムバリューがわかれば、将来の売上の見通しが立ちます。そうすると、顧客獲得のためにどれくらいコストをかけても元がとれるのかがわかります。

どこまでアクセルを踏み込んでもいいのかがわかれば、その上限まで思い切り踏み込んで、一気に顧客をとりにいくこともできます。

ビジネスを運営するときに、ユニットエコノミクスを精密に見ておくと、アクセルを踏むタイミングも、どれくらい踏み込んでいいかも、ブレーキを踏まなければいけないタイミングもわかります。お金を投下しすぎると、顧客の獲得効率が落ちてきます（顧客獲得コストが割高になる）。そのタイミングでアクセルを緩めて、ギリギリのところでアクセルを踏む力をコントロールし続ければ、必ず黒字は達成できるというわけです。

長期にわたる支払いが前提になると、投資を先行させてあとから回収する「損して得取れ」というユニットエコノミクスの考え方が有効になります。

この考え方は、携帯電話やＡＤＳＬモデムなど、ハードウェアのビジネスから始まりました。ガラケー時代には「端末０円」を売りにしたモデルがありましたし、ソフトバンクのＡＤＳＬモデムの無料配布作戦は日本のブロードバンド時代の幕開けを告げました。もちろんガラケーはタダではないし、全国にＡＤＳＬ網を敷くには数百億〜数千億円規模の投資が必要です。

しかし、端末をタダで配っても、いったん契約すれば、品質がよほど悪くない限り、短期間で切り替える人はほとんどいなくて、うまくいけば5年、10年という長期にわたって契約してくれることが見込めます。実際には、携帯電話やADSLのサービスはだいたい18か月くらいで黒字になるので、そのあとはずっと儲かり続けるわけです。

「いい赤字」と「悪い赤字」の見分け方

この「損して得取れ」をいちばんやりやすいのが、定額課金のサブスクモデルです。それがやがてクラウドの世界に取り込まれ、SaaSによってあらゆるソフトウェアサービスがインフラ的に使えるようになったことで、ユニットエコノミクスが黒字かどうかが、シリコンバレーのベンチャーの将来性を見るときの、きわめて重要な指標となっています。

いまや、ユニットエコノミクスが黒字で、かつ、ある程度の期間、競合サービスが出てきても負けない理由が説明できるなら、未上場のスタートアップでも、いくらでも資金調達できる環境になっています。逆に、ユニットエコノミクスが黒字で、ライバルに対する防御策もしっかりしているのに、成長スピードが遅いスタートアップは、なぜもっとアクセルを踏み込まないのかと、ベンチャーキャピタルから文句をいわれるほどです。

時価総額10億ドル以上のユニコーンが大量に出現したのは、そのためでもあります。ユニコーンの赤字上場は、IPO直後が最高値で、あとは落ちるだけという「上場ゴール」の危険が大きいから手を出さない、という人もいますが、ユニットエコノミクスを見れば、それが「いい赤字」なのか、「悪い赤字」なのかがわかります。ユニットエコノミクスが黒字なら、現時点では赤字でも、将来黒字になる可能性が高いわけで、本物を見分ける指標として役立ちます。

「いい赤字」のサービスをみんなが使えば、さらに安定的に成長して、世の中を変えるサービスに育つので、そういう見極めができるようになりたいものです。

バリュースライシングで業務プロセスを切り分ける

この章の冒頭で述べたように、インターネットのいいところは、大きなものを小分けにして、みんなで使えるようにするところです。3－1のCGMのところで、コンテンツの制作プロセスを切り分けて、みんなで分担する「バリュースライシング」を紹介しましたが、同じことをビジネスプロセスに当てはめてスライスすると、役割分担が明確になるだけでなく、業務を効率的にこなせるようになり、個人の強みも生かせます。

わかりやすいのは営業です。たとえば、新規顧客を獲得するためのテレアポ営業には一定のパターンがあります。①見込み客を獲得するために電話番号を集めること、②集めた番号

図26　新規顧客獲得セールスのバリュースライシング

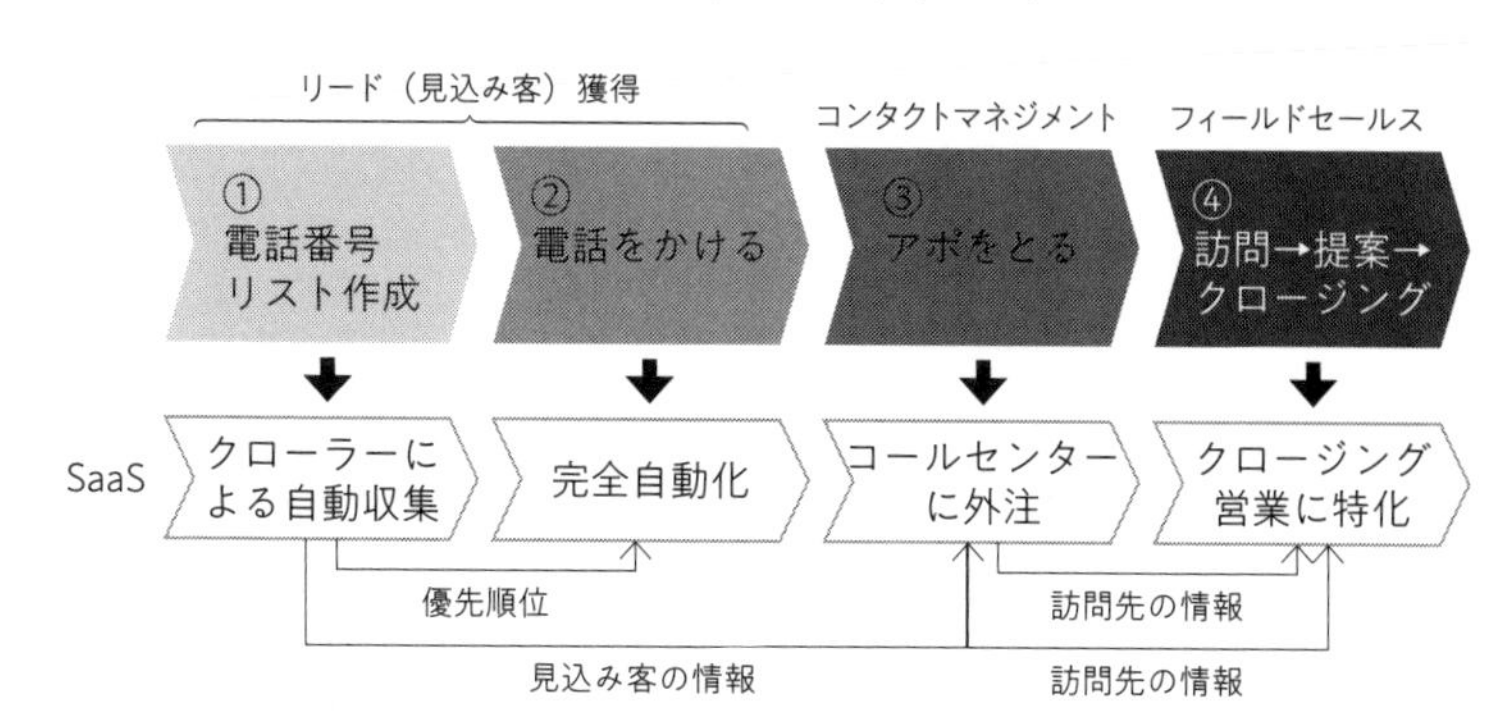

に電話をかけること、③電話がつながったら会うためのアポイントメントをとること、④実際に会って自社商品やサービスをすすめて成約すること、という4つの段階があったとして、いままでは、なんとなく一人の営業マンが全部こなしていました。

しかし本来、①電話番号を収集すること、②ひたすら電話をかけまくること、③会ってもいいかなと判断すること、④実際に会って商談を進めてクロージングに持ち込むこと、はそれぞれ求められる能力が違います。何より、自動化できる部分と、泥臭いアナログが残る部分の差が激しいわけです。

そこで、セールスフォースは何をやったかというと、①から④をスライスして切り分け、できるところから自動化していったのです（図26）。いちばん簡単なのは、②の電話をかけるところで、電話がつながるまで何度もかける作業は人間がやる必要はありません。①の見込み客の電話番号のリストも、クローラーと呼ばれるプログラムが勝手にネットから収集してきてくれます。ただ電話番号を拾ってくるだけでなく、その会社の売上規模や、競合サービスの利用状況といった情報まで収集して、優先順位をつけてくれる。優先順位が高い順に②自動で電話をかけ、電話がつながったところではじめて、③アポをとるための人間が登場するわけです。

しかも、アポをとる人のディスプレイには、電話相手がどういう人物で、最近ツイッターでどんな書き込みをしていたか、その会社は四季報データベースではどれくらいの規模で、どんな実績があるか、といった情報が一覧表示されています。それだけ材料がそろっているから、アポをとる人は、アポをとることだけに専念できるのです。

セールスフォースがもたらした営業革命

さらに、③アポをとってミーティングをセットすることと、④実際にミーティングに参加して商談をクロージングすることは、同じ人がやるのが当たり前だと思い込んでいたけれど、SaaS化によってバリューースライシングしてみたら、別の人がやっても問題ないということがわかってきます。それによって、③のアポとり業務を外部のコールセンターに一括してアウトソーシングできるようになったのです。

外注先のコールセンターでは、電話がつながった相手に対して、画面の情報を見ながら、「こういうサービスがあるので、ぜひ一度会っていただけますか？」と、毎日ひたすらやり続ける人が登場します。アポがとれたかどうかという記録も全部残っているので、あとからマネージャーと一緒に動画を見ながら、「このときは、こういうふうにしたほうがアポがとれたかもしれないね」などと振り返ることもできます。それによって、さらにアポとりのスキルがアップするわけです。

つまり、「アポとり（コンタクトマネジメント）」という一つの機能に特化したことで、1回1回のアポとりの成功率が上がるだけでなく、個人のスキルアップも効率的に行うことができます。それによって、ただのコールセンターが「コンタクトマネジメントの精鋭部隊」に生まれ変わるケースもあるわけです。これがバリュースライシングのおもしろさでもあります。

一方、④クロージングする人は、いちばん面倒くさい日程調整は、③アポとりする人がやってくれているので、自分のカレンダーを見れば、その日に回る会社がわかるようになっています。移動中に、これから会う人はどんな人か、③の人が先方とどんな会話をしたかもチェックできるし、最近ブログでこんなことを書いていたとか、ツイッターでこんなことをつぶやいていることにも目を通すことができます。そうやって事前に情報を仕入れているから、いざ本人に対面したときも、さも「あなたのことだけ考えています」というふりをして、商談を進めることができるのです。

業務プロセス全体の見直しにつながる

アメリカは国土が広大なので、飛び込み営業のように足で稼ぐ「アウトサイドセールス」では効率が悪すぎます。そこで、営業電話から始まる「インサイドセールス」が発達していて、相手も営業電話を受けることに慣れています。それもあって、ＳａａＳ導入による営業プロセスの効率化が進みました。

ＳａａＳのいいところは、人間がやってきた業務プロセスを機能分解して、できる部分を自動化したり、クラウド化したりするだけにとどまりません。いったん機能を細かくスライスしたら、今度はそれを組み合わせることができます。この部分は自動化する、この部分はクラウドソーシングで外注する、この部分は社内に残すといったように、業務プロセス全体の見直しまで視野に入ってくるのです。

しかも、自動化できずに人間に残されたオペレーションも、クラウドによって強力にサポートされるため、人は一つの機能だけに特化できて、効率よく仕事ができるだけでなく、成長も速い。それがＳａａＳのおもしろいところです。

しかし、バリュースライシングによる機能分担にも、弱点があります。人間は目標に縛られてしまうので、たとえば、クロージングに特化した営業は、どうしても新規顧客の獲得件数を追求することになります。一人でも多くのお客さんをつかまえたほうが勝ちというレースです。

ところが、現実には、いったんサービスを契約しても、すぐに解約してしまう人が一定数います。中には、「助けると思って1か月だけ契約してください」と無理やり契約させられた人もいるかもしれない。本来なら、長く契約してくれるお客さんこそ望ましいわけですが、営業段階ですぐに解約するかどうかを見分けるのは困難です。その結果、お客さんの質は問わずに、ひたすら数を追求する部分最適化が起きやすいのです。

AIが「全体最適＋パーソナライゼーション」を実現する

これがＡＩの時代になると、長く契約してくれるお客さんにはこんな共通点があるとか、サービスを使い始めたタイミングでこんなフォローを入れておくと、契約期間が半年延びるといったことがわかるようになります。

そうすると、営業も獲得件数を競うだけではなく、定着率の高いお客さんだけをターゲットにして提案したり、お客さんのタイプに合わせて解約しにくくなるようなセールストークをぶつけたりして、全体最適を実現できるようになります。

ＡＩの利用がさらに進むと、採用や人事でも全体最適を追求できるようになります。たとえば、将来部長になる人材と、営業成績トップになる人材は本来違うはずです。ところが、新卒一括採用が中心の日本では、将来の幹部候補と、営業トップになりそうな人材の採用のしかたを分けていません。

しかし、採用全般をＡＩで管理するようになると、この人は何％の確率で将来部長になる、営業には向いていないが管理部門には最適な人材だということが出てくるので、それに合わせて、選考を進めることができます。

また、ＡＩは、自社の人材ポートフォリオに基づいて、今年は営業を何人採用すればＯＫで、むしろクリエイティブ系を厚めに採用したほうがいいなどと提案してくれるので、そこからターゲットリストをつくって、採用活動を展開することができます。クリエイティブ系と営業系では、面接の質問内容も異なるし、優秀で他社との取り合いになるような人材には、自社に入りたくなるような口説き文句が欠かせません。

採用後の研修プログラムも、一人ひとりの性格や、向き不向きに合わせてパーソナライズできるので、優秀な社員が少しでも長く自社にとどまり、なおかつ、順調に成長できるような環境を用意することができます。

つまり、ＳａａＳによってバリュースライシングが進み、個人のスキルアップがスピーディに行われる一方で、ＡＩが部分最適に陥りやすいミスを防いで、全体最適でパーソナライゼーションして、さらなる成長をうながすわけです。この二つが組み合わさったとき、企業の人材育成はまったく新しい次元に突入するのではないかと見ています。

ＡＩの登場はクラウド化の必然

この章の最後に、あらためてクラウド化以降の大きな流れをまとめておきます。

まず、ソフトウェアを1個1個のパソコンに入れるよりも、1か所でまとめて処理したほうが効率がいいということで、最初に「クラウド」が登場しました。クラウド化が起きると、さまざまな活動のログデータがサーバーの中にたまっていきます。このログは「ビッグデータ」という名の宝の山で、ビッグデータを分析することで、未来を予測したり、次の宝の山を見つけたり、予測に基づいて自動で動かしたりする「ＡＩ」が登場するわけです。このように「クラウド化→ビッグデータ→ＡＩ」というのは、必然の流れです。

一方、クラウドをビジネスに応用すると、最初はサーバーというインフラだけを提供していたわけですが、インフラがある程度整備されていく中で、業務に特化した「ＳａａＳ」が登場します。しかし、じつはＳａａＳに至るまでにはいくつかの段階がありました（図27）。

オンプレミス→ＩａａＳ→ＰａａＳ→ＳａａＳ

当初は、すべて自前で用意する「オンプレミス型」のシステム開発が主流でした。自前でネットワーク環境やサーバーなどのハードウェアを整備し、そこにＯＳ、ミドルウェア、アプリケーションなどのソフトウェアを自社開発して載せるわけです。

しかし、各社がすべてのシステムを独自開発するのは非効率だろうということで、まずサーバーなどのインフラまわりまでをクラウド化する「ＩａａＳ（Infrastructure as a Service）」が登場します。アマゾンのＡＷＳはその代表です。

続いて、クラウド上で開発しやすくするためのプラットフォームが登場します。それが「ＰａａＳ（Platform as a Service）」で、「マイクロソフト・アジュール」や「グーグル・クラウド」がその代表です。

図27　クラウド化の流れ

オンプレミス	IaaS	PaaS	SaaS
アプリケーション	アプリケーション	アプリケーション	アプリケーション
データ	データ	データ	データ
ランタイム	ランタイム	ランタイム	ランタイム
ミドルウェア	ミドルウェア	ミドルウェア	ミドルウェア
OS	OS	OS	OS
仮想化	仮想化	仮想化	仮想化
サーバー	サーバー	サーバー	サーバー
ストレージ	ストレージ	ストレージ	ストレージ
ネットワーク	ネットワーク	ネットワーク	ネットワーク

…自社運用
…クラウド化

さらに、じつは、個別にソフトを開発しなくても、おもに使っているのは、メールとエクセルとパワーポイントと予算管理ソフトだけということになると、「マイクロソフト365」とコラボレーションツール「シェアポイント」だけを契約すればいいという話になります。これがSaaSの基本形です。

アプリケーションレベルになると、機能ごとに多様なアプリがあるように、SaaSにもさまざまな専門SaaSが出てきます。営業管理全般を見るセールスフォースや、クリエイティブ全般を見る「アドビ」がその代表です。

水平分業で行くか、垂直統合で行くか

SaaSの世界はさらに業種ごと、職種ごとに細分化されていきます。たとえば、セールスフォース自体が複数のSaaSの連携によって営業支援を行っているので、バリュースライシングによって、さまざまな機能特化型のSaaSが誕生します。クローラーによって自動的にリード（見込み客）を集める機能だけに特化したSaaSや、セールスフォースのリストに基づいて、見込み客に自動でメールを送信するコンタクトマネジメントだけに特化したSaaSが出てきたりして、一気に市場が拡大します。

ＳａａＳによって、業務データがたまってくると、それを自動化したり、そこから未来を予測するツールとして、ＡＩが使われるようになりました。しかし、ＡＩの強みは、本来、単純な自動化よりも、大きなデータのかたまりの中から、一人ひとりに合わせてパーソナライズされたサービスを生み出すことなので、バリュースライシングによって機能特化した複数のＳａａＳのデータを統合して、そこから新たなサービスが生まれる可能性もあります。

バリュースライシングによって、業務プロセスを「水平分業」して、ある機能に特化したＳａａＳをつくるもよし、逆に、スライスされたＳａａＳから集められたデータを「垂直統合」して、新たなサービスを生み出すＡＩベンチャーをつくるもよし。まさに百花繚乱（ひゃっかりょうらん）状態で、現在もさまざまなビジネスが誕生しています。

最終章——これからネットビジネスを始める人へ

本書を締めくくるにあたって、これからネットビジネスを始めようという人たちに向けて、二つのメッセージをお贈りしたいと思います。

一つは、ビジネスで成功するには「タイミング」が重要だということです。もう一つは、ネットビジネスは「この先どこに向かうのか」ということです。この最終章は前後半の二部構成でお届けします。

まずは前半の「タイミング」の話です。

「タイミング」を間違えるとすべてが水の泡に

「ディープラーニング（深層学習）」「ブロックチェーン」「VR（仮想現実）」のようなキ

図28　成功をもたらす5つの要因【※32】

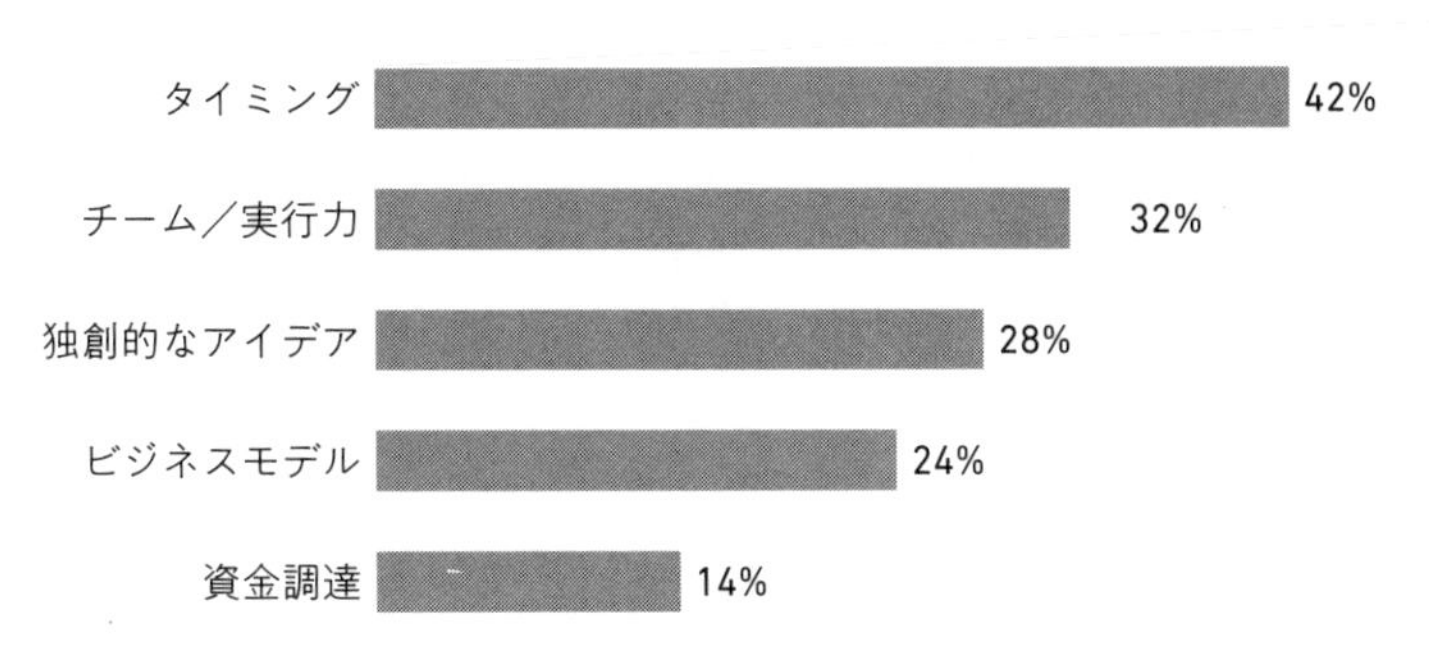

ビル・グロス「新規事業を成功させる一番の原因（TED2015）」をもとに作成

ーワードが話題になると、そこにビジネスの匂いを嗅ぎつけた人たちが集まり、さまざまなスタートアップが立ち上がります。

しかし、当初は百花繚乱の様相を呈していたその界隈も、時間が経つにつれて、まず1社が姿を消し、さらに何社か消え、ある会社は買収され、またある会社はまったく別の会社に生まれ変わったりして、気づいたときには、あれだけ盛り上がっていたはずの業界に残っているのは、GAFAMのようなメガプラットフォーマーか、その資金を得て巨大化した企業が1、2社。その周辺には、着実な歩みを続けるプレイヤーが何社か、といった状況に落ち着きます。

その差はどこから生じるのでしょうか。生き残るサービスと、消えてなくなるサービスでは、何が違うのでしょうか。

「アイデア」「チーム」「ビジネスモデル」「資金調

達」「タイミング」という5つの要因のうち、何が成功と失敗を分けたのか。200社以上のケースから分析したアイデアラボCEOのビル・グロスさんは、42%は「タイミング」で決まると語っています（図28）。

つまり、本書で解説してきたネットビジネスの原理をどれだけ深く理解しても、タイミングを間違えてしまうと、ビジネスでは勝てないということです。逆に、原理がわかったうえで、タイミングよくアクセルを踏むことができれば、成功の確率がグッと上がるのです。

アクセルの踏みどころを見極める

ところが、残念ながら、世の中には、アクセルの踏みどころを勘違いしている人がたくさんいます。タイミングが違う。さらに、アクセルを踏んで進む方向も違う。それでは、競争に打ち勝つことはできません。

たとえば、VRは何度かの「VR元年」を経験して、ようやく普及期に入ったといわれていて、2020年には各社のVRヘッドセットを合わせると1000万単位で売れる見込みです【※33】。仮に1機種あたりの累計販売数が1000万台だとすると、20世紀末に登場したセガの「ドリームキャスト」と同じくらいの規模感です【※34】。いまとなっては知る人ぞ知るというレベルで、一般にはあまり普及しませんでした。

１０００万台という数字は、世界中に散らばったＶＲを先進的に活用するユーザー向けのアプリを販売するには十分な市場ですが、その中で、釣り好きだけ、小学生だけをターゲットにしたＶＲアプリを売ろうと思っても、対象ユーザーが少なすぎてビジネスが成り立ちません。特定ターゲット向けのアプリがビジネスになる規模まで普及するには、あと数年かかるでしょう。

つまり、技術そのものの普及だけでなく、自分がターゲットとするユーザーにどのくらい浸透しているかによって、アクセルを踏む時期が変わってくるのです。

ある技術やインフラ環境が、ターゲットユーザーに十分に行き渡るタイミングはいつなのか。ある特定のセグメントを対象とするサービスは、その環境が整ったタイミングに合わせてアクセルを踏まないと、ビジネスでは勝てません。スタートアップブームで、資金調達が楽になったというものの、ユーザーが十分育っていない時期に、毎月１０００万から1億円単位のお金を投入しても、赤字を出してしまうだけで、持続的なビジネスにはならないのです。

「ハイプ・サイクル」で技術のトレンドをつかむ

では、ある技術が普及するかどうか、普及するとしたらいつごろかを見極めるには、どうすればいいでしょうか。たとえば、「ハイプ・サイクル」（図29）が参考になると僕は考えます。

ハイプ・サイクルはガートナー社が発表しており、「テクノロジとアプリケーションの成熟度と採用状況、およびテクノロジとアプリケーションが実際のビジネス課題の解決や新たな機会の開拓にどの程度関連する可能性があるかを図示したもの」です（ガートナーリサーチ・メソドロジ　ハイプ・サイクルより）。僕はこのハイプ・サイクルを「テクノロジーが登場してから浸透するまでの一連の流れを模式化した図」と考えています。「クラウドソーシング」「API」「IoT」といった新しい技術が登場すると、まず「過度な期待のピーク期」を集めてバブルの様相を示したあと、実用化までの道のりが意外と長いことを知って、いったん「幻滅期」に入り、そこから時間をかけて実用化への道を歩み、最終的に「生産性の安定期」を迎えるというサイクルを描きます。

いくつかの技術はこのサイクルの途中で消えてなくなりますが、この図を見ると、あるテ

図29　ガートナー社「ハイプ・サイクル」【※35】

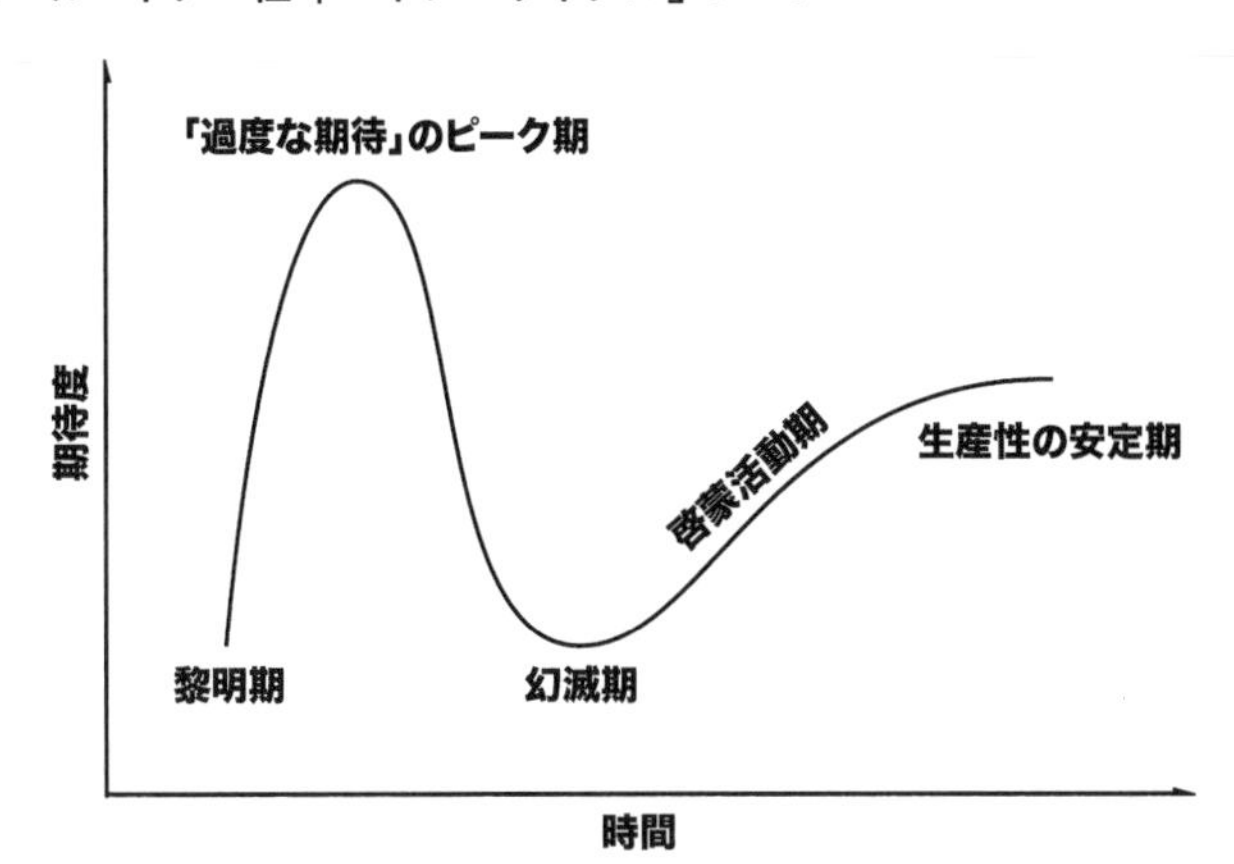

Gartnerリサーチ・メソドロジ「ハイプ・サイクル」を引用

クノロジーがいまどの段階にあるのかをおおまかにつかむことができます。「ハイプ・サイクル」は各ジャンルごとに定期的に更新されるので、定期的にチェックすることをおすすめします。

自社のビジネスが、デバイスやOSのようなインフラまわりのものなら、開発に時間がかかり、「幻滅期」から「啓蒙活動期」にかけての長期間の赤字に耐えなければいけないので、流行に乗って「ピーク期」から始めるのでは遅すぎます。流行り出す前の「黎明期」からじっくり時間をかけて仕込む必要があるわけです。

一方、特定のセグメントに向けたサービスの場合、「ピーク期」にアクセルを踏むのはむしろ早すぎで、インフラ環境が整備されるタイミングに合わせてサービスをローンチできるように、「幻滅期」や「啓蒙活動期」から仕込みを始める必要があると僕は考えます。

「ハイプ・サイクル」と「ターゲットセグメントへの普及時期」の二つを冷静に見極めて、アクセルを踏むタイミングを間違えないことが、成功への近道であり、王道でもあります。

ディープラーニングにはGPUの発達が不可欠だった

ＡＩは過去に何度かブームがあって、そのたびに盛り上がったものの、やがて期待したほどの成果が得られないことが明らかになって尻すぼみとなり、冬の時代に逆戻りしてきました。ＶＲも過去に何度かブームがあって、今回の流行も冷ややかに見る人がいます。「ハイプ・サイクル」でいうと、「ピーク期」で盛り上がったあと「幻滅期」に入り、そのままあまり普及しなかったということです。

では、今回のブームは本物といえるのでしょうか。それとも、これまでと同じように、期待を上回ることができず、冬の時代に逆戻りしてしまうのでしょうか。

前回のＡＩブームは、おもにマシンラーニング（機械学習）の世界で起きました。しかし、エアコンの温度を調節するとか、工場で使う産業用ロボットをつくるのに役立ったというくらいで、使えるシチュエーションが限られていた。それが、ブームが去った理由です。

では、今回のブームでは何が違うかというと、ディープラーニング（深層学習）によって、いよいよＡＩが単なる分析だけではなくて予測もできるようになったこと、予測に基づいて自動運転したり、人間の意思決定をサポートしたりするところまで視野に入ってきたことが大きく違います。

今回のブームのきっかけとなったディープラーニングは、じつは、昔からある技術を応用したものです。

ＡＩの世界では、人間の神経細胞（ニューロン）の連なりを人工的に再現した「ニューラル・ネットワーク」の研究が昔からあって、早くも１９８０年代には、画像を読み込ませたときに生じる「誤差（プロパゲーション）」をもう一度自分に返してやれば、勝手に誤りが解消されるのではないかという「誤差逆伝播（バックプロパゲーション）」のアイデアが論じられていました。しかし、当時のコンピュータの処理能力では計算が追いつかず、使い物にならなかったので、そのまま忘れられていったのです。

２０００年代半ばに、トロント大学のジェフリー・ヒントン教授らが、コンピュータの処理能力が上がったいまなら、画像認識に特化した形でバックプロパゲーションが使えるのではないかと試してみたのが「ディープな（階層が深い）ニューラルネットワーク」で、そこから「ディープラーニング」と呼ばれるようになりました。

　このアイデアが出てきた当初は、研究者の中には「そんな昔のアイデアをいまさら持ち出してくるなんて」と懐疑的な人も多かったのですが、それが可能になったのは、並列処理が得意なGPUの性能が劇的に上がったからでした。

　スマホでグラフィックをきれいに表示するには、場所ごとに分けて並列処理するGPUの発達が不可欠でしたが、それをAIでも使えると気づいたのがヒントン教授らのチームで、CPUではなくGPUを使ってバックプロパゲーションをしたら、画像認識の精度がそれまでとはケタ違いに向上しました。それがブレイクスルーとなって、「ディープラーニング祭り」とでもいうべきブームが巻き起こったのです。

　誰にも顧みられなかった昔のアイデアを最新のGPUで再現するというのは、まさにトンチみたいなもので、昔からAIを研究していた人ほど、「やられた！」と思ったわけです。

逆転の発想でVR技術が向上した

　VRについても、いくつかのブレイクスルーがあって、今日の隆盛を見ています。

　たとえば、VR空間で360度グルッと回って見られるようにするには、曲面ディスプレイを開発しなければいけないから、技術的なハードルが高く、実現まではまだ時間がかかるとされていました。ところが、「オキュラス」は、ディスプレイそのものを曲げるのではなく、平面ディスプレイに、魚眼レンズから見るとふつうに見えるように、逆算してゆがんだ平面画像を表示させればいい、ということに気づきます。

これも目からウロコのトンチみたいなもので、逆転の発想がブレイクスルーを生んだのです。その背後には、ディープラーニングと同じく、高速で画像処理ができるＧＰＵの存在がありました。ふつうの液晶とＧＰＵの組み合わせで、曲面ディスプレイという技術的ハードルを乗り越えてしまったわけです。

また、以前のＶＲでは、身体中に白いドットをつけて、そのドットを周囲に設置したセンサーが追いかけることで、ＶＲ空間にいる３Ｄモデルの動きに反映させる必要がありました。しかし、２０１９年に登場した、パソコンもケーブルもいらない単体型ＶＲシステムの「オキュラスクエスト」では、外部のセンサーも不要になりました。なぜかというと、外部のセンサーに頼らなくても、自分の目にカメラをつければ動きを認識できることに気づいたからです。

たとえば、自分が右に動けば、視界の真ん中にある棒は左に動きます。逆もまたしかりで、自分が左に動けば棒は右に、上に動けば棒は下に動きます。ということは、いま視界の中にある何かを特定して、それが動いた距離を計算すれば、自分が動いた距離がわかります。これも発想の転換で、動く自分を外から観察するよりも、視界の中の物の動きを観察するほうが簡単です。それによって、外部のセンサーが不要になったわけです。

さらに、いままでは自分の手の動きをVR空間に反映させるためには、手にセンサーをつけて、その動きを計算する必要があったのですが、いまや、このセンサーさえ不要になりました。というのも、手というのは特徴的な形をしているから、目につけたカメラでこれを認識すれば、手がどこにあるか、開いているのか握っているのか、全部計算できてしまうからです。

「よっこらしょ」の壁を乗り越えたら、普及へまっしぐら

このように、テクノロジーが成熟してくると、それまで処理能力が追いつかないといった理由で実現できていなかったことが、簡単に実現できるようになります。それによって制約が取り払われると、もっと自由に設計できる。GPUなどのハードウェアは量産効果が働いて、普及するほど値段が下がるし、ハードウェアで実現していた機能をソフトウェアで代替すれば、コストをもっと下げることができます。

以前なら、身体中にドットをつけて、周囲にセンサーを張り巡らし、手にセンサーつきのハンドルを持って、ようやく始めることができたＶＲゲームが、いまやヘッドセットを装着するだけでいきなり始められるようになりました。「よっこらしょ感」がどんどんなくなって（＝フリクションレスになって）、簡単にできるようになったことで、いよいよ本格的に普及するタイミングが到来したというわけです。

この「よっこらしょ」の壁を乗り越えることが、テクノロジーが普及するには欠かせません。たとえば、キャッシュレス決済で注目されたＱＲコードは、じつは、ガラケー時代からある技術です。ＱＲコードは紙に印刷すればいいだけだし、ガラケーといってもカメラつきケータイだから、すぐに普及しそうなものですが、最初の４年くらいはほとんど動きませんでした。それが４年後に急に動き出したのは、ケータイのカメラにオートフォーカス機能がついたからです。

それまでのカメラは、焦点距離が固定されていたので、ＱＲコードを枠内にうまく収めるために、ケータイのほうを動かさなければいけなくて、それがけっこう面倒でした。ところが、ケータイのカメラにオートフォーカスが入った瞬間、すぐにＱＲコードに焦点が合うようになって、みんなＱＲコードを使うようになったのです。これが「よっこらしょ」の壁です。

ケータイのカメラにオートフォーカス機能を入れた人たちは、写真をきれいに撮りたいというユーザーのためにやったのであって、まさかオートフォーカスがＱＲコードを普及させるとは思っていなかったはずです。これも、ある技術の発展が、別の技術のブレイクスルーにつながった例の一つです。そして、「よっこらしょ感」が取り払われた瞬間、ＱＲコードは広がっていったのです。

ハードからソフトへ、マスからセグメント、さらにポータルへ

ここまでの話をまとめます。

まず、ターゲットとなるユーザーがいないタイミングで、いくらアクセルを踏み込んでも、ビジネスは成り立ちません。その手前でアクセルを踏むと、赤字を垂れ流して倒れてしまうし、少しでも遅れると、先行したライバルが市場を握ってしまって、不利な戦いを強いられます。だから、ターゲットとなるユーザーに普及するタイミングを正確に知ること。とくに開発に時間がかかるハードウェアビジネスでは、このタイミングの見極めがとても大事です。

そのタイミングを見極めるには、技術的なブレイクスルーを見逃さないことです。トンチによって、それまでできなかったことができるようになると、制約が取り払われて、物事が

進むスピードが一気に上がります。そこに乗り遅れると、致命的です。別のビジネスを目指したほうがいいかもしれません。

ここまでくると、「コストダウン→量産化」への流れが加速します。普及のタイミングも見えてくるでしょう。そこで、最初に戻って、ターゲットとなるユーザーに行き渡るタイミングを見極めます。1年後なのか、3年後なのか、5年後なのか。それに合わせて、アクセルを踏めばいいのです。

ハードウェアの場合、初期のハードは割高なので、一部のマニアか、お金持ちしか買ってくれませんが、普及していくにつれて量産効果が働き、ハードの値段もだんだん下がっていきます。しかし、ユーザーがジワジワ増えている段階は、まだ市場としてはそこまで大きくないため、ユーザーを選ばないマス向けのサービスが先に立ち上がります。

そして、だんだん値段が下がっていくと、もっと個別に分かれたセグメントマーケットが立ち上がるのです。といっても、どのセグメントから普及するかというのは、テクノロジーの種類によります。iPhoneだったら女子高生から始まるかもしれないし、VRだったらオタクの次はビジネスパーソンかもしれません。最後に登場するのが、すでにあまねく普及したテクノロジーを全員が使うポータル的なサービスです。それは、LINEのようなコミュニケーションサービスかもしれません。

CからBへ、オンラインからリアルへ

VRの場合は、まだユーザーが数百万人しかいないタイミングで、大勢のユーザーが同時にアクセスしないと成り立たないコミュニティサービスを、オキュラスを買収したフェイスブックが立ち上げました。僕の友だちでも、まだVRをもっている人が少ないので、もしVR空間でバーチャル井戸端会議をしたかったら、「いまから井戸端会議をやるから接続してね」と先にメッセージを送る必要があります。これでは「よっこらしょ感」が強すぎて、普及するのはむずかしい。でも、フェイスブックは、一番の主戦場をライバルにとられたくないから、やり続けなければいけないわけです。フェイスブックはお金持ちだから、こんなことをやってもビクともしませんが、そこを勘違いしてスタートアップが同じことをやったら、間違いなく自滅します。タイミングを間違えているからです。

もう一つ、タイミングを見極めるときに忘れてはいけないことは、ビジネスはC（消費者）から始まって、B（企業）に移っていくということです。個人ユーザーのほうがリテラシーが高いし、身軽なので、新しいサービスが出てきたら、まずCが飛びつきます。Cである程度成功したら、次はBを取り込みにいくのですが、Bのユーザーはリテラシーが低い人

が多いです。一般にCのユーザーよりもBの利用者のほうが年齢が高く、導入の意思決定をする偉い人はさらに年齢が高いからです。そのため、Bの利用者のリテラシーに合わせた「やさしい」サービスにすることが求められるだけでなく、ITに最も不慣れなBの意思決定者の不安や疑いを乗り越えるための「権威づけ」や、ほかの会社もみんな使っているという「主流感」を醸成することが大事になります。

そこで、B向けサービスの営業戦略としては、まず利用者と意思決定者の平均年齢が比較的若く、新しいサービスを導入することに積極的なベンチャーから普及をはかって主流感をつくり、その後、意思決定者の年齢が高い会社を落としにいくような工夫が必要です。

さらに、Bの意思決定者は、プラスが増えることを好むよりも、マイナスが増えることを嫌う傾向があります。そのため、Bではいったん契約したサービスを切り替えるスイッチングコストが高いことが多く、後発サービスがあとから入り込むのは相当むずかしい市場です（コロナの影響でオンライン会議ツールの「ズーム」が伸びた理由は、このスイッチングコストを徹底的になくしたところにあるのですが、それはまた別の機会に）。

以上をまとめると、まずC向けのマスサービスが始まり、C向けのセグメントサービスが続いて、C向けのプラットフォームサービスが出てきて、Cに普及し切ってから、最後にB向けのサービスが登場する、という順番です。

日本でＳａａＳが普及し始めたのが２０１９年からですから、スマホの影響がＣに行き渡って、ようやくＢへも及び始めたということです。さらに、スマホの世界は、オンラインサービスからリアルサービスへと移っていくので、２０２０年はリアルのＢ向けサービスが出てくるはずです。

【ネットビジネスの未来①】点から線へ

この章の後半は、ネットビジネスがこの先どこに向かうのか、未来の話をしたいと思います。

従来型のサービスやプロダクトは、売ったらそれでおしまいという「売り切りモデル」が中心で、企業は顧客と「点」の付き合いしかできませんでした。しかし、６－１のＳａａＳのところで見たように、これからは顧客とずっとつながり続けて、顧客の「負」をその都度解決していく「線」の付き合いが求められます。オンラインとオフラインの区別がなくなり、常時顧客とつながる『アフターデジタル』（藤井保文さんとの共著、日経ＢＰ、２０１９年）的な世界です。

わかりやすいのは生命保険で、従来の保険は、死亡したときや、大きな病気にかかったと

図30　点の解決から線で寄り添うサービスへ

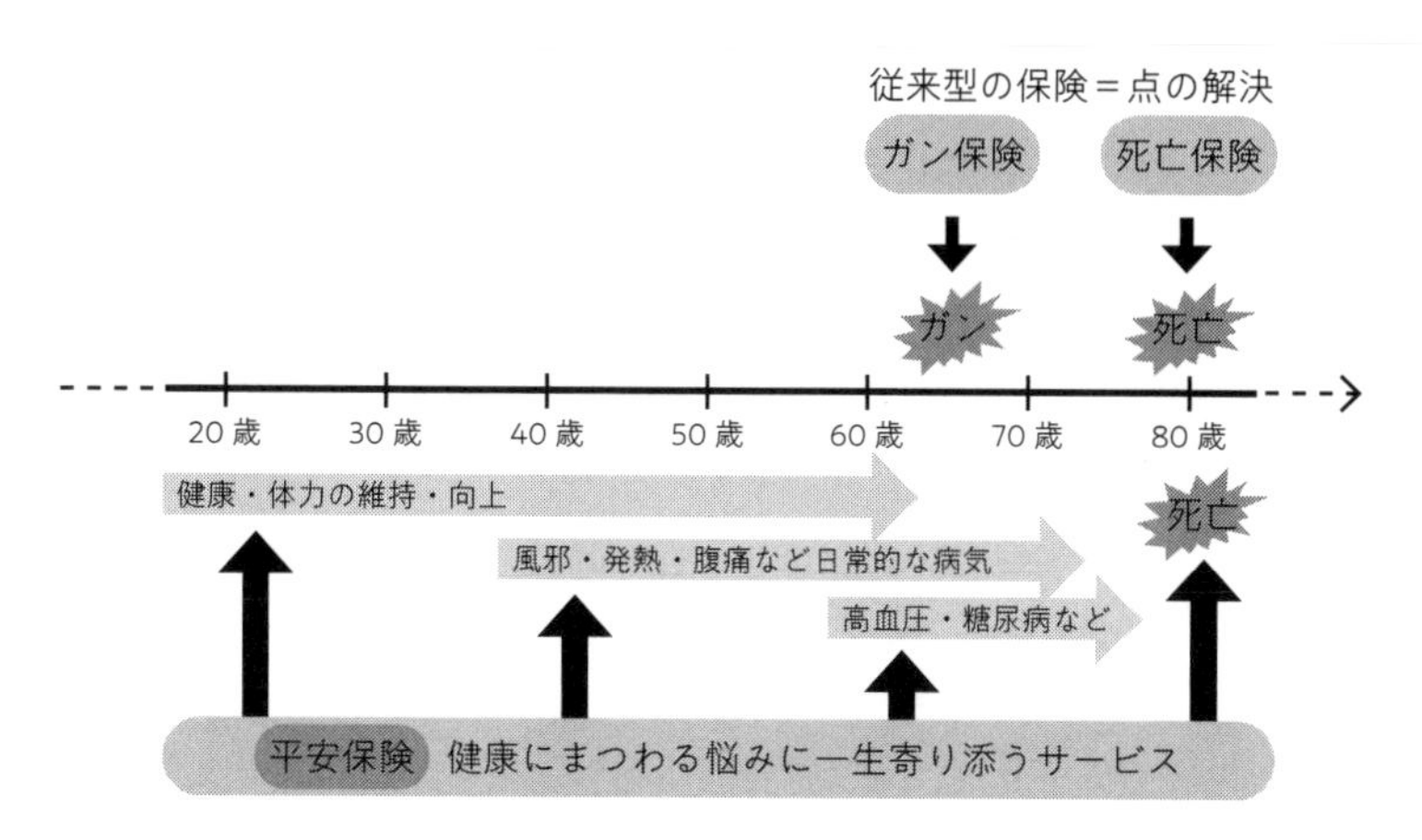

きだけ保険金を支払ってくれるという解決策をとってきました。しかし、1－3で紹介した中国平安(ピンアン)は、人生の中で健康に関する憂いをすべて解決することを目指しています。つまり、顧客との関係を「点」の付き合いから「線」の付き合いに変えて、爆発的に伸びました（図30）。

まず、万歩計のアプリがあって、歩いた量に応じてポイントがもらえ、そのポイントで買い物もできるので、健康のためにも歩きたくなるような設計になっています。ポイントをゲットするには、1日1回アプリを立ち上げる必要があり、そこに健康に関する情報がアップされているので、ついつい読んでしまうし、病気かなと思ったときは、ポイントを使って、24時間いつでもお医者さんにチャットで健康相談できるようになっています。歩いているだけでポイントがたまっていくので、ここまでは実質的には無料のサービスです。だから逆に、毎日歩いてアプリにログインするというインセンティブが働くわけです。

いざ、医者に診てもらったほうがいいということになれば、1－3で紹介した「平安好医生」で診療予約から処方薬の受け取りまで一気通貫のサービスを受けられます。こちらは有料ですが、診察代や薬代を含めて、キャッシュレスで自動で支払われるので、レジで待つ必要はありません。

大事なのは、健康に関する悩みを、日常から本当に困ったときまで、一貫してサポートしてくれるということです。健康に関することなら一生面倒を見てくれるわけです。これが「点」から「線」への変化です。

【ネットビジネスの未来②】 機能価値から感情価値へ

もう一つ大事なのは、この本で何度も説明してきたように、「機能価値」から「感情価値」へ、人がお金を払う基準が移ってきているということです。機能価値はすでに満たされつつあるだけでなく、パクられやすい。しかし、誰とどういうふうに楽しむのか、という感情価値はほかのものでは代替できません。だから、機能価値が行き着くところまで行けば、次に来るのは、感情価値による差別化です。

卒業祝いの飲み会でレストランを予約するシーンを考えてみましょう。従来の予約サービスなら、お店を選んで予約するだけの「点」の付き合いがすべてでした。しかし、このイベントを「線」でとらえ直せば、「1次会」→「2次会」→「来年の予約」までが一つの流れになるはずです。

この一連の流れをサポートするために、どんな「機能」があればいいかというのが図31の上にある「機能価値によるバリュージャーニー」です。たとえば、2次会のお店探しは、行こうと思っていた店が満席だったり、近所に適当なお店がなかったりして、意外と面倒ですが、アプリが「いま入れるお店のリスト」を提案してくれれば便利です。お店が決まってタクシーで移動することになったら、人数分のタクシーが勝手に来てくれて、わざわざ行き先を説明しなくても自動で連れて行ってくれれば、言うことなしです。

当面は、こうした「機能価値」を追求するだけで、競争優位に立てるかもしれませんが、機能はすぐにマネされ、コモディティ化する運命です。そこで登場するのが、図31の下の「感情価値によるバリュージャーニー」というわけです。

たとえば、お店選び一つをとっても、このレストランもいいな、あのレストランも捨てがたい、と悩むこと自体が楽しみになります。学生サークルなら、グループチャットで思い出

図31　卒業祝いの飲み会が継続的なサービスに

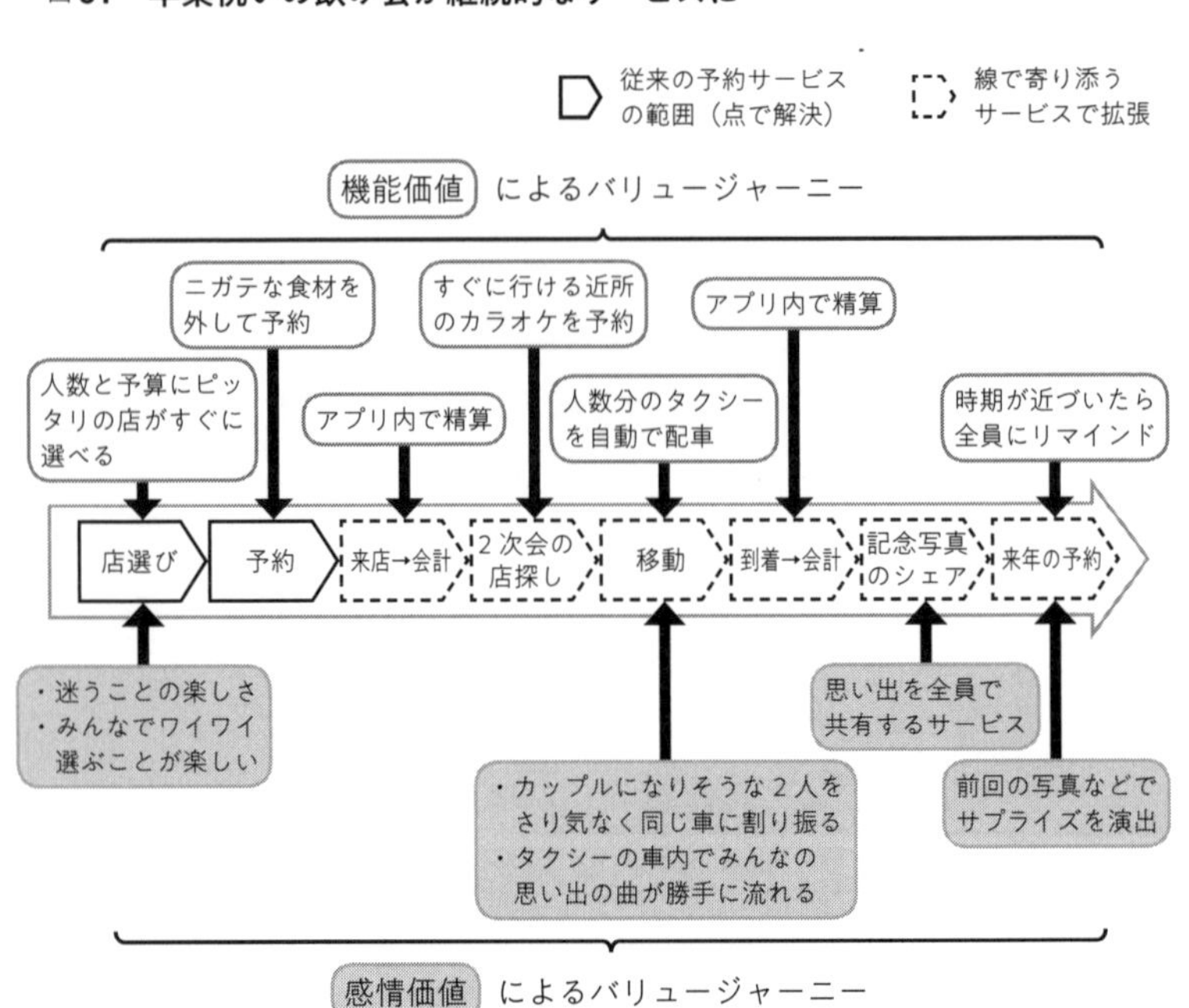

を振り返りながら、みんなでワイワイ選びたいかもしれません。2次会への移動のタクシーも、感情価値を加えると、たとえば、カップルになる確率が高い二人を同じクルマに乗せたり、タクシーのラジオから、みんなの思い出の曲が流れてきたりすれば、盛り上がります。実際、ニューヨークの「リフト」は、自分のスポティファイのミュージックリストにある曲をかけられるようになっています。

このように「線」でつなげれば、ユーザーのあらゆる行動に寄り添えるから、仲のいい友だちが思い出を深めるために集まったというシチュエーションに対して、どれだけ感情価値を足すことができるかが、サービス設計の決め手になってきます。最初からそういう枠組みで考えていけば、ユーザーは喜んでお金を払ってくれるのです。

【ネットビジネスの未来③】問題解決から自己実現へ

しかし、さらに先があります。それを知るには、そのサービスは何のためのサービスか、という原点にまで立ち返る必要があります。ユーザーのどんなニーズを満たすサービスなのか。ここで4-2に出てきた「マズローの欲求5段階説」の図をもう一度見てみましょう（図32）。

5段階のうちの下の二つは物理的な「機能価値」の問題です。機能価値を満たすのは、何か問題があって、そのマイナス面を解消する「問題解決」型のサービスが中心でした。

一方、上の三つは「感情価値」に属していますが、そこで求められるのは、マイナス面の解消ではなく、プラス面を追求するサービスです。まず「いまの自分」を肯定してほしいという「所属欲求」があります。さらに高次になると、「なりたい自分」が見えてきます。「な

図32　なりたい自分になるために

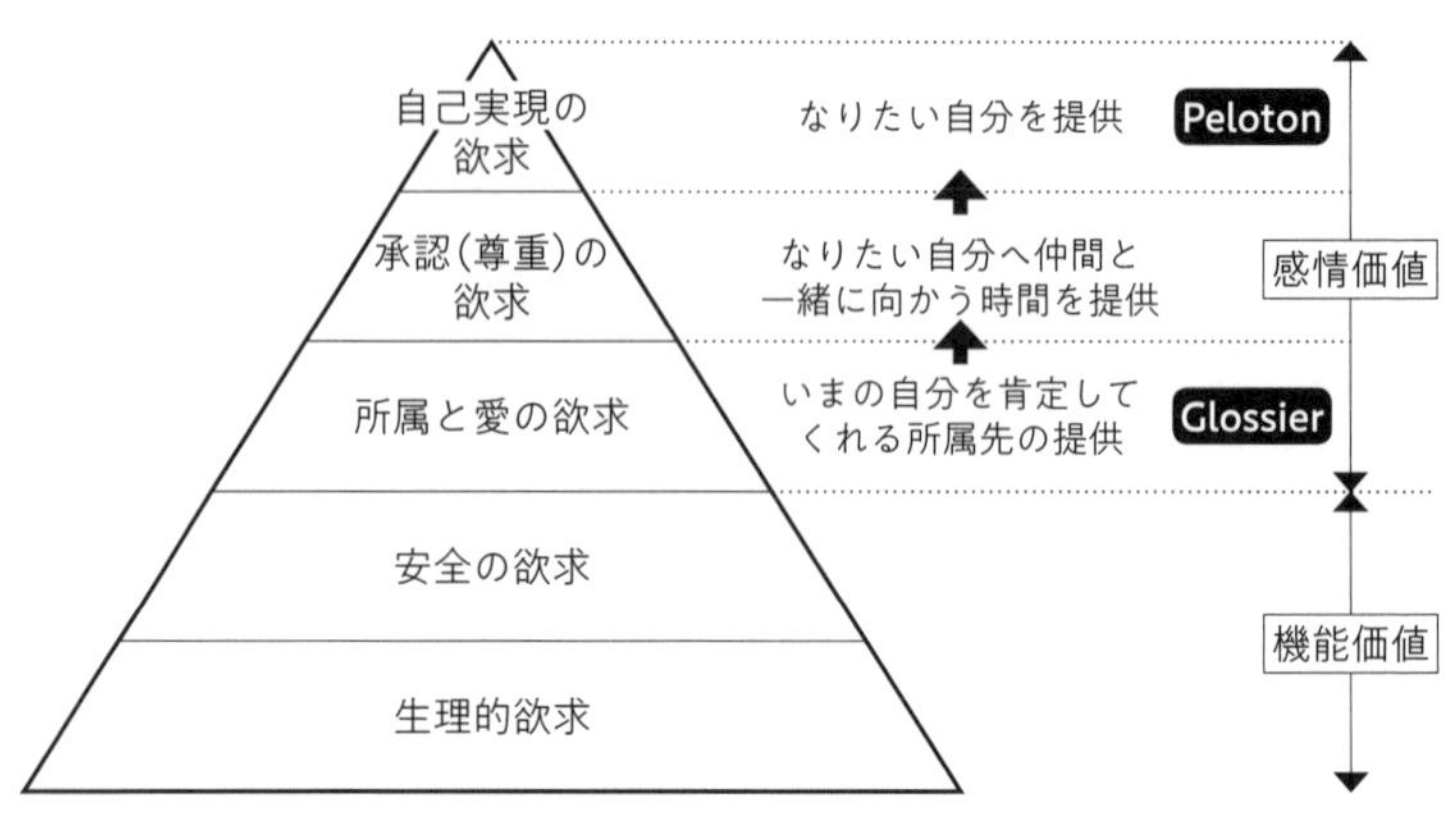

マズローの欲求5段階説

りたい自分」になるために、一緒に冒険の旅に出てくれる仲間がいれば、力も出ます。仲間から尊重されれば「承認欲求」も満たされます。最終的に「なりたい自分」になる「自己実現欲求」が満たされるなら、ユーザーはそのサービスを手放そうとはしないでしょう。

「いまの自分」を肯定してくれるサービスには、たとえば、D2Cコスメブランドの「グロッシアー」があります。インスタグラムのフォロワーが270万人を超えるグロッシアーが提供するのは「民主的な美しさ」。スーパーモデルやセレブではなく、一般ユーザーとの対話を通じて、飾らない私たちの暮らしを表現しています。ユーザーはそれを見て、自分の生き方は間違っていないと確認する。等身大の自分を肯定された気持ちになるのです。

「D2C（Direct to Consumer）」は、メーカーがECサイトを通じて直接ユーザーに商品を提供するサービスを指します。ただの「直販モデル」ではなく、サイトを通じてつながったユーザーに対して「線」のサービスを提供しているところが注目され、ここ数年、大きく伸びています。

D2Cエアロバイクの「ペロトン」は、オンラインエクササイズのサブスクリプションモデルを採用しています。ライブ配信では同時に数千人がアクセスし、バイクの順位を競ったり（リアルタイムでランキングが表示される）、一斉にペースを上げ下げしたりして、あたかも集団で自転車レースに参加しているかのような気分を味わうことができます。ノリノリの音楽に、インストラクターの励ましで気分が上がるところは、ひと昔前に流行ったビリーズブートキャンプを思わせます。

昨今の筋肉ブーム、肉体改造ブームは、「なりたい自分」になるためにトレーニングで自分を鍛え上げる、ある意味わかりやすい「自己実現欲求」の表れです。そのブームに乗ったペロトンは、「フィットネス界のアップル」とも呼ばれて人気を博し、2019年にIPOを果たしました。

「もっと美しい肉体がほしい」「苦難を乗り越えていける自分になりたい」という欲望に投

資するのは、「なりたい自分」「未来の自分」を買うことです。しかし、「なりたい自分」になるためとはいえ、たった独りで厳しいトレーニングをするのは誰でもつらい。だから、仲間と一緒に、あるいは、尊敬できる指導者と一緒に、ハードなトレーニングを乗り越える。そのための時間を、お金を出して買っているわけです。

自分らしさを突き詰めれば未来が見えてくる

インターネットには、いろいろなものを小分けにして、離れたものをつなぎ合わせる力があります。なりたい自分への冒険も、仲間と一緒なら乗り越えられる。そんな仲間を見つけるのに、インターネットは最適です。ネットビジネスを考えるときも、「いまの自分」を肯定し、「なりたい自分」になれるサービスをつくると思えば、いろいろなアイデアが出てくるはずです。

小さく分けてつなぎ直すというインターネットの力は、さまざまな形に進化しながら分岐し、バラバラになった「点」がもう一度「線」へと連なって、機能価値だけでなく感情価値も豊かにしていきます。そのつながりの中で、サービスを利用するユーザーはより自分らしく自己実現へと向かうことができるし、サービスを提供する側も持続的に未来への旅を続けていけるのです。

ネットビジネスの担い手として、あなたが提供したい自分らしさは何ですか。それが、まだ見ぬ未来へとあなたをいざなう糸になります。あなた自身の進化を、そして未来への冒険を楽しんでいただければ、うれしいです。

あとがき——「横糸」はあなたの「縦糸」を強くするために

尾原和啓です。本書を読んでいただき、ありがとうございます。

本文の前に「あとがき」を読まれる方、はじめまして（僕もそのタイプですが、尾原の本はたいてい「はじめに」に、執筆動機と本の全体構造が書かれているので、そちらを先に読んでいただくことをおすすめします。また、本書の目次や、パラパラめくってみて目に飛び込んでくる見出しの中に、一つ二つ、心に引っかかる言葉があれば、買い物かごに入れていただくだけの価値があると思います）。

震災、コロナ、大きな分断のたびに僕らは進化していける

僕がネットの力を信じ、インターネットのよさやネットの進化を広める役割ができればと

情報ボランティア@阪神淡路大震災

**区役所に集まる有志が
避難所を回り状況を把握**

●情報ボランティアによる
人・物資の再配分

**分断される情報を
掲示板で外部と交換**

●パソコン通信 fshinsai による
外部発信

**⇒アナログな方のデータプラットフォームが
仕組みで人の笑顔を増やす経験**

いう思いで、各地を転々としているのは、二つの原体験があるからです。それは、「阪神淡路大震災」と「東日本大震災」という二つの大災害で、世界に分断が起きたときに、ネットの力で世間をつなげる仕事に携わることができたことです。

１９９５年の阪神淡路大震災では、まだ携帯電話が普及し始めたばかりで、インターネットも電話を使ってつなぐ原始的なものでした。それでも人々は避難所の掲示板に不足している情報を掲げ、情報ボランティアが避難所間を足でつないで、支援物資・ボランティアが必要なところに行き渡るようにつなげていきました。パソコン通信を通じて、被災地の方とコラボレーションが生まれたのもこのときです。

僕は被災地で一ボランティアとして、また、パソコン通信の震災フォーラムの副会議室長として奔走しました。それは、「ネット的なものが情報を小分けにして遠くにあるものをつなげ、それによって誰かの幸福が少し増える」というプラットフォームにはじめて携わった僕の原体験です。

もう一つの原体験は「東日本大震災」です。このときは、スマホはまだ出てきたばかりで、ガラケーが主流でしたが、みんな写メ、つまり写真をメッセージで送ることができました。そこで、当時僕が勤めていたグーグルジャパンでは、あるユーザーのアイデアから、避難所にある手書きの生存者名簿を写メしていただき、それを被災地の外にいるボランティア有志の方々が手入力する仕組みをつくりました。5000人のボランティアの方々の協力で、14万人の消息がわかるようになりました。

また、ホンダのトラックに装備されたGPS情報をグーグルマップにつなぐことで、被災地の中でも通れる道路を可視化するなど、いまでいうIoT（物のインターネット）による情報化も、関係者の善意の力で実現しました。

そして、今回の新型コロナウイルスです。

いま、世界では、すさまじい勢いでオープンイノベーションが起きています。たとえば、治療薬。本来、感染症の治療薬は非常に儲かるため、利益を独占しようとクローズドな開発になりがちです。しかし、今回は世界的なパンデミックになったことも踏まえて、ビル＆メリンダ・ゲイツ財団などから資金を得て、スイスのノバルティス、アメリカのファイザーなどヘルスケア領域の15社が共同で、新型コロナウイルスのワクチンや治療薬の開発に取り組むと発表しました【※36】。また、アカデミズム領域でもグローバルな協力体制が築かれた結果、コロナウイルス関連の論文が1日100本ペースで発表され、2020年3月中旬には3000本を超えました。2005年のSARS（重症急性呼吸器症候群）のときは、5か月近くかかった遺伝子解析も、新型コロナでは1か月で完了し【※37】、治療薬の開発に生かされています。

これも、ネットの本質である「一つの課題を小分けにして、みんなでつながる」ことによって、圧倒的な進化を遂げている典型的な事例です。

新型コロナは多くの人の命を奪っています。僕たちは、自分たちの自由を一時的に預けて、もっと多くの命が奪われる流れに歯止めをかけようとしています。リアル世界での行動の自由は減りますが、僕たちにはインターネットがあります。きっと、今回の分断においても、ネットが新しいつながりをつくり、ネットにおける自由がさらに進化していくと信じています。

変化の速さに本質を忘れ、進化の海に溺れていた僕

ここで、ほんの少し自己紹介させてください。

僕はマッキンゼーでiモードの立ち上げ支援をしたのを皮切りに、リクルート、グーグル、楽天執行役員として、その時その時のネットの進化の最前線で、新規事業の立ち上げを担当してきました。5年前に独立してからは、『アフターデジタル』(藤井保文さんとの共著、日経BP、2019年)、『ディープテック』(丸幸弘さんとの共著、日経BP、2019年)など、海外で起きている進化が日本のビジネスのヒントとなるような本を書いています。

二つの原体験からネットの進化を信じ、それをわかりやすく伝えることが自分の役割だと思って、自分なりの活躍ができていたつもりでした。

ところが最近、そんな僕の鼻っ柱を折る出来事がありました。

LINEやZOZOで活躍した田端信太郎さんが主宰するサロン「田端大学」に呼んでい

ただいた僕は、最初の著書『ITビジネスの原理』(NHK出版、2014年)の内容をアップデートするというお題で、サロン会員のみなさんと勝負しました。結果は、若い世代のみなさんからの鋭い指摘にタジタジになって惨敗。『ITビジネスの原理』から6年、ネットビジネスの範囲がものすごい勢いで拡大する中で、原理自体が大きく進化していることに、あらためて気づかされたのです。

日々の業務に忙殺される中で、ニュースに踊るネットビジネスの新しいカタカナ言葉に、いちばん振り回されていたのは、僕自身でした。最先端を走っているつもりで、深く潜ることを忘れていたのです。

そこからいろいろな若い起業家の方々とお話をさせていただき、原典にあたり、サロンで試行錯誤をしていく中で、たどり着いたのがこの本です。

大きな波が激しく変化する海も、潜ってみれば緩やかな底流があります。その原理を一つひとつ、若い方々に教えを請いながら、あらためてつくり直していきました。

そんな僕の旅路の軌跡を、みなさんにもたどっていただくことで、かつての僕のようにカタカナ言葉に踊らされるのではなく、原理・原則に立ち返って自分の武器にしていただければ、うれしいです。

この本を読んだことで、新しい言葉に出会ったときも、決して怖がることなく、言葉の奥底に潜む原理を自分なりに分解してみるのが楽しくなる。そんなふうに感じていただければ、と思っています。

僕らは「ウェブ0・0」の原則に戻っていく

新しそうに見えるカタカナ言葉が指すのは、じつは、かつて理想とされた原理・原則が、いまになってようやく理想的な形で実現できた結果なのかもしれません。当時の技術・コスト・規制・価値観などの制約によって、ゆがんだ形でしか実装できなかったものが、時間が経って技術が進展し、コストが下がり、規制が撤廃され、価値観が変化したことで、ゆがみがとれて、原点に戻っていく。真新しいカタカナ言葉にくるまれているだけで、じつは、とっくの昔に考えられていた原理・原則を言い換えたものにすぎないことも多いのです。

そのわかりやすい実例が、糸井重里さんの『インターネット的』（ＰＨＰ新書、２００１年）という予言の書です。もう20年近くも前に書かれた本ですが、この本に出てくるインターネット像に現実世界が追いついたのは、10年以上もあとのことでした。

「インターネット」と「インターネット的」の違いは、字面では「的」があるかないかというだけですが、「インターネット的」が表すのは、「インターネット自体がもたらす社会の関係の変化、人間関係の変化みたいなものの全体」です。

つまり、いま目の前にある「インターネット」は、まだ本当の「インターネット」になっていないから、「インターネット的」という理想形を思い浮かべることで、そこに向かって変化すること自体を楽しんだほうがいいということです。

「ウェブ2・0」の本質を説いた『ウェブ進化論』（梅田望夫、ちくま新書、2006年）を筆頭に、『お金2・0』（佐藤航陽、幻冬舎、2017年）、『動画2・0』（明石ガクト、幻冬舎、2018年）など、世の中にはいろいろな「2・0」「3・0」の名著がありますが、技術の進展や、コストの低下によって、じつは、ようやく理想の「ウェブ0・0」の世界を手に入れつつあるのです。

起業する人にとってはレシピ、利用する人にとってはグルメになる

ウェブの世界は理想の原点に戻りつつありますが、インターネットから進化した「eコマース」も「オンラインコミュニティ」も「AI」も、まだ理想への道半ばです。だから、この本を通じて、「コミュニティ的」「eコマース的」「AI的」な原理・原則を理解しつつ、現実がもしゆがんでいるとしたら、技術・コスト・規制・価値観のうち、何が足りていない

から、ゆがんでいるのか。そのゆがみを意識しつつ起業するもよし、ゆがみをとることで業界の発展に寄与する貢献者になるもよし、あるいは、ゆがみがいつとれるかを予測して、先回りするものに投資するもよし。

起業家や投資家にとっては、この本は、ネットビジネスを料理するときの「レシピ」になるはずです。

「え？ 起業なんてしないよ」という人には、この本は役に立たないのでしょうか？

そんなことはありません。

いまや、ネットビジネスは毎日食べる食事のようなものです。食事は、どんな栄養素・カロリーでできているかという原理・原則を知れば、健康に生きられるようになります。

また、ワイン通のように、おいしいワインと料理とのマリアージュを豊かな表現で、その成り立ちから語ることができたら、楽しくないですか？（ついでに、ちょっと人にも自慢できます）

ネットビジネスの「グルメ」になると、自分が摂取する「情報」の解像度を上げて、自分自身を成長させることができます。誰よりも早く、最新の「情報」を見つけられるようになったり、パートナーや子ども、友人など、身近な人にピッタリの「情報」を提供できるようになったり……。

ネットビジネスは、僕らに「情報」という名の栄養をもたらすだけでなく、いまや、僕らのアイデンティティの形成にも強く関係しているのです。

ジャンクなネットまみれになっていませんか？　筋トレ最強

毎日、ジャンクフードばかり食べていると、ダッシュしたくてもできなくなります。ダッシュそのものがしたくなくなるし、ダッシュしている人を見るのもイヤになるかもしれません。

『超筋トレが最強のソリューションである』（Testosterone、久保孝史、文響社、２０１８年）という名著が売れました。身体を鍛えれば、動ける自分が楽しくなるし、自信ができてポジティブに生きていると、魅力的な人たちとも仲良くなれます。

ネットビジネスのグルメになれば、情報があふれたネットの中でも、ジャンクフードまみれになることなく、ヘルシーに筋トレを続けることができるはずです。

進化の方向がわかれば、目先の副作用に振り回されず、大きな視野で業界の進化を見守ることも、将来伸びる場所に先回りすることもできるかもしれません。

「横糸」はあなたの「縦糸」を強くするために

　ネットで最近「〇〇テック」という言葉をよく目にします。「フィンテック（ファイナンス×テクノロジー）」「HRテック（人材業界×テクノロジー）」「エデュテック（教育産業×テクノロジー）」というのは、それぞれ「業界×テクノロジー」を意味しています。

　僕は「縦糸」「横糸」という言葉を使いますが、ここでは業界が「縦糸」にあたり、テクノロジーが「横糸」にあたるわけです。

「〇〇テック」の「テック」が意味するのは、「デジタルトランスフォーメーション化」「ネットビジネス化」ということです。つまり、いままでネットビジネスになっていなかった分野が、これからデジタル化されて、ネットビジネスになっていくという話です。そのとき、業界横断的に使われる主要な部品が、この本に出てくる「ポータル」「eコマース」「シェアリングエコノミー」「ブロックチェーン」などの「横糸」のテクノロジーです。

　読者のみなさんは、「縦糸」にあたるご自分の業界のことはよくご存じのはずなので、この本で「横糸」を知ることで、それぞれの業界で「〇〇テック」を編むことができるようになれば、というのが本書のねらいです。

もっと大事なことは、いまいる業界よりもさらに太い、あなたにとっての本当の「縦糸」は何ですか、ということです。

自転車に乗れるようになる前の自分は、遠くに行きたいとは思いませんが、自転車に乗れるようになると、どこか遠くの、本当に行きたい場所、ワクワクする場所に行きたくなりませんか？（臆病者なチョッパーが仲間と出逢って遠い冒険を楽しむように）

ネットビジネスという「横糸」を得ることで、あなたが本来やりたかったこと、ワクワクすることという「縦糸」が蘇ってきます。それが、あなたならではの「人生」を編むことにつながれば、うれしいです。

そしてオチは、想像通り、中島みゆきさんの「糸」です。

あなたの編んだ布が誰かを暖められたら、傷をかばえたら、あなたの仕合わせに出逢いやすくなるためのレシピに、この本がなれたら、うれしいです（歌詞が気になる方は、ご自分で検索してみてください）。

「横糸」の探求、「縦糸」との出逢いは続きます

「横糸」の８割は本書で記しましたが、新しい「横糸」も続々と生まれています。一つひとつの横糸も、時間が経てば、技術・コスト・規制・価値観によるゆがみがとれていきます。ゆがみがとれる過程でより進化し、「縦糸」と「横糸」のかけ算の中で、さらなるビジネスチャンスが生まれていきます。

ネットはリアルに急激に染み込み、リアルを編み直していきます。本来自分がやりたかったことという太い「縦糸」をもった起業家が、自分の業という「縦糸」を布に編み、冒険の帆を揚げて、旅路を続けていきます。

なので、尾原の旅も続きます。フェイスブックグループで無料のネットビジネス進化論塾を開催します。最新の記事、対談動画などやプロジェクトを展開していきます。本の帯の折り返しに載せたＱＲコードか、こちらのリンク（https://bit.ly/NetBizObara）からアクセスしてください。フェイスブックを使っていないという方には、（一部の方にはおなじみの）「10分対談」の動画をユーチューブに上げていきます（http://bit.ly/ObaraYouTube）。

太い「縦糸」をもった起業家や、「横糸」のスペシャリストとの深掘りを、これからもみ

なさんと一緒に楽しんでいきます。

そして、より長時間の対談、尾原による原理の解説、いつゆがみが変わるのかという予測を楽しみたい方には、オンライン講義をやっています（http://bit.ly/ObaraSalon）。講義を摂取し、Q＆Aを楽しんでいただけると、この本で書いた内容をつねにアップデートすることができます。

また、本書の感想、本書を読んで思いついた連想、本書がきっかけで始めた行動などがあれば、ツイッターに書き込んでください。本書を読んでビビッときた方は、その写真をインスタグラムにポストしてください。

ハッシュタグ「#ネットビジネス進化論」をつけていただければ、すべてのポストを尾原は見ています。みなさんのヒラメキや違和感、素朴な疑問、ナナメな疑問、素直な一歩目のアクションが尾原の魂のごちそうですので、反応することもあるかもです（少なくとも「いいね！」します）。そして、いままで尾原が、太い「縦糸」をもったポストに反応して、いろいろな冒険仲間と出逢ったように、あなたの「縦糸」に寄り添えるようになれたらいいですね！

フィナーレはご一緒に

いつものように、僕の本にはオリジナルなことなんて何一つありません。みなさんから教えていただいた言葉を自分なりに咀嚼して、言い換えていった言葉を連ねてあります（なので咀嚼間違いがあったり、オリジナルを書き損ねていたりすることが多々あると思います。ご指摘いただけたら、次の版で修正します。よろしくお願いいたします）。

この本を書くにあたって、本当にたくさんの方々に支えられました。

最初の著書『ＩＴビジネスの原理』の編集・久保田大海さんには、本作のきっかけを与えていただきました。それを引き継いだ加納展子さんの丁寧な進行でここまでくることができました。

共同執筆においても、『モチベーション革命』（幻冬舎、２０１７年、おかげさまで２０１８年のアマゾン電子書籍で最もダウンロードされた本になりました！）の小野田弥恵さん、『どこでも誰とでも働ける』（ダイヤモンド社、２０１８年）の田中幸宏さんにお世話になりました。特に田中さんには、取材の中でどんどんあふれる内容を明快な筆致と再編集で、本当に広大な範囲をわかりやすくまとめていただき、ありがとうございます。

この本の本歌は、ケヴィン・ケリーさんの『〈インターネット〉の次に来るもの』（NHK出版、2016年）です。あまりの分厚さと、めくるめく歴史やエピソードに、ちょっと手に取りにくい本になっていますが、本書で「レシピ」としての原理を読むことに慣れたあとに、この本の「レシピ」部分だけでも拾い読みしていただくと、もっともっと未来にワクワクできるようになると思います。

田端信太郎さんには、老害化しかけていた僕に壮絶なきっかけをいただき、感謝感謝です。

家入一真さんには、ネットの本質を駆動する厳しさ・優しさをいつもいただいています。家入さんのサロンなしには、この本で書いた地点まではたどり着けませんでした（そして、村田アルマさんには、いつもその畳み人をやっていただき感謝です！）。

西野亮廣さん、けんすうさん、中川綾太郎さん、「北欧、暮らしの道具店」の青木耕平さん、「SHOWROOM」の前田裕二さん、「クラシル」の堀江裕介さん、武田純人さん、大湯俊介さん、「ミラティブ」の赤川隼一さん、「グロービス・キャピタル・パートナーズ」の高宮慎一さん、谷本有香さん、太い縦糸・横糸の持ち主の方々と日々キャッキャさせていただく中で、原理・原則が浮かび上がってきました。ありがとうございます。

そして、宇野常寛さん、落合陽一さん、お二人との「PLANETS」の活動がなければ、僕が本を書くことはなかったですし、お二人が世界を見る解像度の高さ、その先を見る洞察力の強さにいつも刺激を受け、僕の旅路における羅針盤になっています。

最後に、リアルにバーチャルにフラフラし続ける僕の安息の港である妻・美奈子、いまや僕以上にネットの海を泳いで、いろいろな示唆を与えてくれる娘・那奈子、本当にありがとうございます。

ソーシャル、ブロックチェーン、AIなどなど、「横糸」の力はどんどん強くなっています。強い武器は人を狂わせ、チートを誘いがちです。だからといって、未来が怖いと心を閉ざしてしまうのではもったいない。「横糸」のすごさゆえの副作用に自覚的になれば、「横糸」との付き合い方も見えてきます。そして、「横糸」を使いこなして、確実によくなる未来への旅を、みなさんと一緒に歩んでいけたらうれしいです。

尾原はネットの「横糸」、時に武器商人として遍在して、太くならんとする善き糸の伴走者になれるよう精進していきます。

令和2年5月20日

コロナを封じ込めるために、自由を取り戻すために、
みんなが自由を少しずつ預け、

ネットでのコラボへと舵を切るZoom上で、
日本・シンガポール間で共同執筆しながら

尾原　和啓

※21 **『ファミ通ゲーム白書2019』**
https://www.famitsu.com/news/201906/07177561.html

※22 **SMBCコンシューマーファイナンス「30代・40代の金銭感覚についての意識調査2019」**
http://www.smbc-cf.com/news/news_20190306_944.html

※23 **App Ape Lab「【2020年2月】ゲームカテゴリーMAUランキングトップ10を発表」**
https://lab.appa.pe/2020-03/game-ranking-2020-02.html

※24 **「Newzoo Global Esports Market Report 2019」**
https://newzoo.com/insights/trend-reports/newzoo-global-eSports-market-report-2019-light-version/

※25 https://prtimes.jp/main/html/rd/p/000005308.000007006.html

※26 https://www.dentsu.co.jp/news/release/pdf-cms/2010100-1028.pdf

※27 https://www.cisco.com/c/ja_jp/solutions/collateral/service-provider/visual-networking-index-vni/white-paper-c11-741490.html

※28 https://xera.jp/entry/iphone-android-share

※29 https://airstair.jp/airbnb-6m/

※30 https://100man1oku.net/the_biggest_hotels_worldwide_ranking

※31 https://technology.informa.com/614637/microsoft-takes-top-spot-for-total-cloud-services-revenue-while-aws-remains-leader-for-iaas-multi-clouds-continue-to-form

※32 https://www.ted.com/talks/bill_gross_the_single_biggest_reason_why_start_ups_succeed

※33 https://arinsider.co/wp-content/uploads/2019/12/Screen-Shot-2019-11-06-at-8.23.31-AM.png

※34 https://ja.wikipedia.org/wiki/最も売れたゲーム機の一覧

※35 **Gartner リサーチ・メソドロジ ハイプ・サイクル**
https://www.gartner.com/jp/research/methodologies/gartner-hype-cycle

※36 **日経バイオテク「Novartis社など15社、新型コロナのワクチン、診断・治療薬の開発協力」**
https://bio.nikkeibp.co.jp/atcl/news/p1/20/04/01/06760/?fbclid=IwAR1A1w1dnLTUN1xhWhciawkbiUDnelgwru6lhGSJBZD9CH3VvsxERhuwgq8

※37 **GIGAZINE「新型コロナウイルスがさまざまな分野に変革をもたらしている」**
https://gigazine.net/news/20200206-six-ways-coronavirus-will-change/?fbclid=IwAR3ZpMCAH_Y5SUE_U9c8rlSfYdqnbDOsSnU9GhY4grJUA8qw2u_BVjiykJM

注

※1　**日本経済新聞「GAFAMの時価総額、東証1部超え 560兆円に」**
https://www.nikkei.com/article/DGKKZO58879220Y0A500C2EA2000/

※2　https://www.180.co.jp/world_etf_adr/adr/ranking.htm

※3　https://www.postbeyond.com/profit-per-employee/

※4　https://www.emarketer.com/content/global-ad-spending-update

※5　https://www.nielsen.com/jp/ja/insights/article/2019/20191219-tops-of-2019-digital-in-japan/

※6　**CNNIC「第44次中国互聯網絡発展状況統計報告」**
http://www.cnnic.com.cn/gywm/xwzx/rdxw/20172017_7056/201908/P020190829682860695686.pdf

※7　**SUPERDATA「2019 Year In Review: Digital Games and Interactive Media」**
https://www.superdataresearch.com/2019-year-in-review/

※8　https://mmdlabo.jp/investigation/detail_1834.html

※9　https://www.paymentsjapan.or.jp/news/20190411_roadmap2019/

※10　**メルカリ「数字で見るメルカリ」**
https://about.mercari.com/press/news/article/20190702_mercarinumbers/

※11　**平成30年経済産業省電子商取引に関する市場調査**
https://www.meti.go.jp/press/2019/05/20190516002/20190516002-1.pdf

※12　**リクルートブライダル総研「結婚トレンド調査」**
https://souken.zexy.net/research_news/trend.html

※13　https://ja.wikipedia.org/wiki/Wikipedia:編集回数の多いウィキペディアンの一覧

※14　https://www.nicovideo.jp/watch/nm3601701

※15　https://www.nicovideo.jp/watch/sm8628149

※16　**矢野経済研究所「オタク市場調査」**
https://www.yano.co.jp/press-release/show/press_id/2278

※17　**ソニー生命「中高生が思い描く将来についての意識調査2019」**
https://prtimes.jp/main/html/rd/p/000000177.000003638.html

※18　**電通「2019年 日本の広告費」**
https://www.dentsu.co.jp/news/release/2020/0311-010027.html

※19　**日本新聞協会「新聞社の総売上高の推移」**
https://www.pressnet.or.jp/data/finance/finance01.php

※20　**矢野経済研究所「スマホゲーム市場に関する調査」**
https://www.yano.co.jp/press-release/show/press_id/2111

カバーデザイン	渡邊民人（TYPEFACE）
本文デザイン	谷関笑子（TYPEFACE）
構成	田中幸宏、小野田弥恵
本文組版	岩井康子（アーティザンカンパニー）
校正	鶴田万里子

尾原和啓（おばら・かずひろ）
IT 批評家

1970年生まれ。京都大学大学院工学研究科応用人工知能論講座修了。マッキンゼー・アンド・カンパニーにてキャリアをスタートし、NTTドコモのｉモード事業立ち上げ支援、リクルート、ケイ・ラボラトリー（現：KLab、取締役）、コーポレートディレクション、サイバード、電子金券開発、リクルート（2回目）、オプト、グーグル、楽天（執行役員）の事業企画、投資、新規事業に従事。経済産業省対外通商政策委員、産業総合研究所人工知能センターアドバイザーなどを歴任。著書に、『IT ビジネスの原理』『ザ・プラットフォーム』（共に NHK 出版）、『モチベーション革命』（幻冬舎）、『どこでも誰とでも働ける』（ダイヤモンド社）、『アルゴリズム フェアネス』（KADOKAWA）、共著に『アフターデジタル』『ディープテック』（共に日経 BP）などがある。

ネットビジネス進化論
何が「成功」をもたらすのか

2020年6月25日　第１刷発行
2020年7月 5 日　第２刷発行

著　者　尾原和啓

発行者　森永公紀
発行所　NHK出版
〒150-8081 東京都渋谷区宇田川町41-1
電話　0570-002-245（編集）　0570-000-321（注文）
ホームページ　http://www.nhk-book.co.jp
振替　00110-1-49701
印　刷　亨有堂印刷所　大熊整美堂
製　本　ブックアート

Printed in Japan　ISBN978-4-14-081821-3　C0034